Fritz Plasser · Peter A. Ulram

Studien zu Politik und Verwaltung

Herausgegeben von
Christian Brünner · Wolfgang Mantl · Manfried Welan
Band 2

FRITZ PLASSER · PETER A. ULRAM

UNBEHAGEN IM PARTEIENSTAAT

JUGEND UND POLITIK IN ÖSTERREICH

1982

HERMANN BÖHLAUS NACHF. WIEN · KÖLN · GRAZ

Gedruckt mit Unterstützung des
Bundesministeriums für Wissenschaft und Forschung,
des Amtes der Steiermärkischen Landesregierung
und der Österreichischen Forschungsgemeinschaft

CIP-Kurztitelaufnahme der Deutschen Bibliothek
Plasser, Fritz:
Unbehagen im Parteienstaat: Jugend u. Politik in Österreich/Fritz Plasser · Peter A. Ulram. – Wien Köln · Graz: Böhlau, 1982.
(Studien zu Politik und Verwaltung; Bd. 2)
ISBN 3-205-08458-6
NE: Ulram, Peter A.: GT

ISBN 3-205-08458-6

Gesamtherstellung: Druckerei der Verlagsanstalt Tyrolia, Innsbruck, Exlgasse 20

Geleitwort zur Schriftenreihe

Hat die heftige Demokratiediskussion der sechziger Jahre die große Bedeutung der *Politik* für das Zusammenleben der Menschen betont, so haben im darauffolgenden Jahrzehnt die Debatten um Legitimität und Regierbarkeit politischer Systeme die charakteristische Struktur des neuzeitlichen Staates als *Wohlfahrts- und Verwaltungsstaat* mit säkular wachsenden Aufgaben und ebenso wachsender Bürokratie wieder ins Bewußtsein gehoben.

Auch angesichts dieses großen Erfahrungsmaterials dürfte das 1919 in seinem Vortrag „Wissenschaft als Beruf" geäußerte Wort *Max Webers* gelten, daß „eine wirklich endgültige und tüchtige Leistung . . . heute stets eine spezialistische Leistung" ist. Wissenschaftliche Literatur ist demnach heute überwiegend fachlich spezialisiert. Die Beschäftigung mit Politik und Verwaltung ist in Österreich aber bis in die Gegenwart vor allem Sache der Rechts- und Geschichtswissenschaft gewesen. Diese imponierende, Nachbardisziplinen jedoch gleichsam überschattende Historiker- und Juristenkultur läßt freilich eine stärker *sozialwissenschaftliche* Erfassung von Politik und Verwaltung und entsprechende Publikationsmöglichkeiten hierzulande immer noch als wünschenswert erscheinen.

Die vorliegenden „Studien zu Politik und Verwaltung" wollen um einen *politik- und verwaltungswissenschaftlichen* Kernbereich einen Kranz von *Nachbardisziplinen* zu Wort kommen lassen, mag es sich nun um verfassungs-, kultur-, sozial- und wirtschaftshistorische Untersuchungen oder um Beiträge aus Soziologie, Soziolinguistik und Sozialpsychologie handeln. Hiebei sollen auch *interdisziplinäre* und *vergleichende* Analysen gepflegt und neben *empirischen* auch *normative* Gesichtspunkte berücksichtigt werden.

Die Herausgeber legen besonderen Wert darauf, daß *grundlagentheoretische* Arbeiten durch solche Forschungen ergänzt werden, die *Aktualität* zum Anlaß vertiefter *Problemorientierung* mit kritischem Ertrag für die *Praxis* nehmen. Nur so können rationale Bausteine für *Weiterentwicklung* und *Reform* von Politik und Verwaltung angeboten werden.

Geleitwort zur Schriftenreihe

Gerade an der in Struktur und Funktion gewandelten Universität muß wissenschaftliche Qualität ihren Ort haben. Die „Studien zu Politik und Verwaltung" wollen vor allem dem sozialwissenschaftlichen *Nachwuchs* neue Publikationschancen eröffnen. Sie wollen aber ebenso dem *Studenten* dergestalt dienen, daß sie in ihr Programm in loser Folge unter sorgfältiger Verarbeitung didaktischer Erkenntnisse auch *Lehrbücher* aufnehmen.

Christian Brünner *Wolfgang Mantl* *Manfried Welan*

Inhalt

1. VORBEMERKUNG

„Wieviel Politikwissenschaft braucht die Politik?" hieß das Motto einer Diskussionsveranstaltung auf der Jubiläumstagung 1981 der Österreichischen Gesellschaft für Politikwissenschaft in Salzburg (vgl. dazu *ÖZP,* 1982/1). Erwartungsgemäß bewegte sich die Diskussion dabei um zwei Problemkreise: um die „Berührungsangst" der politischen Wissenschaft vor der politischen Praxis und um das mangelnde Interesse der Politik an kritischer Reflexion. Auf der einen Seite hat die Wissenschaft – von wenigen Ausnahmen abgesehen – erst seit kurzer Zeit den Schwerpunkt ihrer Forschungstätigkeit auf konkrete politische Probleme und auf eine empirische Analyse der sozialen und politischen Landschaft Österreichs gerichtet (*Ulram,* 1979a), auf der anderen Seite tritt man ihr seitens „der Politiker" im Normalfall mit einer Einstellung gegenüber, die zwischen Skepsis und (mitunter sogar) Angst (*Pleschberger,* 1982) schwankt. Ein Indikator für dieses schwierige Verhältnis ist nicht zuletzt die äußerst geringe Anzahl von Politologen, die in der Politik tatsächlich tätig sind (sei es als „echte" Politiker, sei es als Angestellte von Parteien und Interessenvertretungen), aber auch die Seltenheit von politologischen Stellungnahmen in der Öffentlichkeit.

Diese Problematik zählt natürlich zum persönlich-emotionalen Hintergrund von Politologen, die – wie die Autoren dieses Buches – sowohl beruflich in den Stabsstellen einer Partei arbeiten, als sich auch wissenschaftlich mit zentralen Fragen der Entwicklung des österreichischen politischen Systems und hier besonders mit der „politischen Kultur des Parteienstaates" auseinandersetzen.

Auf der anderen Seite bietet die Zugehörigkeit zu zwei „Welten" auch neue Möglichkeiten: zum einen ist die Problemsicht vermutlich etwas umfassender, als wenn man sich dem Thema nur von einer Seite nähert; zum anderen verfügen parteiangestellte Sozialwissenschafter über einen Zugriff auf empirisches Datenmaterial, das ansonsten der (wissenschaftlich wie politisch interessierten) Öffentlichkeit nicht zugänglich ist.

Aus diesem Grund haben wir von politischen Umfragedaten reichlich Gebrauch gemacht. Die zahlreichen Tabellen sollten aber niemanden von der Lektüre des Buches abhalten. Viele von ihnen dienen in erster Linie der Verdeutlichung, Abstützung und Ergänzung unserer inhaltlichen Argumentation; diese ist jedoch prinzipiell auch ohne intensives Zahlenstudium nachvollziehbar. Gerade weil wir beide lange Zeit bei einem der großen österreichischen Meinungsforschungsinstitute (*Dr. Fessel + GfK*) tätig gewesen sind, huldigen wir nicht jenem „Datenmythos", der glaubt, daß die Befragung einer hinreichend großen Menge von Menschen schon für die Darstellung und Analyse politischer oder sozio-kultureller Entwicklungen wie Zustände ausreicht. Speziell für die im letzten Kapitel präsentierte Jugendstudie gilt daher: wem der „Zahlensalat" über den Kopf zu wachsen droht, der kann sich ohne weiteres auf die Zusammenfassung und Interpretation der wichtigsten Ergebnisse im Abschnitt 4.1 beschränken.

Wir sind davon überzeugt, daß sich in unserer Arbeit genügend Stoff für wissenschaftliche wie für politische Diskussionen – innerhalb und außerhalb der Parteien – findet.

Bei Universitätsprofessor *Dr. Wolfgang Mantl* und Universitätsprofessor *Dr. Manfried Welan* möchten wir uns für ihre wertvollen Hinweise ebenso bedanken wie für ihr Bemühen, uns die Publikation dieses Buches zu ermöglichen. Frau *Reinhilde Breitenfelder* und Frau *Marianne Zawilensky* kommt das Verdienst zu, unsere Notizen in ein maschinegeschriebenes Manuskript verwandelt zu haben. Besonderer Dank gebührt schließlich unseren Familien, die uns die Zeit zum Verfassen unseres Buches geschenkt haben.

Wien, im Jänner 1982

Fritz Plasser · Peter A. Ulram

2. POLITISCHE ENTWICKLUNG UND POLITISCHE KULTUR

2.1 Politische Kultur – was ist das?

Wenn in einschlägigen Zeitungsartikeln und Gesprächen von „politischer Kultur" die Rede ist, so versteht der gelernte Österreicher darunter in der Regel die (öffentlich zur Schau getragenen) Umgangsformen von Politikern und Parteifunktionären. Man denkt dabei also an Fragen des *politischen Stils,* der – jedenfalls der Ansicht vieler Beobachter nach – einiges zu wünschen übrig läßt. Diesem Verständnis zufolge gibt es in Österreich eigentlich keine politische Kultur, eher schon eine politische „Unkultur".

Spricht man hingegen über „die Österreicher" – etwa im Vergleich zu „den Deutschen" oder „den Italienern", so tritt die Vorstellung eines *Nationalcharakters* zutage. Dem solcherart definierten „Homo Austriacus" werden dann gerne Eigenschaften wie Gemütlichkeit, Friedensliebe, Umgänglichkeit und eine ausgeprägte Neigung zu leiblichen Genüssen zugeschrieben, aber auch Nörglertum und Schlamperei. Auf die Politik umgelegt bedeutet das einen (unterstellten) Hang zum Konsens, zum Ausgleich und zum Kompromiß; ferner eine Abneigung gegenüber politischem Radikalismus und ideologischer Unduldsamkeit. Eine Betrachtungsweise, die freilich dazu neigt, bestimmte Tatsachen als lediglich unerfreuliche Nebenerscheinungen abzuschieben bzw. überhaupt zu verdrängen: vom kurzen, aber blutigen Bürgerkrieg der dreißiger Jahre über den überdurchschnittlichen Anteil von „Ostmärkern" unter den KZ-Mördern bis zu jenem bösartig-selbstgefälligen Chauvinismus, wie er insbesondere gegenüber „Tschuschn", „Jugos", „Katzlmachern" und „feindlichen" Skifahrern jedweder Provenienz lautstark zum Ausdruck kommt. Es ist dies die kalt-metallene Kehrseite des „goldenen Wienerherzens", die ihre literarische Verewigung in der Figur des „Herrn Karl" gefunden hat.

Gegenüber der journalistischen Orientierung an Problemen des politischen Stils und den traditionellen Vorstellungen eines Volks- oder Nationalcharakters haben vor allem amerikanische Politikwissenschafter das Konzept einer *politischen Kultur* (political culture) entwickelt. Grob gesprochen handelt es sich hier um die Werthaltungen und Einstellungen von Individuen, Gruppen und der Gesamtgesellschaft, die für das Verhalten der Menschen im und zum politischen System eines Landes von Bedeutung sind. Diese Wert- und Verhaltensstrukturen werden als systematische Orientierungsmuster aufgefaßt, die untereinander stimmig sind und sich gegenseitig in ihrer Wirkung verstärken. Die politische Kultur „verleiht der politischen Sphäre Struktur und Sinn in der gleichen Weise wie die Kultur im allgemeinen dem (gesamten, Anm. d. Verf.) sozialen Leben Stimmigkeit und Zusammenhalt“[1] gibt; sie „ist das Ergebnis sowohl der kollektiven Geschichte eines politischen Systems wie der Lebensgeschichten jener Menschen, die zu einem bestimmten Zeitpunkt dieses System ausmachen; und wurzelt daher gleichermaßen in öffentlichen Ereignissen wie in privaten Erfahrungen“ (*Pye,* 1965, S. 8).

Zentrale Bestandteile des „political-culture“-Ansatzes sind die vertikale (oder nationale) Identifikation; die horizontale Identifikation oder Einstellung gegenüber den „Mitbürgern“, insbesondere das Ausmaß von Vertrauen und Mißtrauen in den sozialen Beziehungen zwischen Gruppen und Gesellschaftsklassen; die Erwartungen der Bevölkerung hinsichtlich Art und Umfang der Leistungen des politischen Systems; schließlich die Einstellungen zum Prozeß der politischen Entscheidungsfindung und zum politischen Stil im engeren Sinn (*Verba,* 1965).

Ein so gefaßter Begriff der politischen Kultur bietet eine Reihe von theoretischen wie forschungsstrategischen Vorteilen: im Unterschied zu der statischen – wenn nicht überhaupt von angeblich „angeborenen“ Eigenschaften ausgehenden – Konzeption eines Nationalcharakters verweist er stärker auf die dynamischen, also die Veränderungsaspekte von politischen Einstellungen und Verhaltensorientierungen und bezieht auch ihren historischen Konnex, den Entstehungs- und Bedingungszusammenhang, in die Betrachtung ein. Die Beziehungen zwischen politischen Institutionen und Prozessen auf der einen, individuellen und kollektiven Wertordnungen und verhaltensrelevanten Einstellungen auf der anderen Seite werden systematisch miteinander verknüpft; endlich läßt sich das theoretische Konstrukt „politische Kultur“ auch durch eine Zerlegung in Einzelteile empirisch fassen und überprüfen. An die Stelle mythischer Wesenheiten oder unverbindlicher Meinungen treten konkrete Bedingungsfaktoren und systematische Zusammenhänge.

---

[1]) Pye bezieht sich hier auf den weitgefaßten Kulturbegriff der angelsächsischen Sozialwissenschaften, insbesondere in der Fassung von Kluckhon, 1961, Parsons, 1961. Dieses Verständnis von Kultur als Sinn- und Integrationsstruktur des sozialen Systems unterscheidet sich wesentlich vom traditionellen deutschsprachigen Kulturbegriff, der auf eine vom zivilisatorischen Fortschritt und von der Sozialstruktur abgehobene, angeblich „höhere“ Sphäre abstellt.

Zugleich fordert dieser Ansatz aber auch eine Reihe von Kritikpunkten heraus, so

- seine starke Orientierung an der Erhaltung von Systemstabilität bzw. seine Ausrichtung auf einen bestimmten, zumeist dem angelsächsischen Demokratieverständnis nachempfundenen Entwicklungsbegriff (so bei *Almond/Verba,* 1963);
- die Vernachlässigung einzelner politischer Subkulturen zugunsten eines „abstrakten Mittelwertes" und die weitgehende Ausblendung der Frage nach den Vor- und Nachteilen der jeweiligen politischen Kultur für bestimmte soziale Gruppen;
- die Konzentration auf das politische Institutionensystem als den „eigentlichen politischen Bereich", wobei „vor"- oder „außer"politische Machtstrukturen vielfach unbeachtet bleiben;
- die Betonung formeller Strukturen und Prozesse auf Kosten inhaltlicher Wert- und Verhaltensorientierungen.

Ohne Zweifel zeigen diese Einwände wesentliche Schwachstellen insbesonderes der älteren Studien über die politische Entwicklung von Dritte-Welt-Ländern auf, wie sich auch bei manchen Arbeiten eine ausgeprägte Tendenz nachweisen läßt, unter dem Begriff der „politischen Kultur" all das zu subsumieren, was nicht ohne weiteres in wirtschaftliche oder machtpolitische Kategorien „eingepaßt" werden kann. Andererseits hat die Konzeption aber auch wesentliche Verbesserungen erfahren, so durch die Unterscheidung materieller (die politischen Zielvorstellungen betreffender) und formaler Aspekte der politischen Kultur bei *Lehmbruch* (1967) und durch die generelle Ausweitung des Untersuchungsfeldes bei *Berg-Schlosser* (1972); letzterer bezieht auch Persönlichkeitsvariable, politische Rahmenbedingungen sowie allgemeine ökonomische, soziale und religiöse Einstellungen ein, jedenfalls soweit sie „. . . direkt oder indirekt, für den Prozeß autoritärer, öffentlicher Entscheidungsfindung eine Rolle spielen" (*Berg-Schlosser,* 1972, S. 79).

Die wohl weitestgehende – und empirisch gut untermauerte – Fassung findet sich freilich in der Studie von *Greiffenhagen/Greiffenhagen* (1979) über die politische Kultur Deutschlands (ergänzend dazu auch *Eck,* 1979, *Barnes/Kaase,* 1979). Die Autoren halten zwar an den Schwerpunkten der politischen Identität, Legitimität und Anomie fest, erfassen aber auch das Wertesystem relevanter Subgruppen und deren Verhältnis zur Gesamtgesellschaft und zeichnen den ansatzweisen Wechsel zentraler politischer Themenstellungen im Zeitverlauf nach.

Wenn nun die vorliegende Arbeit den Wandel der politischen Kultur Österreichs von den ersten Nachkriegsjahren bis in die jüngste Gegenwart thematisiert, so gilt unser Interesse nicht nur den klassischen Fragestellungen dieses Ansatzes. Im Zentrum der Argumentation stehen vielmehr auch die Inhalte des politischen Prozesses und ihr wertemäßiges „Umfeld". „Politische Identität" beispielsweise beinhaltet u. E. weit mehr als die Einordnung in eine bestimmte soziale Gruppierung, die Bestimmung der Beziehungen der eigenen zu (den) anderen Gruppen und die Wahl des politisch-soziokulturellen Bezugsfeldes. Mindestens ebenso bedeutsam erscheint etwa das Verständnis von grundlegenden sozialen Aufgaben und Problemen: was sind für die Menschen (bzw. für bestimmte Gruppen) in einem politischen Verband die wichtigsten Zielsetzungen und Bedürfnisse; in welchem Verhältnis stehen sie zueinander; bleiben sie konstant oder verändern sie sich über längere Zeiträume und in welche Richtung geht die Entwicklung? Ferner: werden diese Ziele und Ansprüche überhaupt an das politische System gerichtet; oder ist dieses nur ein Adressat unter vielen? Wie steht es um die Wichtigkeit der Themen der „offiziellen" politischen Diskussion und Auseinandersetzung im Vergleich zu den tragenden Werten und Interessen der Bevölkerung oder bedeutsamer Subgruppen derselben? Es geht dabei um weit mehr als um die Frage nach der „allgemeinen Leistungsfähigkeit" des politischen Systems: dieses mag in manchen Bereichen als leistungsfähig angesehen werden, in anderen aber nicht; zugleich muß die Beurteilung des politischen „Outputs" nicht unbedingt über die politische Legitimität entscheiden: wo bestimmte Probleme – ganz gleich ob sie als gelöst oder ungelöst angesehen werden – nicht dem Bereich politischer Entscheidungen zugeordnet werden, ist es zunächst gleichgültig, ob man der Regierung, den Parteien oder den Sozialpartnern eine diesbezügliche Lösungskompetenz zuschreibt oder nicht.

Veränderungen und Konstanten im Wertesystem der Menschen, der Aufstieg bestimmter Themen zum Inhalt politischer Auseinandersetzungen und Entscheidungen, ihre Geschichte und ihr Weiterbestehen bzw. ihr Abstieg, müssen zudem im Zusammenhang mit der politischen und wirtschaftlichen Entwicklung eines Landes gesehen werden. Dies impliziert keine einfache Unterbau-Überbau-Vorstellung wie sie – trotz aller Modifikationen – den meisten marxistisch inspirierten Analyse- und Erklärungsversuchen zugrunde liegt; es unterstellt aber die Existenz von Interdependenzbeziehungen zwischen dem ökonomischen, dem politisch-administrativen und dem sozio-kulturellen System (siehe dazu u. a. *Lockwood,* 1973, *Habermas,* 1973, allgemein *Weber,* 1972).

Neben der Darstellung und Analyse der dominanten Entwicklungslinien, der „großen" politischen Themen und den zentralen Inhalten des tragenden politischen Konsenses sollen freilich auch die Schattenseiten der Entwicklung, die Opfer des Fortschritts und die angesichts der herrschenden Kräftekonstellation Zu-Kurz-Gekommenen nicht vergessen werden.

Dieses Vorhaben – das ob seines Umfanges ohnehin nur in großen

Linien und auch hier nur ausschnittsweise in Angriff genommen werden kann – stößt freilich auf zwei große Probleme, die zugleich auch als Einschränkungen der Argumentation zu verstehen sind. Zum einen gibt es verhältnismäßig wenig wissenschaftlich abgesichertes Material über das politische Bewußtsein, die Einstellungen, Werte und Bedürfnisse der Österreicher in den Anfangsjahren der Zweiten Republik. Die vorhandene Literatur zentriert sich vielmehr auf die Beziehungen zwischen den politischen Kräften, auf die Selbst- und „Feind“darstellung der Akteure und auf „harte“ politische und sozio-ökonomische Daten.

Dementsprechend liegt der Schwerpunkt der Darstellung für diese Periode auf dem Formalaspekt der politischen Kultur, auf den Strukturen und Prozessen der Konfliktaustragung wie Konsensfindung; ergänzt durch (vermutlich recht plausible) Annahmen und einzelne Detailstudien zu inhaltlich politischen Fragen.

Geradezu umgekehrt verhält es sich mit Daten über die jüngste politische Vergangenheit. Hier findet man zwar eine Fülle von – allerdings nicht immer systematisch erhobenen – empirischen Materialien zur Bewußtseinslage der Nation, aber kaum Stichhältiges zum Wandel der politischen Strukturen. Das Gros der politikwissenschaftlichen Analysen etwa über die Parteien oder die Sozialpartnerschaft reflektiert den Forschungsstand der ausgehenden sechziger Jahre – mit einer teilweisen Fortschreibung in die Anfänge der sozialistischen Alleinregierung[2]. Vor allem fehlt es an einer Analyse der politischen und sozioökonomischen Machtverhältnisse in und nach einem Jahrzehnt sozialistischer Vorherrschaft in Österreich[3]; ein Manko, dem auch unsere Studie nur in Teilbereichen abhelfen kann: sie beschreibt und analysiert die politische Kultur des „sozial-liberalen Konsenses“, die vermutlichen politischen und sozio-kulturellen Grenzen dieser Entwicklung; endlich das steigende Unbehagen im Parteienstaat.

---

[2]) So noch bei Pelinka (1980b) und Bichlbauer/Pelinka (1981); und dies obwohl Pelinka selbst in einer früheren Publikation begründete Zweifel an der allgemeinen Integrationsfähigkeit und Interessenberücksichtigungskapazität des etablierten Parteiensystems äußert (Pelinka, 1978). Natürlich gibt es eine Reihe „vorwissenschaftlicher (Vor)verständnisse“ über die Machtverteilung in der Ära der sozialdemokratischen Alleinregierung, so in der These vom „Gewerkschaftsstaat“ (Vodopivec, 1976), in der Betonung von Reformpolitik durch die Repräsentanten der Regierungspartei (charakteristisch dazu Fischer, 1981), oder in der Ansicht vom mehr oder weniger uneingeschränkten Weiterwirken kapitalistischer Herrschafts- und Produktionsverhältnisse.

[3]) Dies gilt im wesentlichen auch für die verschiedenen Reflexionen über sozialdemokratische Reformpolitik im letzten Jahrzehnt in Österreich (dazu ÖZP, 1981/1).

2.2 Das historische Erbe

Die politische Kultur eines Landes kann also nur in ihrer geschichtlichen Entwicklung zureichend verstanden werden – ein Postulat, das freilich noch nichts darüber aussagt, wie tief und wie weit das historische Wurzelgeflecht zurückverfolgt werden soll. Gerade für Österreich stellt sich ja die Frage nach der Entstehung und Ausprägung von nationaler Identität und tragenden politischen Strukturen nicht nur als eine wissenschaftliche, sondern auch als Problem politischer Selbstzuordnung. Während etwa die österreichnationale-katholische Richtung die Ursprünge der österreichischen Identität bereits in der Zeit von Reformation und Gegenreformation ansiedelt (*Heer,* 1981), tendieren Vertreter des sozialdemokratischen Lagers eher zur Annahme eines grundlegenden Neubeginns in der Ersten Republik. Die – soweit empirisch erfaßte – „Volksmeinung" wiederum orientiert sich mehrheitlich an der „Erfolgsgeschichte" der Zweiten Republik und ihrer Institutionen, sie verweist Donaumonarchie und Zwischenkriegsjahre in den Bereich historischer Reminiszenzen und negativer Gegenbilder zur Realität der Gegenwart (*Lazarsfeld-Gesellschaft*).

Die vorliegende Darstellung konzentriert sich auf die letzten Jahrzehnte der Habsburgermonarchie sowie auf die beiden Dezennien der Ersten Republik und des Ständestaates. Dies vor allem deshalb, weil es in jenem Zeitabschnitt nicht nur zur Herausbildung heute noch wirksamer ökonomischer, sozio-kultureller und politisch-administrativer Strukturelemente gekommen ist, sondern auch weil er nach wie vor einen nicht unwesentlichen Bezugspunkt im Selbst- und Fremdverständnis (zumindest) der politischen Eliten bildet.

2.2.1 Die Donaumonarchie: wirtschaftlicher Rückstand, starke Bürokratie und schwacher Liberalismus

Seit der Mitte des vorigen Jahrhunderts ist die Habsburgermonarchie immer mehr hinter die anderen west- und mitteleuropäischen Großstaaten zurückgefallen. Trotz einer forcierten Industrialisierung im ersten Jahrzehnt des zwanzigsten Jahrhunderts „. . . muß die Donaumonarchie am Vorabend des Ersten Weltkrieges als großes unterentwickeltes Wirtschaftsgebiet bezeichnet werden" (*März,* 1965, S. 195). Für diesen wirtschaftlichen Rückstand zeichnen freilich nicht nur geographische und wirtschaftliche Faktoren (Kapitalmangel, verspätetes Einsetzen der Industrialisierung) verantwortlich, auch die weitgehend industriefeindliche Haltung der Großagrarier und des Kaiserhauses sowie die Hochbürokratie haben daran ihren Anteil: letztere ist zwar im Prinzip proindustriell eingestellt – steigen mit wachsender Wirtschaft ja auch die Einnahmen für Heer und Verwaltung; sie fördert die industriell-kapitalistische Entwicklung aber nur insoweit, als dies den Absichten der staatlichen Zentralgewalt dient.

Die Verwaltung ist dabei nicht nur im Wirtschaftsleben – als „Geburtshelfer der industriellen Gesellschaft" ebenso wie im tagespolitischen Interventionismus – präsent, ihr kommt auch eine überragende politische Bedeutung zu. Auf der einen Seite erweist sie sich als stärkste integrative Kraft im Vielvölkerstaat, auf der anderen prägt sie durch ihre traditionell antidemokratische und antiparlamentarische Ausrichtung auch das Verhältnis zwischen Staat und Bevölkerung wesentlich mit. Dies umso mehr, als ihr für lange Zeit ein starker Gegenpol in der Form eines selbstbewußten, politisch liberalen Bürgertums fehlt und sie imstande ist, ihre zentralistisch-autokratische Organisation nicht nur in die erste, sondern teilweise auch in die zweite Republik hinüberzuretten:

„Es mag sonderbar anmuten, daß der Wandlung zum modernen Leistungs- und Sozialstaat, die sich in Österreich bereits in weiten Kreisen vollzogen hat, nur eine eingeschränkte Anpassung der bürokratischen Organisation an diese neue Situation gegenübersteht. Dies deutet darauf hin, daß die Staatsbürokratie in Österreich einen größeren Einfluß im politischen System besitzt, als dies anderswo der Fall ist." (so *Neisser* noch 1977, S. 238)

Die Schwäche des Bürgertums wird zunächst mit dem Scheitern der Revolution von 1848 deutlich. In der Folge versucht sich insbesondere das Großbürgertum mit der Bürokratie zu arrangieren: man nimmt den eben erst erhobenen Anspruch auf politische Herrschaft weitgehend zurück, um sich vom autokratischen Regime dafür eine stärkere Berücksichtigung seiner wirtschaftlichen Interessen einzuhandeln: „Es war einer der größten Erfolge des neuen Regimes, daß es die Liberalen von 1848 als staatstragende Kräfte zu integrieren wußte" (*Matis,* 1972, S. 31; vgl. dazu allgemein *Kreisky,* 1977).

Auch die kurze Periode liberaler Regierungen, die mit der Wirtschaftskrise von 1873 ihr jähes Ende findet, bringt hier keine wesentlichen Änderungen: zusehends vom – mehrheitlich christlichsozial orientierten – Kleinbürgertum und von der Arbeiterschaft bedrängt, sucht das Großbürgertum politischen und wirtschaftlichen Schutz bei der bürokratischen Staatsmacht, ideologisch sinkt es immer mehr dem Deutschnationalismus in die Arme.

Einen gewissen Rückhalt findet die liberale Strömung zunächst noch im wissenschaftlichen und kulturellen Bereich (vgl. dazu etwa *Johnston,* 1973, und *Schorske,* 1980), der aber selbst immer mehr in Gegensatz zu den vorherrschenden sozialen und politischen Kräften gerät.

„Die Stellung der liberalen haute bourgeoisie wurde so tatsächlich paradox. Sogar als ihr Reichtum zunahm, fiel ihre politische Macht (immer mehr) weg. Ihre Vorherrschaft im beruflichen und kulturellen Leben des (Habsburger-)Reiches wurde grundsätzlich nicht in Frage gestellt, während sie zugleich politisch ohnmächtig wurde. Auf diese Weise entwickelte sich die Wiener obere Mittelschicht immer mehr zu einer Klasse, die – mehr sogar als der Kaiser, dem sie loyal diente – regierte, obwohl sie nicht herrschen konnte. Ein Gefühl der Überlegenheit verband sich auf seltsame Weise mit einem Gefühl der Ohnmacht. Die Werke der neuen ästhetischen Bewegung spiegeln denn auch den Zwiespalt wider, der aus diesen beiden Elementen geformt wurde . . . Weder dégagé noch engagé waren die österreichischen Ästhetiker nicht *von* ihrer Klasse entfremdet, sondern *mit* ihr von einer Gesellschaft, die ihre Erwartungen enttäuschte und ihre Werte ablehnte" (*Schorske,* 1980, S. 303 und 304).

Nach dem Zusammenbruch der Monarchie wandte sich eine kleine Gruppe von Links-Liberalen (für die hier paradigmatisch *Hans Kelsen* und der „Wiener Kreis" stehen mögen) der Sozialdemokratie zu. Sie finden jedoch außerhalb des „intellektuellen Wiens" nur wenig Widerhall und geraten selbst auf ihrem ureigensten Feld – der Universität – immer mehr unter den Druck deutschnationaler und autoritärer Ideologien (vgl. dazu *Fischer-Kowalski,* 1977). Ab 1934 beginnt der Weg in das endgültige Abseits – zunächst in die Emigration, dann (nach 1938) in die Vernichtungslager.

Historisch gesehen, setzt der Liberalismus in Österreich also später ein als im westlichen Europa, ist von kürzerer Dauer – in seiner radikalen politischen Ausrichtung kommt er, von wenigen Ausnahmen im Wien der Jahrhundertwende (etwa *Zenker,* 1902 und 1914) abgesehen, kaum über das Jahr 1848 hinaus – und vermag nur selten ein kritisches Potential gegenüber autoritären Ideologien und dem Obrigkeitsstaatsdenken von Bürokratie und weiten Kreisen der Bevölkerung zu entfalten (vgl. auch *Mises,* 1927).

2.2.2 Die Erste Republik: Wirtschaftskrise, Klassenkampf und nationale Frage

Mit dem Zerfall der Donaumonarchie zerbricht auch ein – zwar ungleichmäßig entwickelter, aber in sich relativ abgestimmter[4] – großer

[4]) Wobei nicht verschwiegen werden soll, daß diese binnenwirtschaftliche Arbeitsteilung zu einem Gutteil zu Lasten der agrarischen Gebiete, d. h. insbesondere der in der ungarischen Reichshälfte lebenden nationalen Minderheiten (niedriges Lohnniveau, teilweise Weiterbestehen feudaler Herrschaftsverhältnisse, nationale Unterdrückung) geht; vgl. dazu u. a. Matis, 1970.

Wirtschaftskörper. Der österreichische Reststaat verliert wesentliche Absatz- und Produktionszentren, wobei sich insbesondere die Abtrennung der agrarischen Gebiete im Osten und die Trennung der industriellen Zentren (Böhmen, Oberösterreich, Steiermark) als schwere Benachteiligung erweisen. Die allgemein schwierige wirtschaftliche Situation der Zwischenkriegsjahre wird überdies durch eine starke Abhängigkeit vom Auslandskapital (Deutsches Reich, Frankreich, Tschechoslowakei) und durch eine spekulative Bankenpolitik weiter verschärft.

Hauptleidtragende sowohl der Weltwirtschaftskrise wie der Sanierungsmaßnahmen der dreißiger Jahre sind dabei zunächst die Arbeiterschaft[5], in zweiter Linie das Kleinbürgertum und die neuen (angestellten) Mittelschichten: gerade bei den letzten beiden Gruppen wächst so die Neigung zu autoritären „Problemlösungen", wie auch der – in der Monarchie bereits stark ausgeprägte und von den Deutschnationalen wie den Christlichsozialen bewußt politisch eingesetzte – Antisemitismus neue Nahrung erhält.
Auf politischer Ebene sehen sich die beiden großen Lager – Sozialdemokraten[6] und Christlichsoziale bzw. Konservative – zunächst in einer Pattstellung, von *Otto Bauer* auch als „Klassengleichgewicht" apostrophiert. Die politische Zusammenarbeit ist jedoch nur von kurzer Dauer: während sich die Sozialdemokraten immer mehr in ihren Hochburgen – vor allem im „roten Wien" einigeln und zwischen parlamentarischer Reformpolitik und revolutionärer Rhetorik hin und her schwanken (vgl. etwa *Leser,* 1968, und *Seliger,* 1980), macht sich der christlichsoziale-katholisch konservative Block daran, den „revolutionären Schutt" von 1918/19 (*Seipel*) zu beseitigen. Die gemäßigten Kräfte auf beiden Seiten (etwa *Renner* und *Kunschak*) können sich nicht durchsetzen, gegenseitiges Mißtrauen, verbaler Radikalismus und politische Gegnerschaft werden stärker; zuerst noch als politische Auseinandersetzung, später auch in Form gewaltsamer Zusammenstöße, bei denen die Linke zusehends in die Defensive gerät (*Botz,* 1976).

Die Vertiefung der politischen und sozialen Gräben schlägt sich auch im Wandel des Demokratieverständnisses, genauer in der Ablehnung der angeblich „bloß formalen" parlamentarischen Demokratie

---

[5]) Die Arbeitslosenrate schwankt 1929–1937 zwischen etwa neun und siebenundzwanzig Prozent; der Gipfel von ca. 34 Prozent wird 1934 erreicht.

[6]) Wobei es den österreichischen Sozialdemokraten im Unterschied zu den meisten ihrer mittel- und lateineuropäischen Schwesterparteien gelingt, die revolutionären Kräfte weitgehend zu integrieren und eine Spaltung der sozialistischen Bewegung in Sozialdemokraten und revolutionäre Kommunisten zu verhindern. Die Kommunistische Partei bleibt in der ganzen Ersten Republik ohne nennenswerte Bedeutung und gewinnt erst im Widerstand gegen den Nationalsozialismus und in den ersten Jahren nach 1945 eine gewisse Gefolgschaft.

nieder. Im christlichen Lager gewinnen korporatistische Vorstellungen – unter dem Deckmantel einer „wahren Demokratie“ – an Boden; der Korneuburger Eid von 1930 signalisiert hier die Abwendung eines Teils der Bürgerlichen vom Parlamentarismus überhaupt. Die Sozialdemokratie wiederum bleibt dem parlamentarisch-demokratischen System im wesentlichen treu, betont aber dessen „unvollständigen Charakter“ und zieht seine Aufgabe unter bestimmten Umständen zumindest verbal in Erwägung:

„Wenn sich aber die Bourgoisie gegen die gesellschaftliche Umwälzung, die die Aufgabe der Staatsmacht der Arbeiterklasse sein wird, durch planmäßige Unterbindung des Wirtschaftslebens, durch gewaltsame Auflehnung, durch Verschwörung mit ausländischen gegenrevolutionären Mächten widersetzen sollte, dann wäre die Arbeiterklasse gezwungen, den Widerstand der Bourgoisie mit den Mitteln der Diktatur zu brechen“ (aus: „Linzer Programm“ der Sozialdemokratischen Arbeiterpartei, zit. nach *Berchtold,* 1967, S. 253).

Nach der Ausschaltung des Parlaments durch *Dollfuß* und der Niederwerfung der sozialistischen Opposition in einem kurzen, nichtsdestoweniger jedoch blutigen Bürgerkrieg wird der Korporatismus zur offiziellen Ideologie des autoritär-faschistischen Ständestaates. Sogar die christliche Arbeiterbewegung, die sich selbst als „demokratisches Gewissen“ des autoritären Systems versteht und seinen totalitären Ansätzen – wie sie insbesondere vom Heimwehr-Flügel vertreten werden – zu wehren versucht, verwirft nun die „Formaldemokratie“ eines „überspitzten Parlamentarismus“. Der autoritäre Ständestaat wird zwar nur als vorübergehende Erscheinung angesehen, einige seiner wesentlichen Elemente, nämlich die Abschaffung der parlamentarischen, parteienstaatlichen Konkurrenzdemokratie und die zwangsmäßige Vereinigung der sozio-ökonomischen Interessengruppen in berufsständischen Körperschaften finden aber eine positive Beurteilung. Die berufsständische Ordnung stellt in ihren Augen keinen Gegensatz zur Demokratie, sondern ihre „wahre“ Ausformung dar: „In ihrem innersten Wesen, in ihrem höchsten Ziel und im vollsten Sinn des Wortes ist die berufsständische Ordnung *die* Demokratie, vorausgesetzt, daß sie sinngemäß durchgeführt wird.“ (*Kunschak* in einer Rede im Mai 1936, zit. nach *Pelinka,* 1972, S. 195).

Ein hohes politisches und soziales Konfliktniveau, das immer wieder auch in gewalttätige Auseinandersetzungen ausartet, und ein ambivalentes Verhältnis zur parlamentarischen Demokratie, das schließlich in ihre Liquidation mündet, sind aber nicht die einzigen desintegrierenden Faktoren der politischen Kultur Österreichs in der Ersten Republik. Der Staat selbst – der „ungeliebte Rest“ der alten Donaumonarchie – wird als eigenständige politische Einheit immer wieder in Frage gestellt; die Existenz einer österreichischen Nation mehrheitlich verneint. Freilich geht diese nationale Selbstaufgabe schon auf das vorige Jahrhundert zurück, die Chance, gegenüber dem wachsenden Deutschnationalismus in der cisleithanischen Reichshälfte eine österreichische Identität zu schaffen, ist nicht zuletzt vom Kaiser selbst und den dominanten politischen Gruppen verspielt worden: „Bildungen eines Österreich-Bewußtseins wurden im franzisko-josephinischen Staat zerstört durch ein nahezu totales Unverständnis für die Jugend, durch die Preisgabe der Schüler, der Studenten, der Hochschulen an die ekstatische deutsch-nationale Jugendbewegung und an den akademischen Deutsch-Nationalismus." (*Heer,* 1981, S. 262). „Das Reich wurde verspielt, weil es in den führenden Gruppen und Kreisen keinen Glauben an Österreich gab." (*ebenda,* S. 333).

Österreich – Deutschösterreich wie es sich selbst nennen möchte – ist so eigentlich ein „Staat wider Willen". Die Deutschnationalen und die (in den dreißiger Jahren an Einfluß gewinnenden) Nationalsozialisten treten offen für den Anschluß ein; ebenso die Sozialdemokratie, wenngleich aus teilweise unterschiedlichen Gründen und seit der Machtergreifung Hitlers in Deutschland mit zunehmend schwindender Begeisterung. Die Christlichsozialen als staatstragende Partei betonen zwar die staatliche Unabhängigkeit, wenden sich aber gleichzeitig gegen Versuche in den eigenen Reihen (vor allem von dem Kreis um *E. K. Winter*), eine eigenständige österreichische Nationalität zu definieren.

Man versteht sich hier als zweiter deutscher Staat, letztlich sogar schon als die „besseren Deutschen": „Wir glauben daran, daß das bescheidene Österreich einmal Sauerteig werden wird für das gesamte deutsche Volk, wenn die Irrsinnsthesen von einem Rosenberg. . . überwunden sind." (Landesführer des Freiheitsbundes Steiermark, *J. Müller,* 1935, zit. nach *Pelinka,* 1972, S. 209).

Gemeinsam mit den (macht)politischen und wirtschaftlichen Realitäten ist dies der geistige Hintergrund für die Kapitulation der österreichischen Bundesregierung vor dem deutschen Druck, für den berühmt-berüchtigten Ausspruch *Schuschniggs,* er „wolle kein deutsches Blut vergießen" und also kampflos aufgeben; aber auch für den Jubel, der dem einmarschierten *Hitler* von zehntausenden Menschen auf dem Wiener Heldenplatz entgegengeschallt ist[7].

---

[7]) Wenngleich, wie ein zeitgenössischer Beobachter anmerkt, „für jeden der Hunderttausend, die Hitler auf dem Heldenplatz zujubelten, ein anderer zu Hause die Fäuste in der Hosentasche geballt hat". Dies mag als etwas überzeichnete Darstellung angesehen werden, doch auch die GESTAPO zeichnet im Juni 1938 folgendes Meinungsbild von den „Ostmärkern": „als ‚treue Kämpfer' können in Österreich höchstens 15 Prozent betrachtet werden; etwa 30 Prozent standen aus wirtschaftlichen und politischen Gründen im Gegensatz zum Regime Schuschniggs; 10 bis 20 Prozent dürfen als ‚gelegentliche Anhänger', 30 bis 40 Prozent als direkte Gegner des Nationalsozialismus betrachtet werden." (Hohenecker/Otruba, 1967, S. 126).

„Das Credo des letzten Bundeskanzlers der Ersten Republik Österreich steht lückenlos in jener Kontinuität, die vom hohen 16. Jahrhundert heraufführt, auf 1866, auf die franzisko-josephinische Ära zu, in der die entscheidende Bildung nicht gewagt beziehungsweise vertan wurde: die Bildung eines Österreich-Bewußtseins an den Universitäten, an den Schulen, in der Öffentlichkeit; nicht zuletzt durch Bildung einer Presse, die sich zum Sprachrohr des großen Gegners, des Feindes machte . . . Österreich muß zerschlagen werden.“ (*Heer,* 1981, S. 431)

2.3 Der historische Kompromiß

Trotz hoher Verluste an Menschen (etwa eine Viertelmillion Österreicher sind gefallen oder vermißt; zehntausende Zivilisten haben ihr Leben verloren; die einst große jüdische Gemeinde ist emigriert oder in den nationalsozialistischen Vernichtungslagern umgekommen) und schwerer materieller Schäden durch die Kriegseinwirkungen besitzt die Zweite Republik einen wesentlichen Vorteil gegenüber ihrer Vorgängerin: nach der Überwindung des ersten Schocks findet der neue Staat immer breitere Zustimmung; der Druck der totalitären Diktatur ist gewichen; im Land regt sich wieder Hoffnung.

2.3.1 Die wirtschaftliche Grundlage: Österreich wird zur Industriegesellschaft

Der Aufbauwille der Bevölkerung, eine positive internationale Konjunkturentwicklung und eine kräftige amerikanische Hilfe im Zuge des Marshall-Planes führen zur Wiederbelebung des wirtschaftlichen Lebens und – bei allen Härten, insbesondere im städtischen Bereich – zu einem langsamen Ansteigen des Lebensstandards. Die industrielle Produktion, 1945 auf ein Drittel des Vorkriegsniveaus abgesunken, übersteigt dasselbe Mitte der fünziger Jahre bereits um das Doppelte; die Landwirtschaft wird modernisiert, hier freiwerdende Arbeitskräfte fließen zunächst dem industriellen Sektor, später verstärkt dem Dienstleistungsbereich zu.

Hohes Wirtschaftswachstum und abnehmende Arbeitslosenraten bilden die Grundlage eines steigenden Wohlstandes, der Österreich – speziell in den Hochkonjunkturjahren nach 1956 – aus seiner früheren Position am Ende der entwickelten Staaten langsam in deren Mittelfeld führt; deutlich vor Süd- und Osteuropa, ein gutes Stück hinter den Ländern Nordwesteuropas und Angloamerikas[8].

---

[8]) 1955 beträgt das Brutto-Sozial-Produkt Österreichs etwa die Hälfte des gesamten bzw. ca. drei Viertel des europäischen OECD-Durchschnitts; 1979 hingegen liegt es um drei Prozent über dem gesamten und um siebzehn Prozent über dem europäischen OECD-Durchschnitt. Zur Verortung Österreichs zwischen den drei europäischen „Effizienzzonen“ siehe besonders Gaspari/Millendorfer, 1973.

Tabelle 1a: Jährliches Wachstum des Brutto-Inlands-Produktes 1947–1979	*Tabelle 1b: Arbeitslosenrate 1947–1979*
prozentuelle Veränderungen gegenüber dem Vorjahr, Fünfjahresdurchschnitte; 47–54: Achtjahresdurchschnitte	
1947–54: 11,6	1947–54: 5,5
1955–59: 6,9	1955–59: 5,2
1960–64: 4,6	1960–64: 2,9
1965–69: 4,8	1965–69: 2,7
1970–74: 5,3	1970–74: 1,9
1975–79: 4,1	1975–79: 2,0

Quellen: 1947–54: *Bachmayer, 1976*
1955–59: *Wirtschafts- und Sozialstatistisches Handbuch, 1945–69*
1960–79: *Blaas/Matzner/Wösendorfer, 1980*

Schon in den fünfziger Jahren entwickelt sich im übrigen jene Wirtschaftsstruktur, die Österreich auch in den folgenden beiden Jahrzehnten charakterisieren soll:

(1) Allgemein dominieren kleine und mittlere Unternehmenseinheiten, vor allem im Bereich der Privatwirtschaft: so beschäftigen noch 1973 fast drei Viertel der Betriebe weniger als zehn Arbeitnehmer; nur 2,7 Prozent der Unternehmen geben fünfzig oder mehr Menschen Arbeit.

(2) Auslandskapital findet sich in erster Linie bei den großen Aktiengesellschaften, wo es mit fast einem Viertel des Gesellschaftskapitals an zweiter Stelle hinter dem Staat liegt und den Anteil des österreichischen Privatkapitals deutlich übersteigt.

(3) Größter Arbeitgeber des Landes ist jedoch eindeutig der Staat, der in der einen oder anderen Form (öffentlicher Dienst, Gemeindebetriebe, verstaatlichte Industrie, Angestellte der gesetzlichen Interessenvertretungen u. a. m.) beinahe jeden dritten österreichischen Arbeitnehmer beschäftigt (*IHS,* 1977, S. 292). Diese für ein marktwirtschaftliches System praktisch einmalige Situation ist insbesondere auf die Verstaatlichung der Grundstoff- und Chemischen Industrie in den Nachkriegsjahren zurückzuführen, wobei die „Verstaatlichte" anfangs wesentliche Hilfestellungen für den Wiederaufbau der österreichischen Privatwirtschaft geleistet hat: „In den meisten Fällen produziert der nationalisierte Sektor die Waren und Dienstleistungen, die die Privatindustrie nicht herstellt. Darüber hinaus liefert er seine Güter und Dienstleistungen dem privaten Sektor zu sehr günstigen Bedingungen." (*Langer,* 1964, zit. nach *O'Connor,* 1974, S. 228, ausführlicher dazu *Langer,* 1966).

Die Position der öffentlichen Hand schwankt dabei von Branche zu Branche, doch gibt es kaum einen Bereich, in dem sie nicht als Unternehmer vertreten ist:

Tabelle 2:
Staatsanteil in ausgewählten Wirtschaftszweigen:

in Prozent	a) des Netto-Produktionswertes	b) der Beschäftigten
Energie- und Wasserwirtschaft	97,5	96,5
Banken, Kreditwesen, Versicherungen	71,8	64,8
Verkehr- und Informationswesen	69,9	78,9
Bergbau	66,7	64,4
Produzierende Industrie und Handwerk	24,4	18,3
Dienstleistungen	23,7	14,4

Quelle: Fremuth, 1975

2.3.2 Elitenkartelle und Konkordanzdemokratie

Beinahe noch auffälliger als der wirtschaftliche Aufstieg – jedoch mit ihm eng verbunden – ist der Wandel in der politischen Kultur nach 1945. An die Stelle permanenter Konflikte und oft auch gewaltsamer Auseinandersetzungen tritt ein grundsätzlich auf Konsens und Zusammenarbeit ausgerichtetes Verhalten der politischen Eliten wie der großen sozialen und wirtschaftlichen Interessenverbände.

Tragende Grundlage dieser „Konkordanzdemokratie" ist ein historischer Kompromiß der beiden großen sozialen und politischen Lager Österreichs, der Sozialdemokratie (SPÖ) und der Christlichsozialen und Konservativen (ÖVP). Der Kompromiß beinhaltet die prinzipielle Anerkennung der Rechtmäßigkeit und Legitimität des gegnerischen Standpunktes[9], die Zuweisung von (politischen und sozialen) Einflußsphären und einen Verzicht auf einseitige Interessendurchsetzung – man denke an *Raabs* bekannten Ausspruch: „Das kann man ihnen nicht zumuten!" Zudem besteht Einigkeit über eine Reihe grundsätzlicher Zielsetzungen, namentlich die Erhaltung des politischen und staatlichen Status-quo, die Förderung wirtschaftlichen Wachstums und den Ausbau der sozialen Sicherheit.

Machtpolitisch erfolgt eine de facto-Teilung des Landes in zwei große Einfluß- und Interessensphären, die einander als relativ geschlossene Blöcke gegenüberstehen.

[9]) Die Volkspartei hat in diese „Ehe" u. a. die Anerkennung der Sozialisten als staatstragende Kraft, die Übernahme sozialstaatlicher Ziele und die Aufgabe von Machtpositionen eingebracht; die Sozialisten verzichten weitgehend auf sozialrevolutionäre Ansprüche (praktische Akzeptierung der „sozialen Marktwirtschaft") und betonen wachstumspolitische gegenüber verteilungspolitischen Zielsetzungen.

Die soziale Basis der Machtblöcke bilden die zwei großen „Lager", sozio-kulturelle Subkulturen, die im wesentlichen auch mit der Klassenzugehörigkeit ihrer Mitglieder korrespondieren: Industriearbeiterschaft im sozialistischen, Bauern, Gewerbetreibende und freie Berufe im christlich-konservativen Lager[10]. Ausnahmen finden sich allerdings im Arbeiter- und Angestelltenbund (ÖAAB) der Volkspartei, wo ein Großteil der Beamtenschaft und die christlich motivierten Arbeiter und Angestellten wirksam werden, sowie bei einem Teil des Bürgertums, das sich den National-Liberalen bzw. (in geringerem Ausmaß) der sozialdemokratischen Subkultur anschließt. Die Lager vermitteln dabei nicht nur relativ einheitliche weltanschauliche Deutungsmuster und „politisches Heimatgefühl", sie binden ihre jeweiligen Angehörigen auch in ein weitgesponnenes Netz von Sozialisationsinstanzen und (den Parteien) vorgelagerten Institutionen ein – von Kin-

Tabelle 3:
Modell der Lagerbeziehungen

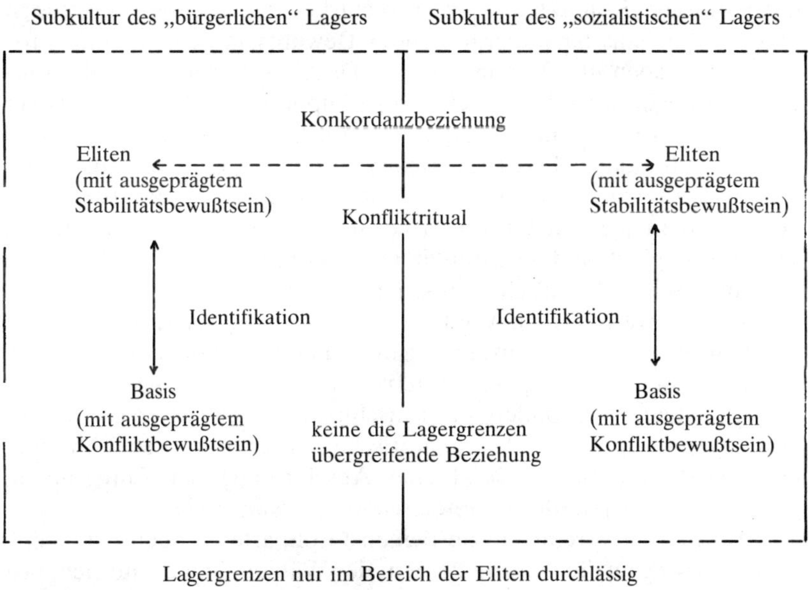

Quelle: Pelinka, 1974, S. 344 (Auszug)

---

[10]) Inwieweit es sich bei den „National-Liberalen" tatsächlich um ein eigenes Lager handelt, ist wissenschaftlich umstritten (Pro vor allem Wandruszka, 1954, Reimann, 1980, kontra Fritzl/Uitz, 1975). Nimmt man bestimmte ideologische Kontinuitäten als Definitionskriterium, so kommt noch ein viertes, radikalsozialistisch-kommunistisches Lager hinzu.

der- und Jugendorganisationen über Sportvereine, Autofahrerklubs und kulturelle Zirkel bis hin zum sozialdemokratischen Sterbeverein. Eine spezifische Aufgabe kommt den verschiedenen Vorfeldorganisationen (z. B. Cartell-Verband, Bund Sozialistischer Akademiker, Katholische Jugend) zudem bei der Rekrutierung des politischen Nachwuchses für den Partei- und Verwaltungsapparat zu (u. a. *Stirnemann,* 1981).

Dominiert innerhalb der Lager die soziale und politische Integration, so bestehen zwischen den Lagern nur wenig soziale Kontakte und politisch-kulturelle Gemeinsamkeiten; Feindbilder und Mißtrauen vor „den Roten" bzw. „den Schwarzen" beherrschen insbesondere die mittleren und unteren Funktionärskader. Es handelt sich dabei um eine politisch-soziale Struktur, die man am besten als „versäult" (*Lehmbruch,* 1967) charakterisieren kann.

Davon deutlich abgehoben ist der politische Stil der Führungsgruppen: trotz einer Art von ritualisiertem Konfliktverhalten, das sich jedoch in erster Linie an die eigene Basis richtet, existieren hier zahlreiche soziale Kontakte, ein relativ starkes gegenseitiges Vertrauen und ein durchaus lagerübergreifendes Bewußtsein gemeinsamer Probleme Aufgaben und Verantwortung. Die Aushandlung von Konflikten – gerade im wirtschaftlichen und sozialpolitischen Bereich – erfolgt primär pragmatisch mit dem Ziel einer für beide Seiten annehmbaren Kompromißfindung. Das Ergebnis ist so ein ausgeprägtes politisches Elitenkartell, wobei die Zugehörigkeit zu einer der beiden Elitegruppen bzw. die Unterstützung durch sie auch weitgehend über die Durchsetzungsfähigkeit und Legitimität einer Gruppe oder eines sozialen oder politischen Anspruches entscheidet.

Zu den wesentlichen Voraussetzungen dieser Kartellbildung, die sich politisch in einer zwanzigjährigen großen Koalition, auf der Ebene der Interessenvertretung im System der Sozialpartnerschaft niederschlägt, zählen insbesondere der Einschluß aller relevanten sozio-ökonomischen Gruppen, die legitimatorische Absicherung – sprich Folgebereitschaft der Basis – und eine Abschirmung der Elitegruppen gegenüber ihrer jeweiligen Gefolgschaft (*Ucakar,* 1977).

Tatsächlich vereinigen die beiden Großparteien über zwei Jahrzehnte hinweg an die neunzig Prozent der Wählerstimmen auf sich; fast jeder dritte erwachsene Österreicher ist Mitglied einer Partei (siehe dazu Anhang *Tab. A1* und *A2*). Ähnlich verhält es sich mit dem Verbändesystem: Landwirte, Gewerbetreibende und Arbeitnehmer in der Privatwirtschaft (wozu in diesem Fall auch die verstaatlichten Betriebe zählen) werden global in ihren Kammern (zwangs)organisiert, doch selbst der Österreichische Gewerkschaftsbund vermag sechs von zehn Arbeitnehmern unter seinen Fittichen zu versammeln (*Pelinka,* 1980). Gewerkschaftsbund und Industriellenvereinigung erweisen sich als stark zentralisiert, ihre ausgeprägte Bürokratisierung – mit technokratischen Obertönen –, die Konzentration der Entscheidungsfindung bei den Organisationsspitzen und ein hauptsächlich von oben nach unten verlaufender Informationsfluß tragen Weiteres zur Herrschaft der Verbandseliten bei. Gerade die Organisation des ÖGB als Einheitsgewerkschaft und seine ausgeprägte Einheitsideologie (Vertretung aller Arbeitnehmer ungeachtet ihrer politischen Überzeugung und Parteizugehörigkeit), kurz die Etablierung des Gewerkschaftsbundes als „die“ Interessenvertretung „der“ Arbeiter, Angestellten und Beamten ergeben eine stabile Basis und entheben die Führung einer allzu starken Konkurrenz um die Mitgliederschaft[11].

Die Entschärfung des Klassenkampfes durch seine Verlagerung an den „grünen Tisch“ (*Gmoser,* 1971, *Kienzl,* 1974) und die Domestizierung des politischen Konfliktes in der großen Koalition wird durch die Lösung der (deutsch)nationalen Frage im Sinne der langsamen Herausbildung eines allgemeinen Österreichbewußtseins abgerundet. Mit der „Erfolgsgeschichte“ der Zweiten Republik wächst auch die Akzeptanz ihrer staatlichen Institutionen und schließlich ihrer nationalen Identität:

Tabelle 4:
Entwicklung des Österreichbewußtseins 1956–1980:

	1956	1964		1970		1980	
Österreich ist eine Nation	49	47	70	66	82	67	86
Österreich beginnt sich langsam als Nation zu fühlen		23		16		19	
Österreich ist keine Nation	46	15		8		11	
Weiß nicht/keine Antwort	5	14		10		3	
	100%	99%		100%		100%	

Quelle: Lazarsfeld-Gesellschaft, S. 57

Als einzige größere politische Gruppierung verfügt die Freiheitliche Partei (FPÖ) über einen nennenswerten Prozentsatz an deklarierten „Nicht-Österreichern“, wie sie sich auch als Repräsentantin des nationalen Lagers in Programmatik (*Berchtold,* 1967 und *Kadan/*

[11]) Die mangelnde innerorganisatorische Konkurrenz wird dabei durch eine absolute Vormachtstellung der jeweils stärksten „Fraktion“ in den einzelnen Interessenvertretungen abgesichert. Zur Sozialpartnerschaft und zum Konkordanzsystem auf Regierungsebene siehe u. a. Pelinka, 1974 und 1980b, Bichlbauer, 1974, Matzner, 1977, sowie Gerlich, 1972 und die zitierten Arbeiten von Lehmbruch.

Pelinka, 1979) und in politischen Äußerungen ihrer Führer und Theoretiker (*Reimann,* 1980) nie zu einem eindeutigen Bekenntnis zur österreichischen Nation hat durchringen können. Nichtsdestoweniger hat auch die FPÖ der schwindenden Anziehungskraft der großdeutschen Idee ihren Tribut gezollt: die deutschnationalen Töne sind nach einem kurzen „Aufbegehren", das prompt mit starken Stimmeneinbußen gegenüber ihrer Vorläuferorganisation VdU bezahlt werden mußte, immer leiser geworden.

2.3.3 Die Kosten der Stabilität

Sozialpartnerschaft und Proporzdemokratie haben zweifelsohne einen gewichtigen Beitrag zum wirtschaftlichen Aufschwung und zur Sicherung der politischen Stabilität Österreichs geleistet. Sie haben darüber hinaus breite Zustimmung und eine tiefe Verankerung im Bewußtsein der Bevölkerung gefunden: das Zerbrechen der starren ÖVP-SPÖ-Koalition nach 1966 bringt kaum nennenswerte Gewinne für die Freiheitlichen, die einzige Anti-System-Partei (die KPÖ) sinkt überhaupt zur politischen Bedeutungslosigkeit ab. Doch auch die

Tabelle 5:
Zustimmung zur Sozialpartnerschaft:
Einfluß der Sozialpartnerschaft auf die österr. Politik sollte in Zukunft

	zunehmen	gleichbleiben	abnehmen/überhaupt aufgelöst werden	keine Angabe
1974	42	47	8	4
1976	33	48	6	13
1978	29	50	5	15 (.. 100%)

Quellen: Dr. Fessel + GfK, Politische Umfragen *(1974, 1976, 1978)*

Tabelle 6:
Einstellung zu Koalitionsformen:
in Prozent der Zustimmung

	SPÖ–ÖVP	SPÖ–ÖVP–FPÖ	SPÖ–FPÖ	ÖVP–FPÖ	keine Angabe
1972	51	22	10	8	10
1978	51	17	11	13	9
1981	53	19	15	5	8 (.. 100%)

Quellen: Dr. Fessel + GfK, Politische Umfragen *(1972, 1978, 1981)*

Regierungsform der „großen Koalition“ findet noch Jahre nach ihrem politischen Ableben zahlreiche Anhänger – in den ersten Jahren der ÖVP-Alleinregierung sogar starke „absolute Mehrheiten“ –, in der Folgezeit rangiert sie unangefochten vor allen anderen (gewünschten) Koalitionsvarianten.

Die Sozialpartnerschaft selbst wird durch das Ende der schwarzroten Regierungspartnerschaft nicht beeinträchtigt; manchen Autoren zufolge verzeichnet sie sogar in den ersten Jahren der Alleinregierung(en) einen Bedeutungsaufschwung[12].

Diese fundamentale Ausrichtung des politischen Systems auf die Aufrechterhaltung des Status-quo besitzt jedoch auch negative Auswirkungen: zum einen beeinträchtigt sie die politische Innovationsfähigkeit – einen Mangel, der schließlich zum Ende der großen Koalition führen soll; zum anderen geht sie auf Kosten der Demokratiequalität und – vielleicht weniger offensichtlich, doch ebenso tragisch – zu Lasten des Freiheitsspielraumes und der Entfaltungsmöglichkeiten der Individuen.

Auf die traditionelle Schwäche des Liberalismus und den daraus resultierenden Mangel an kritischem Potential ist schon früher verwiesen worden; im Bürgertum dominieren so eher konservative Vorstellungen, wie auch die kollektive Verdrängung der eigenen (besser: eigenständigen) faschistischen Vergangenheit einen nicht unbedeutenden Rest an autoritär-korporatistischem Gedankengut hinterlassen hat. Einen wesentlichen Beitrag in dieser Hinsicht liefert allerdings auch das hierarchisch strukturierte und konservativ orientierte höhere Schulsystem; eine Grundtendenz, die ihre Fortsetzung bzw. Verstärkung an den Hochschulen findet[13]: Österreich besitzt „die weltanschaulich wohl geschlossenste akademische Lehrerschaft westlich des Eisernen Vorhanges, Spanien und Portugal vielleicht ausgenommen“

---

[12]) Insbesondere die ÖVP-Alleinregierung von 1966–1970, aber auch die ersten Jahre der SPÖ-Alleinregierungen sind eher durch eine weitgehende Beibehaltung der „alten“ Spielregeln und durch ein erst vorsichtiges Herantasten und Abklopfen der neuen politischen Realitäten gekennzeichnet (vgl. dazu u. a. Lehmbruch, 1972). Erst ab der Mitte der siebziger Jahre vollzieht sich hier eine Veränderung – im Einsatz der politischen Macht der Mehrheitspartei ebenso wie in einer Schwergewichtsverlagerung innerhalb der Sozialpartnerschaft zugunsten des ÖGB.

[13]) Im Unterschied zur Bundesrepublik Deutschland hat es in Österreich – dem „ersten Opfer der nazideutschen Aggression“, so die offizielle Leseart – nicht nur weitgehend an einer demokratischen „Re-education-Phase“ gefehlt; gerade auf den Hochschulen haben sich die beamteten „Überlebenden“ der diversen autoritären Regime auch recht „erfolgreich“ gegen die Heimkehr der Emigranten im besonderen und das Eindringen modernen Gedankenguts im allgemeinen gewehrt. Siehe dazu Topitsch, 1967, Schilcher, 1972, Fischer-Kowalski, 1974 und die Bemerkungen bei Heer, 1981; interessant in diesem Zusammenhang auch der jahrelange Kampf gegen die Etablierung der Politikwissenschaft an den Universitäten (beispielhaft dafür die „Denkschrift“ von Sutter, 1970).

(*Steinbach,* 1963, S. 292) und „das (herrschende) Klima der höheren Bildung läßt es zweifelhaft erscheinen, daß die politischen Einstellungen der österreichischen Akademiker jene der weniger gebildeten Bürger an Offenheit und Rationalität überschreiten" (*Steiner,* 1972, S. 206).

In der Arbeiterbewegung wiederum lassen sich schon seit ihren Anfängen starke bürokratische Tendenzen und eine ausgeprägte „Führerorientierung" (*Michels,* 1970) nachweisen. Von besonderer Bedeutung sind aber der Bruch ihres „kollektiven Selbstbewußtseins" als Folge der Niederlage gegen das autoritäre *Dollfuß*-Regime (*Pircher,* 1975) und die wirtschaftlichen wie politischen Erfolge einer Interessenvertretung „von oben" nach 1945: die anfänglich noch rudimentär vorhandenen radikaldemokratischen Ansätze werden immer mehr verschüttet.

Angesichts dieses Defizits an demokratischer politischer Kultur und an (partei-)freien politischen Ausdrucksmöglichkeiten (vgl. dazu die Darstellung des Wiener „Pressekrieges" bei *Molden,* 1980) nimmt es nicht wunder, daß die Verankerung demokratischer Bewußtseinsinhalte und Verhaltensformen in der österreichischen Bevölkerung schwächer ist als in jener anderer westeuropäischer Länder. So finden etwa *Bittermann/Kadan* (1975) eine überdurchschnittliche Anfälligkeit für autoritäre Vorstellungen in den unteren Sozialgruppen. Aber auch in den oberen Bildungsgruppen vollzieht sich erst in den letzten Jahren ein Wandel hin zu einem breiteren, auch unkonventionelle Formen der politischen Teilnahme und den nichtstaatlichen Bereich miteinschließenden Demokratieverständnis (*Bittermann/Kadan,* 1975, *Ucakar/Gerlich,* 1981).

Die ideologische Überhöhung dieses „obrigkeitsstaatlichen Syndroms" vollbringt zuguterletzt die herrschende Staatsrechtslehre: Demokratie bleibt auf den formal-repräsentativen Demokratiebegriff der Bundesverfassung beschränkt – allenfalls ergänzt durch halbherzige Zugeständnisse an die harte Realität des Parteien- und Verbändestaates (*Ulram,* 1978b); darüber hinausgehende, basisdemokratische Vorstellungen werden so beinahe in die Illegalität abgedrängt (*Öhlinger/Matzka,* 1975).

Die Absenz offener Konflikte kann zudem nicht ohne weiteres mit genereller Zufriedenheit und ungetrübter Idylle auf einer „mitteleuropäischen Insel der Seligen" gleichgesetzt werden. Es existieren nämlich „Rück- und Schattenseiten einer Stabilität, die durch eine bis unter die Ebene des individuellen Bewußtseins reichende Konfliktverdrängung erkauft wird . . . menschliche Kosten von Stabilität also" und „das sozial erkrankte Indiviuum zeigt durchaus manifeste Krisensymptome, das Herrschaftssystem aber gewinnt eben hiedurch ein Stück Stabilität" (*Jänicke,* 1973, S. 37).

Als Hinweis dafür mag etwa die überdurchschnittliche Häufung von kollektiven wie individuellen Streß- und Anomieerscheinungen in Österreich dienen: Alkoholismus, Krankheiten mit psychosomatischem Hintergrund, Selbstmordhäufigkeit und Verkehrs- wie Arbeitsunfälle weisen dem Land einen eindeutigen Spitzenrang in Europa zu (*Gaspari/Millendorfer,* 1973); dazu gesellen sich noch ein hohes Ausmaß an Zukunftspessimismus und latenter Unzufriedenheit, ergänzt durch ein aggressives Verhalten gegenüber abweichenden Minderheiten (Jugendliche, Slowenen) und den Fortbestand bzw. das Wiederaufleben nationaler und rassistischer Vorurteile insbesondere in Form eines „Antisemitismus ohne Juden“.

Die scheinbar so problemlose politische und soziale Stabilität wäre dann eng mit aggressionsfördernden und krankheits(mit)verursachenden Verdrängungsmechanismen verbunden. Diese Kombination von krankheitsanfälligem Individuum, autoritärem politischem Klima und materiellem Wohlstand fördert sodann genau jene politische Apathie, die zwar vordergründig beklagt, aber gleichzeitig nur allzugerne zur Rechtfertigung undemokratischer Strukturen herangezogen wird: egal, ob es sich dabei um die Ablehnung einer Demokratisierung der Interessenvertretungen, um die Verweigerung von Mitsprachemöglichkeiten in den staatlichen und sozialen Bürokratien oder um den bewußt manipulativen Einsatz der wenigen vorhandenen direktdemokratischen Einrichtungen handelt.

2.4 Der sozial-liberale Konsens

Mit den ausgehenden sechziger Jahren setzt sich in Österreich – fast synchron zur bundesdeutschen Entwicklung, aber deutlich später als in den angelsächsischen und skandinavischen Ländern – die wirtschaftliche und soziale Ordnung einer entwickelten Industriegesellschaft weitgehend durch. Der Anteil der Beschäftigten in der Land- und Forstwirtschaft ist rapide zurückgegangen, der industriell-gewerbliche Sektor stabilisiert sich bei etwa vierzig Prozent der Erwerbstätigen, während der Dienstleistungsbereich nach wie vor stark expandiert. Von der Stellung im Produktionsprozeß her gesehen, sind die Selbständigen zu einer klaren Minderheit geworden, die Arbeiter pendeln sich auf einem relativ hohen Stand ein, um in der Folge leicht zurückzugehen; sie werden jedoch von den Angestellten und Beamten zahlenmäßig zunächst eingeholt, danach überrundet.

Tabelle 7:
Struktur der Erwerbstätigen 1955–1981

in Prozent	1955	1960	1970	1981
Land- und Forstwirtschaft	28,1	23,0	14,8	10,0
Industrie und Gewerbe	41,3	42,5	43,9	40,0
Dienstleistungen	30,6	34,5	41,4	50,0

Quellen: 1955–1970: *Monatsberichte, 7/1977*
1981: *Mikrozensus 1. Quartal 1981*

Tabelle 8:
Berufstätige nach Stellung im Beruf 1951–1981

in Prozent	1951	1961	1971	1981
Selbständige und mithelfende Familienangehörige	35,3	29,2	22,0	16,3
Unselbständige	64,7	70,8	78,0	83,7
darunter: – Arbeiter	44,5	43,9	42,8	38,5
– Angestellte und Beamte	20,2	26,9	35,1	45,2

Quellen: 1951–1971: *Volkszählung*
1981: *Mikrozensus 1. Quartal 1981*

2.4.1 Soziale Interessen, Wertwandel und politischer Konsens

Diese Verschiebungen signalisieren nicht nur eine großflächige Veränderung der sozialen und wirtschaftlichen Interessenlagen bzw. deren Stärkeverhältnis in der Bevölkerung – Österreich ist in der Tat zur Arbeitnehmergesellschaft geworden; sie gehen auch mit einem tiefgreifenden Wandel im Wertesystem einher. Die alte Wertordnung der vorindustriellen Gesellschaft und der industriellen Aufbauphase (Sparsamkeit, Ordnung, Arbeitsdisziplin, Veränderungsangst, emotionale Sicherheit durch fixierte Moralvorstellungen u. ä.) tritt in den Hintergrund oder konzentriert sich auf zahlen- wie bedeutungsmäßig schrumpfende Gruppen („alter Mittelstand", Landwirte, „alte" Industriearbeiterschaft).

Für die Mehrheit der Bevölkerung – und hier insbesondere für die „neuen Arbeitnehmer"schichten der privaten und öffentlichen Angestellten – steht anderes im Zentrum ihrer Lebensinteressen:

Materiell geht es zuerst einmal um die ständige Steigerung des

Lebensstandards, um die Vermehrung und qualitative Verbesserung der Konsummöglichkeiten. Nach der Abdeckung der grundlegenden Bedürfnisse bringen die siebziger Jahre den großen Konsumboom, der zunächst die oberen und mittleren Schichten erfaßt, mit zunehmender Verfestigung der Einkommenszuwächse aber schließlich (fast) alle gesellschaftlichen Gruppen – wenngleich in unterschiedlichem Ausmaß – einbezieht: Vollmotorisierung, Fernreisen und Wochenend-Spritztouren, „schöner Wohnen" und exotische Restaurants, der Auf-

Tabelle 9:
Erziehungsziele nach sozialen Schichten [14]*:*
als wichtigste Eigenschaften für ein Kind im Alter von zehn Jahren werden genannt *(Indexwerte):*

	alle Befragten, davon Sozialschicht	A	B	C	D	E
für einen *Knaben*						
Selbständigkeit	104	138	111	99	79	65
Anpassung	92	75	86	93	111	116
für ein *Mädchen*						
Selbständigkeit	84	116	95	81	50	45
Anpassung	108	98	102	107	128	132

Tabelle 10:
Rollenzuweisung nach sozialen Schichten [14]*: Prozentsätze*

	alle Befragten, davon Sozialschicht	A	B	C	D	E
Mann verdient das Geld, Frau arbeitet im Haushalt	39	28	32	42	52	58
Frau sollte zumindest halbtags arbeiten	24	29	30	21	16	17
Familie soll sich das untereinander ausmachen	33	39	34	33	31	20
	(.. 100%)					

Quelle: Dr. Fessel + GfK, Sozialstruktur und Bewußtsein, *1979*

[14]) Der Index für „Selbständigkeit" wurde durch eine Addition der Prozentwerte für die Antwortalternativen „selbständig sein", „sich durchsetzen können", „seinen eigenen Willen entwickeln" gebildet; jener für „Anpassung" aus den Werten für „folgsam sein", „nettes und ordentliches Betragen" sowie „auf die Eltern hören". Angestellte und Beamte sowie Befragte, die sich selbst zur Mittelschicht rechnen, plädieren überdurchschnittlich für die Betonung von „Selbständigkeit für das Kind" bzw. für ein geändertes Rollenverständnis.

schwung der Modeboutiquen und Antiquitätenläden, elektrische Haushaltsgeräte, Fernsehapparate, Stereoanlagen . . .

Analog dazu steigen auch die Ansprüche an das System sozialer Sicherung und der Wunsch nach sozialem Aufstieg – wenn schon nicht für sich selbst, so doch mittels einer besseren Schulbildung für die Kinder, „die es einmal besser haben sollen".

In immaterieller Hinsicht kommt es zur Auflösung und Rückdrängung der traditionellen Bindungen, zur schrittweisen Veränderung der Erziehungsideale und zur Infragestellung des traditionellen Rollenverständnisses von Mann und Frau.

Gleichzeitig macht sich eine zunehmende Erosion der traditionellen Subkulturen, der Lager„mentalität" wie -bindung bemerkbar; auch die Bedeutung der Religion als Instanz zur Regelung von Moralvorstellungen und persönlichen Beziehungen nimmt ab. Dieser Auflösungsprozeß vollzieht sich – von Ausnahmen vor allem in Intellektuellenkreisen abgesehen – nicht so sehr in der Form eines offenen Bruches, sondern als Bedeutungsverlust nach wie vor „offiziell" bestehender Regeln für die Lebenspraxis (gerade was Familienleben und Sexualität betrifft) bzw. als schlichte Distanzierung und Nicht-Teilnahme von/an kirchlichen und parteipolitischen Aktivitäten. Die formale Mitgliedschaft bleibt dabei zumeist noch aufrecht; sie reflektiert aber immer weniger eine echte religiöse oder weltanschauliche Verbundenheit, sondern immer mehr ein gewisses opportunistisches Verhalten zur Vermeidung möglicher Nachteile (Absicherung gegenüber dem Jenseits) und zur Erlangung beruflicher oder sonstiger Begünstigungen.

Tabelle 11:
Kirchenmitgliedschaft und Meinungsdissens
Prozentsätze der zustimmenden Antworten

53%	„Ich trete auch dann nicht aus der Kirche aus, wenn ich mit ihrer Lehre nicht mehr übereinstimme"
29%	„Wenn mir die Kirche nichts mehr sagt, trete ich aus"

Quelle: Zulehner, 1980

Kurz gesagt: Man hat – wenn auch nach Bildungsgrad und Einkommensverhältnissen deutlich abgestuft – die Mittel zur Befriedigung der Konsumbedürfnisse erhalten, und möchte sich nun der Freiheit des Konsumierens wie jener der individuellen Regelung und Gestaltung seiner persönlichen Beziehungen ohne allzu große Schwierigkeiten widmen können.

In politischen Termini formuliert, bedeutet dies:

- die Förderung wirtschaftlichen Wachstums und den Ausbau des sozialen Sicherungssystems sowie eine Öffnung der höheren Bildungseinrichtungen für die bislang zu kurz gekommenen Gruppen;
- den Abbau traditionell-restriktiver Vorschriften vor allem im Bereich des Familien- und Eherechtes, die öffentliche Sanktionierung oder doch zumindest Akzeptanz neuer Moralvorstellungen und der sich abzeichnenden Veränderung in den Beziehungen zwischen den Geschlechtern.

Die Reaktion der Großparteien auf diese Situation ist verschieden. Während die Volkspartei der Parole des ungehemmten Wirtschafts- und Konsumwachstums mit ganzem Herzen und jener des forcierten Ausbaus der Sozialeinrichtungen mit gewissen Abstrichen folgt, bzw. dieselben aktiv initiiert und mitträgt, betrachtet sie den kulturellen Säkularisierungsprozeß eher mit Skepsis, teilweise mit offener Ablehnung. Die Gründe für diese Haltung liegen dabei nicht zuletzt im politisch-weltanschaulichen Selbstverständnis der Partei – deren Programmatik sich weitgehend an der traditionellen Wertordnung orientiert[15] und deren „christliche" Fundierung, die als eine Art „kultureller Kitt" ansonsten recht unterschiedlicher Interessen fungiert, – und in der starken Vertretung von gesamtgesellschaftlich abnehmenden Gruppen unter ihren Mitgliedern und im Funktionärskader.

Für die SPÖ stellt sich dieses Problem nicht: Ihre prinzipiell materialistische Weltanschauung ist mit der neuen Wertordnung ohne besondere Schwierigkeiten vereinbar. Als traditionelle „Arbeiterpartei" kann sie sich den neuen, angestellten Mittelschichten zudem als „bessere" Vertreterin von Arbeitnehmerinteressen präsentieren. Hindernd wirkt zu Anfang noch der „marxistische Pferdefuß", dieser verliert aber mit andauernder – gerade im Bereich der Einkommenssteigerung und der Arbeitsplatzsicherung jedenfalls bis in die späten siebziger Jahre relativ erfolgreicher – Regierungstätigkeit gegenüber einer pragmatisch-technokratischen Wirtschafts- und Sozialpolitik immer mehr an abschreckender Wirkung.

---

[15]) Vgl. dazu Bauer (1980), der den Symbolgehalt der politischen Programmatik der ÖVP in erster Linie einer vorindustriellen, jenen der SPÖ einer industriellen Gesellschaft zuordnet. Obwohl bei dieser Analyse eine gewisse Vernachlässigung des weiterwirkenden orthodox-sozialistischen Gedankenguts auf Seiten der SPÖ und einzelner „postindustrieller" Ansätze auf Seiten der ÖVP (etwa in den schon 1975 erschienenen, dann aber wieder „abgelegten" „Plänen zur Lebensqualität", ÖVP, 1975) zu konstatieren ist, trifft Bauer im großen und ganzen doch die Außenwirkungen von Parteiideologie und -symbolik. Zum Begriff der „symbolischen Politikformulierung" siehe allgemein Edelman, 1967 und 1976; zum „Image" der ÖVP u. a. Ulram, 1979b.

Tabelle 12:
Indizes der wirtschaftlichen und sozialen Entwicklung 1970–1978

	1970	1974	1978
Arbeitslosenrate (in %)	2,4	1,5	2,1
Verbraucherpreis-Entwicklung (Anstieg in %)	4,4	9,5	3,5
Entwicklung des realen Brutto-Einkommens (zu Fixpreisen, Index 1970 = 100)	100	123	137
Entwicklung des realen BNP (zu Fixpreisen, Index 1970 = 100)	100	123	134
Sozialversicherungsrate (in % der Gesamtbevölkerung)	91	96	99
Frauenanteil (an den unselbständig Beschäftigten in %)	36,9	38,4	39,6

Quelle: Fischer-Kowalski/Buček, 1979, S. 16/17 (Auszug)

Natürlich kann die wirtschaftliche und soziale Entwicklung dieser Periode nicht einfach als Ergebnis der Regierungspolitik angesehen werden. Vieles wurde schon in den vorangehenden Jahren in Gang gesetzt, manches vollzieht sich jenseits des politischen Prozesses, noch mehr wird von allen politischen Kräften mitgetragen. Wesentlich ist jedoch, daß sie unter SPÖ-Regierungen stattgefunden hat und diesen von weiten (auch nichtsozialistischen) Bevölkerungskreisen zu einem Gutteil zugeschrieben wird.

Der sozial-liberale Konsens der siebziger Jahre geht so auf eine Interessen-, Werte- und Wählerkoalition zwischen dem traditionell sozialdemokratisch ausgerichteten Teil der Arbeiterschaft und Teilen der neuen, angestellten Mittelschichten zurück. Seine „materielle Basis" bilden Wirtschaftswachstum, Vollbeschäftigung und Ausbau der Sozialleistungen, seinen „kulturellen Überbau" formen die liberalen Reformen im Rechtssystem und symbolische Politikangebote in den Bereichen Frauenpolitik, Demokratisierung der Institutionen, Verbindung von Avantgarde- und etablierter „Hoch"kultur. Es ist dies kein spezifisch österreichisches Phänomen[16], spezifisch österreichisch ist nur die Tatsache, daß die Sozialistische Partei diese Interessen-,

---

[16]) Dahrendorf 1979 (vor allem S. 147 ff) nennt als Grundelement des politischen Konsenses, auf dem diese Koalition beruht, in wirtschaftlicher Hinsicht Produktivitäts- und Einkommenssteigerung, in gesellschaftpolitischer Hinsicht Chancengleichheit, in politischer Hinsicht die Anerkennung der bestehenden Institutionen als Instrumente der Veränderung, und in kultureller Hinsicht die Befürwortung der Rationalität im Sinne von Max Weber. Dahrendorfs Begriff vom „sozialdemokratischen Konsens", den er nicht nur auf die sozialdemokratischen bzw. sozialistischen Parteien der OECD-Gesellschaften beschränken will, ist weitgehend mit dem hier verwendeten und in der deutschsprachigen Diskussion bereits eingeführten Begriff vom sozial-liberalen Konsens identisch; letzterer erscheint auch als treffendere Kennzeichnung von Inhalt und Trägerschaft dieser Interessen- und Wertekoalition.

Werte- und Wählerkoalition in sich allein vereinen kann; daß es dazu keiner Parteienkoalition bedarf.

2.4.2 Die Grenzen des sozial-liberalen Konsenses

Freilich zeichnen sich in immer stärkerem Ausmaß Veränderungen und Bruchlinien in der wirtschaftlichen und gesellschaftlichen Entwicklung ab, die die Grundlagen des sozial-liberalen Konsenses zu unterminieren drohen. Dabei handelt es sich sowohl um Beeinträchtigungen der materiellen wie sozio-kulturellen Voraussetzungen dieser Interessenkoalition als auch um (die nun zunehmend fühlbaren) Folgeerscheinungen gerade jener Politik, die diese Interessen in der Vergangenheit relativ erfolgreich zu befriedigen wußte.

Am Beginn der achtziger Jahre kommt es in Österreich zu einer offenbar längerfristigen Abschwächung des wirtschaftlichen Wachstums, gleichzeitig werden auch die Grenzen staatlicher Wirtschaftssteuerung zunehmend sichtbar. Zwar gelingt es, ein starkes Ansteigen der Arbeitslosigkeit zu vermeiden, andererseits aber führt das (schon in der Hochkonjunktur angelegte) Explodieren der Staatsausgaben und der Staatsverschuldung zu einer immer schärferen Einengung des finanziellen Spielraumes – und damit nicht zuletzt der sozialen und ökonomischen Gestaltungsmöglichkeiten – der öffentlichen Hand. Unmittelbare Folge ist zum einen eine verstärkte Unsicherheit der Bevölkerung, zum anderen eine zunehmende Belastung der privaten Haushalte mit Steuern und Abgaben.

Tabelle 13:
Wirtschaftliche Indikatoren 1970–1982

	Veränderung des BIP real in Prozent	Arbeitslosenrate in Prozent	Budgetdefizit in Prozent des BIP
1970–74*)	5,3	1,9	2,1
1975–79*)	4,1	2,0	5,7
1980	3,1	1,9	4,9
1981**)	1,0	2,3	5,1
1982**)	2,0	3,0	5,3–5,7

*) Fünfjahresdurchschnitte
**) Schätzung
Quellen: 1970–79: *Blaas/Matzner/Wösendorfer* 1980
1980–82: *Wifo-Prognose,* zit. nach „*Die Presse*" vom 22. 12. 1981 und eigene Berechnungen

Tabelle 14:
Veränderung der Wertprioritäten 1972–1980
in Prozent

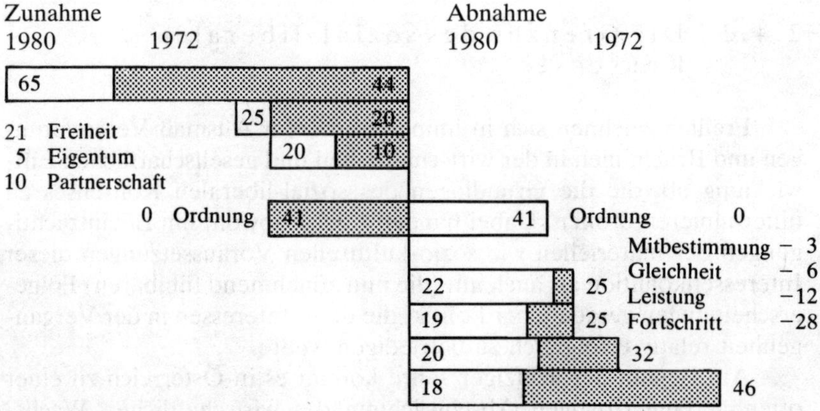

Quellen: Dr. Fessel + GfK, Politische Umfragen *(1972* und *1980)*

Tabelle 15:
Gesellschaftliche Ziele und Werte
in Prozent

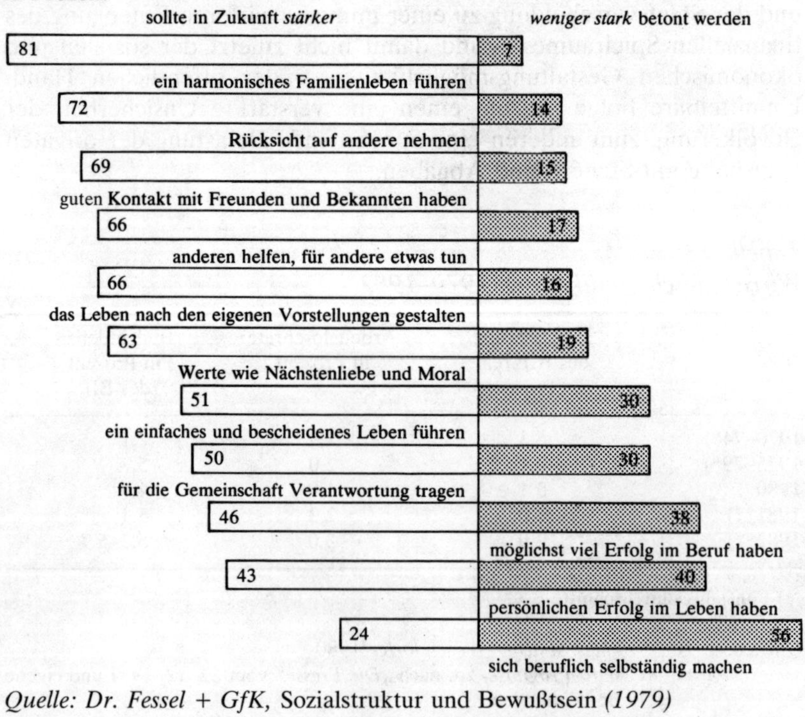

Quelle: Dr. Fessel + GfK, Sozialstruktur und Bewußtsein *(1979)*

Das Zusammenfallen von sinkenden Wachstumsraten, steigender Inflation und absolut wie relativ zunehmender Steuerbelastung bringt zudem für weite Bevölkerungsgruppen reale Einkommenseinbußen mit sich – eine Entwicklung, die kurzfristig noch keine unmittelbaren politischen Auswirkungen bewirken mag, – etwa nach dem Motto, daß es sich „nur um eine Durststrecke handelt“, die „wir gemeinsam überwinden müssen“ –; bei längerer Dauer sind aber doch verstärkte Verteilungskonflikte zu erwarten. Dies umsomehr, als das Wachstum der vorangegangenen Jahre zwar zu einer Verbesserung der Lebenssituation in fast allen Sozialgruppen geführt hat, die Verteilung des Wohlstandes aber nach wie vor sehr ungleich erscheint (empirisch dazu u. a. *Fischer-Kowalski/Buček,* 1979). Einzelne Gruppen sind von ihm darüber hinaus sogar mehr oder weniger ausgeschlossen worden, bzw. sind deutlich hinter der allgemeinen Einkommensentwicklung zurückgeblieben (etwa Teile der bäuerlichen Bevölkerung, Kleingewerbetreibende, Frauen in Niedriglohnbereichen, Arbeiter in strukturschwachen Branchen und regionalen Problemzonen, kinderreiche Familien). Bei all diesen Gruppen besteht – ebenso wie in weiten Kreisen der weiblichen Bevölkerung überhaupt – ein starker materieller Nachholbedarf, der nicht ohne weiteres durch den Verweis auf die Notwendigkeit eines allgemeinen „Den-Gürtel-enger-schnallen-Müssens“ abgeblockt werden kann (vgl. dazu *Benard/Schlaffer,* 1979, *Sozialbericht,* 1979 und *Sozialbericht,* 1980).

Auch im Bewußtsein der Menschen, in ihren Werthaltungen und Zukunftserwartungen vollziehen sich nicht unwesentliche Veränderungen. Auf der einen Seite macht der (zu Beginn des letzten Jahrzehnts gleichsam allgegenwärtige) Fortschritts- und Zukunftsoptimismus einer recht skeptischen Stimmung Platz; die privaten Lebenssphären von Familie und Freundeskreis – die „kleine Lebenswelt“ (*Zulehner,* 1980) gewinnt deutlich an Boden.

Auf der anderen Seite beginnen sich jene Interessen – sei es erstmals, sei es verstärkt – zu formieren, die von der bisher dominierenden Werte- und Interessenkoalition entweder nicht erfaßt worden sind, oder dieser sogar zuwiderlaufen.

Hier ist in erster Linie die wachsende Umweltschutz- und Anti-Atom-Bewegung zu nennen – quasi als die sichtbare Spitze eines Eisberges von wachstumskritischen bis allgemein fortschrittsskeptischen Strömungen; in Verbindung mit ihr auch die verschiedenen lokalen Initiativgruppen. Diese Strömung steht mit jenen Bewegungen in engem Zusammenhang, die sich gegen das Vordringen politisch-bürokratischer Organisationen und Regelungsmuster in immer weitere Lebensbereiche wehren. Eben diese Tendenz der Politisierung, Bürokratisierung und – last but not least – Ökonomisierung früher privater oder doch im Rahmen der traditionellen Sozialverbände autonom geregelter Lebensformen und -bereiche ist aber eine notwendige Folge der bestehenden Organisation von Wirtschaft und sozialer Sicherheit sowie des Strebens nach einer stärkeren politischen Kontrolle und Steuerung beider Sektoren (vgl. dazu *Dahrendorf,* 1979; *Habermas,* 1979; *Berger/Berger/Kellner,* 1975).

Die meisten dieser Bewegungen – sieht man einmal ab vom steigenden Protestverhalten traditioneller Gruppen, also vor allem des sozial absteigenden und in Randbereichen verproletarisierten „alten Mittelstandes" – signalisieren eine neuerliche Verschiebung im Wertesystem bzw. die erstmalige laute Artikulation neuer sozio-kultureller Interessen. Grob gesprochen handelt es sich dabei in erster Linie um den Widerstand der „intimen", persönlichen, ehemals privaten Lebensformen und Sozialbeziehungen gegen ihre fortschreitende Übermächtigung und Unterwerfung durch bürokratische Politik und Wirtschaft. Ob dieser Widerstand nur einen verzweifelten Abwehrcharakter besitzt oder ob er zum Ausgangspunkt einer neuen Interessenkoalition werden kann, ist nicht ohne weiteres zu beantworten. Von Bedeutung erscheint jedenfalls, daß er sich auch – und zwar in steigendem Ausmaß – aus Angehörigen jener Gruppen rekrutiert („neuer Mittelstand"), die in den siebziger Jahren Mitträger der herrschenden sozial-liberalen Koalition gewesen sind.

Damit wird zugleich ein Punkt angeschnitten, der für die politischen Folgen der – sich tendenziell abzeichnenden – Grenzen des sozial-liberalen Konsenses besonders wichtig ist: Obwohl ein Teil dieser neuen, mitunter „alternativen" Kultur- und Sozialbewegung personelle wie ideenmäßige Anklänge an *vor-* oder besser: *nicht-*industrielle Werte zeigt, so handelt es sich dabei doch um keine konservative Bewegung. Sie kann daher auch nicht durch den Rückgriff auf (zeitweilig abgelegte und abgenutzte) traditionelle, orthodox-sozialistische oder „ordoliberale" Politikangebote befriedigt werden. Gerade die Verwirklichung vieler Forderungen der sozial-liberalen Werte- und Interessenkoalition ist ja eine wesentliche Voraussetzung für diese neuen Sozialbewegungen. Die Ablehnung bürokratischer Bevormundung ist kein Votum für die Rückkehr zu alten – wirtschaftlichen oder personellen – Abhängigkeiten; der Wunsch nach emotionaler Geborgenheit und Verpersönlichung formalisierter Beziehungen kein Verlangen nach den traditionellen, unbefragten (paternalistischen) Autoritäten; der Ruf nach einem „einfachen Leben" bei Randgruppen keine Ablehnung von Wohlstand und sozialer Sicherheit. Was immer in der Zukunft den sozial-liberalen Konsens ersetzen mag, es wird nicht hinter ihn zurückfallen, sondern über ihn hinausstreben müssen.

2.5 Problemkonstellationen der achtziger Jahre

Vor diesem Hintergrund abnehmenden materiellen Wachstums, zumindest bereichsspezifischer Veränderungen im System der Werte und (politikrelevanter) Einstellungen, sowie neuer Konfliktzonen treten so die Konturen der „großen" Problemkonstellationen der achtziger Jahre hervor:

- die Wahrung der erreichten wirtschaftlichen und sozialen Sicherheit für die große Mehrheit der Bevölkerung; zugleich aber die verstärkte Thematisierung der sozialen und Verteilungsgerechtigkeit;
- die Bewahrung bzw. Rückgewinnung einer gesunden Umwelt und die Forderung nach mehr Lebensqualität (sowohl in materieller Hinsicht – Lebensverhältnisse in den städtischen Agglomerationsgebieten, Humanisierung der Arbeitswelt – wie im Bereich der persönlichen Beziehungen);
- schließlich die Rolle des Staates, die Ressourcenverteilung zwischen öffentlichem, privatem und „autonomem" Sektor (*Badelt,* 1980), das Verhältnis zwischen Bürgern wie Konsumenten/Klienten und den großen (sozial-)bürokratischen Institutionen.

2.5.1 Garantismus und soziale Gerechtigkeit

Die Erhaltung des Lebensstandards und der sozialen Sicherheit stehen bei den Interessen der Österreicher nach wie vor eindeutig im

Tabelle 16:
Arbeitnehmerpolitische Zielsetzungen (Auszug)
in Prozent (pro Person bis zu drei Nennungen möglich)

	alle Befragten	höhere Angestellte/Beamte	untergeordnete Angestellte/Beamte	Facharbeiter	sonstige Arbeiter
Sicherung der Arbeitsplätze	73	75	77	73	71
Senkung der Lohnsteuer	30	30	31	29	30
Herabsetzung des Pensionsalters	29	17	26	31	33
Lohn- und Gehaltserhöhungen	25	13	21	28	31
Schaffung angenehmer und befriedigender Arbeitsbedingungen	26	30	31	24	21
Ausbau individueller Arbeitnehmerrechte	8	16	10	10	8

Quelle: Dr. Fessel + GfK, Grundlagenstudie ÖAAB *(1979)*

Vordergrund. Hierin spiegelt sich zunächst die fast extreme und mitunter überzogene Sicherheitsorientierung der österreichischen Bevölkerung wider (*Plasser/Ulram,* 1981a), die sich – wenn auch mit Abstufungen – durch alle Schichten der sozialen Hierarchie und alle Ebenen der Alterspyramide zieht: man ist – übrigens erst seit kürzerer Zeit als die Bewohner der meisten anderen westeuropäischen Länder – endlich und mit großer Mühe in den Genuß des jahrzehntelang erstrebten materiellen Wohlstandes gekommen; man kann die Sorgen um Alter, Krankheit und Arbeitsplatz zumindest zeitweise beiseite schieben.

Dennoch erscheint diese Sicherheit nicht als absolute; die Angst vor Beeinträchtigung, gar vor dem Verlust des Erreichten, sitzt noch recht knapp unter der Oberfläche der zusehends mit Wohlstandsfett ausgepolsterten „heilen Welt" auf der „Insel der Seligen" (Papst *Paul VI.*). Hier hat sich eine gesellschaftliche Grundhaltung herausgebildet, die man mit *Fourier* (1822)als *„Garantismus"* bezeichnen könnte; zu ihren Hauptbestandteilen zählen die Sicherung einer ausreichenden Existenzgrundlage und das „Recht auf Arbeit".

Dementsprechend ist die Garantie von Sicherheit auch die erste und oberste Anforderung an das politische System; ihre Erfüllung entscheidet wesentlich über die Legitimität der politischen Institutionen im allgemeinen wie über die Bewertung der einzelnen politischen Kräfte durch das Volk im besonderen. Kein Wunder, daß „Sicherheit" an der Spitze des politischen Angebots aller Parteien steht, daß das Versprechen von Sicherheit bzw. die gezielte unterschwellige Erzeugung von Angst (Verunsicherung) zum ständigen und wichtigsten Repertoire politischer Auseinandersetzungen zählt[17].

Tabelle 17:
Wichtigste Staatsfunktionen

in Prozent aller Befragten	Erste Nennung	Zweite Nennung	Keine Nennung
Sicherung von Arbeit und Einkommen	54	32	14
Sicherung von Gesetz und Ordnung	40	31	29
Schutz des Einzelnen vor sozialen Härten	13	26	61
Herstellung von mehr Gleichheit in der Gesellschaft	4	9	87 (. . 100%)

Quelle: Dr. Fessel + GfK, Sozialstruktur und Bewußtsein *(1979)*

[17]) Besonders deutlich etwa im Wahlkampf 1979, wo es der regierenden SPÖ unter Hinweis auf die eigenen Leistungen und durch eine (stark negative) Überzeichnung der Situation im Ausland gelungen ist, sich selbst als Stabilitätsgaranten zu profilieren, zugleich aber der Opposition die Punze der Protagonisten einer „unsicheren" Zukunft, wenn nicht gar der Rückkehr zu einer schlechten, instabilen und gefährlichen Vergangenheit aufzuprägen.

Zugleich reflektiert die überwiegend materielle Orientierung insbesondere der unteren Einkommens- und Sozialschichten natürlich auch deren realen Nachholbedarf, das Streben nach den Möglichkeiten und dem Standard der besser gestellten Gruppen und nach sozialem Aufstieg – wenn schon nicht mehr für sich selbst, so doch wenigstens für die Kinder.

Die Skepsis gegenüber „staatlich verordneter Gleichheit" (wie sie in der obigen Tabelle zum Ausdruck kommt), darf zudem nicht darüber hinwegtäuschen, daß die Frage der sozialen Gerechtigkeit eine durchaus virulente ist. Das zeigt nicht nur die ständige „Privilegiendiskussion" – mit ihrer Stoßrichtung gegen Politiker, Ärzte und Beamte eher ein Symptom für ein tiefersitzendes Unbehagen, gleichsam das erlaubte Ventil für eine politisch ansonsten gerne tabuisierte Thematik –, das Bewußtsein eines (zu) hohen Ausmaßes an Ungleichheit erweist sich auch sonst als präsent: tatsächlich erscheint die Existenz von sozialer Ungleichheit neun von zehn Österreichern als gegeben; an eine Tendenz zur gesellschaftlichen Nivellierung im letzten Jahrzehnt glaubt hingegen nur jeder Zwanzigste (*Plasser/Ulram,* 1981).

Ähnlich, wenngleich etwas abgeschwächt, ist denn auch das Bild der Österreicher von „ihrer" Gesellschaft: beinahe jeder zweite ortet eine klare Trennung in „die da oben" – „wir da unten"; je ein Viertel entscheidet sich dagegen für die Vorstellung etwa gleichstarker, einander konkurrierender Gruppen („Pluralismus") oder für die Zunahme eines breiten Mittelstandes. Außerdem – je tiefer man sich selbst in der sozialen Rangordnung einstuft, umso ausgeprägter wird die Tendenz zu einer dichotomischen Sichtweise der sozialen Realität:

Tabelle 18:
Gesellschaftsbild nach sozialer Selbsteinstufung

in Prozent	alle Befragten	Selbsteinstufung als Oberschicht/ obere Mittelschicht	Mittelschicht	untere Mittelschicht	Unterschicht
Elite-Volk	45	40	43	49	50
Pluralismus	27	34	25	24	24
Mittelstand	26	26	30	25	19
	(.. 100%)				

Quelle: Dr. Fessel + GfK, Sozialstruktur und Bewußtsein *(1979)*

Die Ursachen für soziale Ungleichheit sucht man zuallererst im unterschiedlichen persönlichen Leistungsniveau bzw. man nimmt sie als eine Art „Naturereignis" hin (ca. jeder zweite), wichtig erscheinen auch Begabungsunterschiede und mangelnde Chancengleichheit. Freilich zeigen sich auch hier bedeutsame Unterschiede: die „Naturgesetzlichkeit von Ungleichheit“, aber auch die Annahme eines Interesses der oberen sozialen Schichten an ihrer Perpetuierung finden umso mehr Anklang, je weiter man sich dem unteren Ende der gesellschaftlichen Hierarchie nähert; die Wichtigkeit von „persönlicher Leistung“ und die „gesellschaftliche Notwendigkeit“ als Ursachen für Ungleichheit finden hingegen bei den höheren sozialen Schichten überdurchschnittlichen Anklang.

Tabelle 19:
Begründung sozialer Ungleichheit nach sozialen Schichten
Auswahl aus mehreren Antwortevorgaben in Prozent (Mehrfachnennungen möglich)

	alle Befragten	Schicht	A	B	C	D
naturgegeben	44		37	39	46	50
Verhinderungsinteresse der Oberschichten	18		11	16	21	22
			→			
			←			
soziale Notwendigkeit	19		25	19	18	11
individuelle Leistung	46		56	48	42	43

Quelle: Dr. Fessel + GfK, Sozialstruktur und Bewußtsein *(1979)*

Angesichts dieser ausgeprägten Vorstellung eines „die da oben“ – „wir da unten“ und der Begründung von Ungleichheit zu einem Gutteil durch überindividuelle – also vom Einzelnen nicht beeinflußbare – Faktoren erstaunt es kaum, wenn dieser Zustand auf Kritik stößt: 60 Prozent der Österreicher lehnen die bestehende soziale Ungleichheit eher ab, nur 37 Prozent halten sie für wünschenswert.

Abgerundet wird dieses Bewußtsein von sozialer Ungleichheit noch durch die starke Skepsis, die man der Möglichkeit sozialen Aufstiegs entgegenbringt: von der überwiegenden Mehrheit als schwieriges Unterfangen eingeschätzt, erscheint er insbesondere jenen als sehr schwer zu realisieren, die sich selbst am unteren Ende der Gesellschaft verorten:

Tabelle 20:
Sozialer Aufstieg nach sozialer Selbsteinschätzung

in Prozent		Soziale Selbsteinschätzung als			
	alle Befragten	Oberschicht/ obere Mittelschicht	Mittelschicht	Untere Mittelschicht	Unterschicht
sehr/eher einfach	16	22	19	23	7
eher schwierig	66	63	68	67	53
sehr schwierig	17	14	13	13	39
	(.. 100%)				

Quelle: Dr. Fessel + GfK, Sozialstruktur und Bewußtsein *(1979)*

Zentraler Aufstiegsmotor ist für den Österreicher die höhere Schulbildung (58 Prozent)[18], gefolgt von harter Arbeit und persönlichem Ehrgeiz (47 Prozent), aber auch von „guten Beziehungen" (41 Prozent). Glück im Leben und Begabung halten etwa ein Drittel für ausschlaggebend, die familiäre Herkunft ein Viertel, und immerhin noch fast jeder Fünfte (18 Prozent) glaubt an die „Zugkraft" des „richtigen" Parteibuches. Die Betonung persönlicher Leistung findet sich dabei besonders in der Oberschicht, für die unteren Sprossen der sozialen Hierarchie schlagen auch hier (von ihnen) nicht beeinflußbare Faktoren stärker zu Buche (Glück im Leben; Familie, aus der man kommt).

Die politische Brisanz des Themas „soziale Gerechtigkeit" zeigt sich aber nicht nur in der großen Differenz zwischen Wunschvorstellung und sozialer Realität, sie überschreitet auch die traditionellen Lager- und Parteigrenzen. Der Bedeutungsgewinn des Wertes „soziale Gerechtigkeit" durchzieht alle gesellschaftlichen Großgruppen; die Angst vor sozialer Nivellierung ist bei den Anhängern der Volkspartei kaum mehr verbreitet als bei den Sozialisten[19]. Hier gilt, was wir auch

[18]) Dementsprechend zieht sich der Wunsch nach höherer Bildung für die eigenen Kinder auch durch alle Sozialschichten. Während aber die Ober- und Mittelschichten ihre diesbezüglichen Aspirationen weitgehend erfüllen können, zeigen sich in den unteren Schichten große Unterschiede zwischen der (hohen) Erwartungslage und der schließlich (weit bescheideneren) Realisierung ihrer Ausbildungswünsche (Quelle: Dr. Fessel + GfK, Sozialstruktur und Bewußtsein, 1979).

[19]) Wie aus Tab. 21 ersichtlich, sind die diesbezüglichen Ansichten der Anhänger von ÖVP und SPÖ zumeist einander ähnlicher als jene der Anhänger von Volkspartei und FPÖ. Hiermit erweist sich wiederum ein „Spezifikum" des österreichischen Parteiensystems (etwa im Unterschied zur BRD, zu Großbritannien und zu den skandinavischen Ländern): die „National-Liberalen" in Österreich stehen – sowohl was ihre Programmatik als auch was die politischen Ansichten der Mitglieder betrifft – nicht zwischen den Großparteien, sondern „rechts" von der ÖVP.

bei anderen neuen Themen feststellen werden: das Bewußtsein der Bevölkerung ist jenem der politischen Akteure in mancherlei Hinsicht voraus.

Tabelle 21:
Ausgewählte Indikatoren nach Parteipräferenz

in Prozent	SPÖ	ÖVP	FPÖ	andere/unklar
Tendenz zur gesellschaftlichen Nivellierung im letzten Jahrzehnt*	10	12	24	10
Gesellschaftsbild Elite-Volk	36	53	64	50
Soziale Unterschiede eher abzulehnen	63	56	51	64
Ungleichheit aufgrund mangelnder Chancengleichheit	34	35	35	39
Sozialer Aufstieg sehr schwierig	17	17	8	19
Gute Beziehungen ausschlaggebend für sozialen Aufstieg	41	41	23	45

* *Basis:* Personen, die glauben, daß sich die österreichische Gesellschaft stark oder sehr stark verändert hat.

Quelle: Dr. Fessel + GfK, Sozialstruktur und Bewußtsein *(1979)*

2.5.2 Umwelt, Atom und Lebensqualität

Der größte Umschwung in der öffentlichen Meinung hat sich allerdings auf dem Feld des Umweltbewußtseins vollzogen: was noch vor einem Jahrzehnt am unteren Ende der politischen Interessenskala rangierte[20] und allenfalls im großstädtischen Bereich mediale Aufmerksamkeit und Emotionen mobilisieren konnte[21], nimmt heute einen Spitzenplatz ein – sowohl unter den Anliegen der Menschen wie in der politischen Diskussion. Umweltschutz zählt zu den allgemein anerkannten politisch-gesellschaftlichen Werten und das – trotz gewisser Abstufungen im Detail – bei allen Gruppen der Bevölkerung.

Für die breite Zustimmung, die der Umweltgedanke findet, zeichnet eine Reihe von Gründen verantwortlich. Ihr Zusammenwirken läßt auf eine tiefgehende – und damit auch politisch bedeutsame und langfristige – Verankerung schließen; seine (mitunter versuchte) Denunziation als „politische Modeerscheinung" dürfte so eher politischem

[20]) Diese Erfahrung mußte beispielsweise die ÖVP im Wahlkampf 1975 machen. Die Volkspartei hatte damals ihre Wahlkampfstrategie wesentlich auf Umwelts- und Lebensqualitätsthemen abgestellt und auch den Begriff der Lebensqualität als solchen in die österreichische politische Diskussion eingeführt.

[21]) So etwa in der Auseinandersetzung um den Sternwartepark in Wien, siehe dazu Ulram, 1977.

Tabelle 22:
Bedeutung des Umweltschutzes
Es empfinden Umweltschutz als persönlich „sehr wichtig" (in Prozent)

	nach Schulbildung					nach Parteipräferenz			
Alle Österreicher	Pflichtschule	Pflichtschule mit Lehre	Fachschule	Matura	Hochschule	Anhänger der SPÖ	Anhänger der ÖVP	Anhänger der FPÖ	Keine
62	57	64	65	68	75	62	63	65	61

Quelle: IFES, Wurzeln, Wesen und Chancen der „grünen" Bewegung *(1981)*

Wunschdenken (seitens Industrie- und Gewerkschaftskreisen) als einer ernsthaften Analyse der Sachlage entspringen.

Den allgemeinen Hintergrund bildet eine zunehmende Technologie- und Fortschrittsskepsis. Die negativen Konsequenzen ungehemmten, unkontrollierten Wachstums treten immer stärker ins Bewußtsein der Öffentlichkeit, wobei insbesondere die Angst vor gesundheitlichen Beeinträchtigungen ins Gewicht fällt. Dazu kommt die reale Erfahrung von Umweltbelastung – verschmutzte Seen und Meeresstrände, Geruchs- und Abgasbelästigung in den Städten und an Durchzugsstraßen, die Verbauung von Naturlandschaften und malerischen Küstengebieten; all das sind nicht mehr nur unangenehme Ausnahmen, sondern immer mehr ständige Begleiter im täglichen wie im Urlaubsleben. Die Basis solcher Erfahrungen wird außerdem ständig breiter: waren früher nur einzelne (und hier wieder die artikulations- und durchsetzungsschwachen Unter-)Schichten einer massiven Beeinträchtigung ausgesetzt, so werden nun auch die Mittelschichten davon betroffen. Diese besitzen aber nicht nur bessere Artikulationschancen und Medienkontakte, sie sind umgekehrt auch bereiter, das wachsende mediale Interesse an Umweltfragen aufzunehmen und in politische Fragestellungen umzusetzen[22]. Zugleich wächst das Bewußtsein, diesen Entwicklungen immer weniger ausweichen zu können: wer aus den „unwirtlichen Städten" (*Mitscherlich*) flieht, findet sich in endlosen Autokolonnen wieder; die Betonlandschaft der Heimat begegnet dem Urlauber erneut in seinem Ferienort; die Chemisierung der Lebensmittelindu-

[22]) Daraus und aufgrund des Befundes, daß die ersten „grünen" Initiativen vor allem von Akademikern und Hausfrauen getragen worden sind, haben einige Autoren anfänglich versucht – der ÖGB tut dies im übrigen auf der politischen Ebene noch heute –, die Umweltschützer als eine Bewegung der (materiell abgesicherten) Mittelklassen abzuqualifizieren. Tatsächlich geht sie aber weit darüber hinaus, auch wenn sich ihre Wortführer nach wie vor primär aus der Bildungsschicht rekrutierten (vgl. dazu Ifes, 1981; Pelinka, 1978 und die dort angeführte Literatur).

strie beginnt am Bauernhof. Fluchtwege werden immer weiter, immer teurer und für immer mehr Menschen praktisch unmöglich.

Tabelle 23:
Umweltschutz und Technikskepsis

Prozent der Bevölkerung, die den folgenden Ansichten voll (uneingeschränkt) *zustimmen:*	
Die moderne Technik bringt in den hoch entwickelten Industriestaaten schon mehr Schaden als Nutzen	14
Wenn wir so weitermachen wie bisher, werden wir bald alle im Umweltschmutz umkommen	27
Man darf im Zeitalter der modernen Wissenschaft einfach nicht alles in Technik umsetzen, was man versteht	33
Man sollte sich wieder an einfachere Lebensformen gewöhnen, unsere technisierte Lebensweise macht uns ja zu Zivilisationskrüppeln	34
Die Menschheit wird sich selbst zugrunde richten, wenn sie nicht eine neue Moral entwickelt	39
Die Leute denken nur mehr ans Geldverdienen, das Menschliche kommt dabei zu kurz	52
Die Technik selbst ist eine Gefahr, wenn die einzelnen Menschen nicht lernen, damit richtig umzugehen	60
Der Staat sollte viel schärfer gegen die Umweltverschmutzer in der Industrie vorgehen	62
Verschwenderische Verpackungen sowie die Wegwerfflaschen sollten für alle Massengüter verboten werden	71

Quelle: Gehmacher, 1979

Eine nicht geringe Rolle spielt auch, daß der Umweltschutz zunächst mit anderen Interessen weitgehend kompatibel erscheint; die Alternative „gesunde Umwelt" – „wachsende Wirtschaft" besitzt für die meisten Menschen keine unmittelbar praktische Relevanz. Er kann zudem nicht ohne weiteres einer bestimmten Ideologie oder Parteirichtung zugeordnet werden. Insofern unterscheidet sich die österreichische Situation deutlich von jener anderer Länder (insbesondere der Bundesrepublik Deutschland), wo „grüne" Themen weit stärker in die parteipolitische Konfrontation einbezogen sind und hier gewisse Positionen vorgegeben werden. In Österreich überwiegt allgemein der Umwelt- und Naturschutzgedanke als solcher, der Schwerpunkt liegt also auf dem erhaltenden, konservierenden und (einen als positiv angesehenen, aber verlorengegangenen Zustand) wiederherstellenden Aspekt; nicht aber im Veränderungs- oder Kampfelement. In dieser Hinsicht ist die Umweltschutzbewegung in Österreich tatsächlich eine „konservative", nämlich primär bewahrende und allenfalls abwehrende Bewegung, die sich damit durchaus in die generelle Sicherheits- und Stabilitätsorientierung einzufügen vermag.

Wenn es sich beim Umweltschutz auch um keine parteipolitische Thematik handelt, so besitzt er doch einen eminent allgemein-politischen Stellenwert. Die Erhaltung bzw. Wiederherstellung einer gesunden Umwelt gilt als Großaufgabe, die von Gesellschaft und Politik gleichermaßen zu lösen ist. Mit dem diesbezüglichen „Systemvertrauen" sieht es freilich weit schlechter aus: eine starke Minderheit der Österreicher hegt ernsthafte Zweifel an der Fähigkeit des sozialen und des politischen Systems, diese Herausforderung auch bewältigen zu können. Skepsis an der Leistungsfähigkeit – speziell der Politik – äußern vor allem die Jungen sowie die Bildungsschicht und die Menschen in den Ballungszentren; in diesen Gruppen haben die Zweifler bereits eindeutig die Oberhand[23].

Tabelle 24:
Unzureichende Problemlösungsfähigkeit in Umweltfragen
Prozentsatz der Befragten, die die Problemlösungsfähigkeit von Gesellschaft oder Politik auf einer fünfteiligen Notenskala mit 4 oder 5 (also schlecht oder ungenügend) bewertet haben:

		nach Schulbildung						
	alle Österreicher	Pflichtschule	Lehre	Fachschule	Matura	Universität	16- bis 19jährige	Wiener
Gesellschaft	30	24	26	34	48	60	34	45
Politik	37	32	33	43	60	61	51	51

Quelle: Gehmacher, 1981b

Zur Illustration des wachsenden Mißtrauens gegenüber der Politik im Umweltbereich kann insbesondere die Auseinandersetzung um die friedliche (kommerzielle) Nutzung der Atomkraft in Österreich herangezogen werden. Dies umsomehr, als es sich hier um das erste und bislang einzige Beispiel in der Geschichte der Zweiten Republik handelt, bei dem die Vertreter der „alten" politisch-sozialen Interessen – in erster Linie verkörpert durch Regierung und Sozialpartner – eine Niederlage in einer zentralen politischen Frage erlitten haben.

Die Entscheidung für den Bau von Atomkraftwerken ist schon in den sechziger Jahren (unter einer ÖVP-Regierung) gefallen; beide Großparteien haben sich dafür ebenso eingesetzt wie die Sozialpartner und die betroffenen Landesregierungen. Das erste österreichische

[23]) Deutlich kritischer äußern sich auch die Anhänger der beiden Oppositionsparteien. Das Mißtrauen gegenüber der Leistungsfähigkeit des politischen Systems beschränkt sich zudem nicht nur auf Umweltfragen, wird aber dort – ebenso wie bei den anderen „neuen" sozialen und politischen Themen – besonders deutlich.

Kernkraftwerk (Zwentendorf) wird so im niederösterreichischen Tullnerfeld – im Einzugsgebiet der Bundeshauptstadt Wien – errichtet. Die Fertigstellung fällt bereits in die Phase eines zunehmenden Umweltbewußtseins; etwa ab dem Frühjahr 1977 kommt es zu einer intensiven öffentlichen Diskussion und zur Formierung der Anti-AKW-Bewegung. Während sich die meisten Vertreter der regierenden SPÖ und – noch weit stärker – jene der Sozialpartner vehement für die Inbetriebnahme von Zwentendorf einsetzen, bezieht die Führungsspitze der Österreichischen Volkspartei zunehmend eine abwartende Position. Trotz prinzipieller Befürwortung der friedlichen Nutzung von Kernenergie möchte man Konflikte mit den Atomgegnern in der eigenen Partei (deren prozentueller Anteil etwa doppelt so hoch ist wie bei den Sozialisten) tunlichst vermeiden. Es beginnt eine Periode politischen Taktierens, begleitet von einer Fülle von Informationsveranstaltungen, in deren Mittelpunkt eine parlamentarische Enquete steht. Die Zielsetzung der großen Oppositionspartei – die Freiheitlichen haben sich bereits gegen Zwentendorf entschieden – ist, die Verantwortung für die Inbetriebnahme der Regierung zu überlassen und sich soweit wie möglich aus der Auseinandersetzung herauszuhalten.

Um der Anti-Atom-Bewegung den Wind aus den Segeln zu nehmen, initiieren nun Industrie und Gewerkschaft eine breit angelegte Propagandakampagne, freilich mit einem (ihren Wünschen) geradezu entgegengesetzten Erfolg: je länger die Diskussion anhält, je emotionaler die Auseinandersetzung geführt wird, umso größer wird der Anteil der Kernkraftgegner. Das Mißtrauen in der Bevölkerung wächst. In dieser Situation tritt die Regierung die Flucht nach vorne an. Bundeskanzler Kreisky kündigt die Abhaltung einer (von ihm wenige Monate vorher noch abgelehnten) Volksabstimmung über Zwentendorf an, wobei er klar macht, daß es sich dabei nicht nur um eine Entscheidung pro oder kontra Atomkraft, sondern auch um ein Urteil über die Energiepolitik der Regierung handelt. Das Ergebnis gerät zur politischen Sensation: bei einer Wahlbeteiligung von etwa 64 Prozent wird die Inbetriebnahme des AKW mit knapper Mehrheit abgelehnt.

Natürlich wäre es verfehlt, den Ausgang der Volksabstimmung als „Sieg" der „neuen" Werte und der Umweltbewegung gegenüber dem Industriesystem und seiner Wertordnung zu interpretieren. Tatsächlich konnte ihr Erfolg nur durch eine (zum Teil unfreiwillige) Koalition aus Atomgegnern und Angehörigen der Oppositionsparteien erzielt werden; auch dürfte das Angstmotiv vor den „unbekannten Gefahren der Atomkraft" eine wesentliche Rolle gespielt haben. Andererseits sind derartige Koalitionen – und sei es nur auf lokaler Ebene – in Zukunft durchaus nicht auszuschließen: „die Grünen" sind zu einer politischen Kraft geworden, mit der man rechnen muß – auch wenn, und vielleicht gerade weil sie nicht als Partei im traditionellen Sinn firmieren.

Tabelle 25:
Veränderung der Einstellung zur Atomkraft

in Prozent	Ja	Nein	Differenz	Unentschlossen	keine Angabe
Juli 1978	46	22	+ 24	29	3
August/September 1978	41	23	+ 18	30	7
September/Oktober 1978	39	26	+ 13	28	7
Volksabstimmung am 5. November 1978	49,5	50,5	– 1		
März 1980	41	38	+ 3	15	6
Oktober 1980	42	39	+ 3	13	6
März 1981	40	40	0	16	4
Oktober 1981	40	39	+ 1	15	7
Jänner 1982	45	44	+ 1	8	3

Quelle: Dr. Fessel + GfK, Politische Umfragen *(1978–1982)*

Während Fragen des Umweltschutzes nicht nur eine bedeutsame Stellung im Wertesystem der Österreicher einnehmen, sondern auch relativ leicht konkretisiert werden können und so auf lokaler wie gesamtstaatlicher Ebene nicht unerhebliches politisches Gewicht erhalten, trifft dies auf andere Aspekte des Lebensqualitäts-Komplexes weit weniger zu. Sie bleiben derzeit noch relativ diffus bzw. werden nur von einzelnen Gruppen als *politische* Probleme wahrgenommen. So führt die abnehmende Lebensqualität in den großstädtischen Ballungszentren zwar zu einem Anstieg des Unbehagens, dieses schlägt sich aber – von lokalen Ausnahmen abgesehen – nicht so sehr in einer Erhöhung des unmittelbaren politischen Konfliktniveaus nieder, sondern eher in einer Vielzahl von individuellen Abwehr- und Ausweichreaktionen. Der Bogen reicht dabei von der Zunahme scheinbar sinnloser sozialer Aggressivität über die massenhafte Stadtflucht bis zur steigenden Politikverdrossenheit in der Bundeshauptstadt[24]. Ähnlich verhält es sich bei so unterschiedlichen Phänomen wie dem Drogenkonsum, dem Rückzug in die Familie oder in die (nostalgisch gedeutete) Vergangenheit und der Flucht vom öffentlichen ins private Schulsystem. Das hier angelegte soziale und kulturelle Spannungsfeld dehnt sich zwar aus, seine politischen Folgen beginnen sich aber erst abzuzeichnen.

Die Bedeutungszunahme qualitativ ausgerichteter Bedürfnisse erfaßt zudem nicht alle Bevölkerungsgruppen in gleicher Weise und

[24]) Wofür es freilich auch noch andere Gründe gibt (vgl. dazu allgemein das Kapitel über „Parteienverdrossenheit" in diesem Buch, speziell zur Wiener Stadtplanung Ulram, 1978a).

zum gleichen Zeitpunkt; zunächst sind es vor allem Angehörige der gehobenen Bildungs- und Sozialgruppen, sowie Teile der Jugend, die sich immateriellen Zielsetzungen zuwenden und diese auch in politische Ansprüche umformulieren.

Sie können ja im Regelfall bereits auf einen einigermaßen gesicherten materiellen Standard zurückgreifen oder sind in Verhältnissen aufgewachsen, wo die Abdeckung grundlegender Bedürfnisse schon weitgehend zur Selbstverständlichkeit geworden ist.

Tabelle 26:
Gesellschaftliche Werte und Ziele nach Bildungsgrad (Auswahl)

in Prozent	ohne abgeschlossene Schulbildung	mit abgeschlossener Schulbildung	Matura/ Universität
a) sollte in Zukunft weniger stark betont werden:			
Persönlicher Erfolg im Leben	38	40	50
Möglichst viel Erfolg im Beruf	35	36	55
b) sollte in Zukunft stärker betont werden:			
Verantwortung für die Gemeinschaft tragen	48	48	67
Das Leben nach seinen eigenen Vorstellungen gestalten	64	66	74

Quelle: Dr. Fessel + GfK, Sozialstruktur und Bewußtsein *(1979)*

Besonders augenfällig wird dieser Unterschied im Bereich der Arbeitswelt: je höher der Bildungsgrad bzw. (und damit in engem Zusammenhang stehend) je höher die Position in der Hierarchie der Arbeitsprozesse, umsomehr versteht man unter einem „guten Beruf" primär qualitative Eigenschaften – wie Möglichkeiten zur Selbstentfaltung, eigenständige Verantwortung und interessante Tätigkeit; gleichzeitig nimmt auch das Interesse an neuen Mitbestimmungschancen zu. Umgekehrt überwiegen bei den untergeordneten Positionen und Bildungsgruppen deutlich materielle Ansprüche und Zielsetzungen.

Wenn die Basis für ein „postmaterielles" Werte- und Bedürfnissystem in Österreich so vorerst noch relativ eng erscheint, sollte doch die Vorbilds- und „Schrittmacher"funktion dieser Gruppen ebensowenig unterschätzt werden wie die Tatsache, daß insbesondere durch die Verbreitung höherer Bildung immer mehr Menschen in sie „hineinwachsen" werden.

Tabelle 27:
Kriterien für einen „guten Beruf" (Auswahl)

in Prozent	a) nach Beruf					b) nach Bildungsgrad*)		
	leit. Angestellte	Beamte	Angestellte	Facharbeiter	Arbeiter	Matura/Universität	mit abgeschlossener Schulbildung	ohne abgeschlossene Schulbildung
Guter Verdienst	50	49	58	61	66	38	59	62
Sicherheit des Arbeitsplatzes	41	44	53	53	62	25	53	60
Gesunder Arbeitsplatz	23	33	32	47	49	18	35	53
	→					→		
	←					←		
Anregende, abwechslungsreiche Tätigkeit	42	25	35	23	18	60	27	20
Eigenverantwortliche Tätigkeit	25	22	22	10	7	40	15	11
Möglichkeit zur Selbstentfaltung	21	23	16	9	8	34	14	8

Basis: alle Befragten, inklusive der in Tab. a) nicht angeführten Landwirte, leitenden Beamten und Selbständige/Freiberufler
Quelle: Dr. Fessel + *GfK,* Arbeitsleben *(1979)*

2.5.3 Die Kosten des Leviathan: Steuerstaat und Bürokratie

Geht es bei der Frage nach sozialer Sicherheit und Gerechtigkeit und bei der Umweltproblematik noch primär um die Leistungsfähigkeit des politischen Systems, so betrifft das letzte unter den „großen neuen Themen" Struktur und Funktionsweise der Institutionen selbst. Zur Diskussion steht die Rolle des Staates, sein Einfluß und das Verhältnis zwischen Bürgern und öffentlicher wie halböffentlicher Bürokratie.

Österreich besitzt eine lange – und in ihren Grundzügen von beiden Großparteien getragene – Tradition staatlicher Interventionen in weite Bereiche des wirtschaftlichen und sozialen Lebens; beinahe jeder dritte Arbeitnehmer ist in der einen oder anderen Weise beim Staat oder bei einem Staatsunternehmen beschäftigt. Der *Wohlfahrtsstaat als solcher* wird *von keiner* ernstzunehmenden *politischen Kraft in Frage gestellt.*

Auch auf Seiten der Bevölkerung gibt es kaum Anzeichen für eine generelle Staatsverdrossenheit. Es existiert vielmehr ein diffuses Bewußtsein zunehmender staatlicher Eingriffe und steigender Kosten derselben. Dies bewirkt zwar mehr Sicherheit für den einzelnen, zugleich vermutet man aber auch eine fortschreitende Einschränkung persönlicher Freiheit und selbständiger Lebensgestaltung durch den wachsenden Einfluß der öffentlichen Hand. Eine Entwicklung, die freilich nicht immer negativ erscheint und deren Grenzen nicht abzusehen sind: Mitte der siebziger Jahre – also in einer Periode stark expandierender Staatstätigkeit – sind beinahe drei Viertel der Österreicher davon überzeugt, daß es noch viele wichtige Bereiche gibt, um die sich der Staat zu wenig kümmert.

Im Zentrum des alpenländischen Staatsverständnisses stehen dabei Sicherung des wirtschaftlichen Wachstums, der persönlichen Sicherheit und die Aufrechterhaltung einer sozialen Basisversorgung. Der Staat ist sozusagen der Garant wirtschaftlicher und sozialer Stabilität; es wird ihm in der Hauptsache eine Schutz- und Bewahrungsfunktion zugeschrieben. Insofern zeigt sich keine sonderliche Angst vor dem „starken Staat" – im Gegenteil: bei der Kriminalitätsbekämpfung, der Sicherung von Alters- und Gesundheitsvorsorge konstatiert man sogar noch ein gewisses Defizit an öffentlicher Aktivität – und zwar quer durch die Parteien. Immer noch beachtliche Mehrheiten – insbesondere unter den Anhängern der Regierungspartei und in den unteren sozialen Schichten – finden sich auch für eine Ausdehnung oder doch für die Beibehaltung des gegenwärtigen Ausmaßes an staatlicher Intervention im Wirtschaftsleben, im Wohnungswesen und bei einer Reihe von weiteren sozialen Problemfeldern (dazu genauer Tab. A3 im Anhang).

Tabelle 28 a:
Erwünschter Staatseinfluß – Teil I

in Prozent aller Befragten Staatseinfluß sollte	zunehmen	abnehmen	gleichbleiben
in der Kriminalitätsbekämpfung	86	3	—
in der gesundheitlichen Vorsorge	73	5	15
in der Altersvorsorge	70	6	16
wie Preise festgesetzt werden	65	13	12
wie man zu einer Wohnung kommt	61	12	15
welche Arbeitsplätze angeboten werden	58	14	15
was in Wissenschaft und Forschung geschieht	54	14	15
welche Entscheidungen in der Wirtschaft getroffen werden	54	17	17
welche Verkehrsmittel gefördert werden	52	14	18
wie man sich gegen Krankheit versichert	50	12	27
Restsumme auf 100 Prozent: weiß nicht/keine Angabe			

Quelle: Dr. Fessel + GfK, Staat und Bürokratie *(1976)*

Demgegenüber stößt staatliches Handeln im sozio-kulturellen Bereich auf deutliche Skepsis; je näher man der Privatsphäre kommt umso stärker werden die Widerstände. Bei der Gestaltung der Freizeit und des Familienlebens ist der Bogen offensichtlich überspannt: hier steht „Entstaatlichung“ auf der Tagesordnung; ein Rückzug der öffentlichen Hand erscheint angezeigt.

Tabelle 28 b:
Erwünschter Staatseinfluß – Teil II

in Prozent aller Befragten Staatseinfluß sollte	zunehmen	abnehmen	gleichbleiben
was in Schulen unterrichtet wird	35	22	27
welche Aufgaben Kunst und Kultur haben	26	25	28
was im Fernsehen gesendet wird	15	37	34
was die Erziehung der Kinder betrifft	11	36	42
wie man die Freizeit gestaltet	10	31	49
wie man das Familienleben gestaltet	5	37	48
Restsumme auf 100 Prozent: weiß nicht/keine Angabe			

Quelle: Dr. Fessel + GfK, Staat und Bürokratie *(1976)*

Neben dem unerwünschten „Überschwappen“ staatlicher Aktivitäten auf (als privat angesehene) Lebensbereiche erweist sich auch die bürokratische Organisationsweise staatlicher wie halbstaatlicher Institutionen – vom Finanzamt bis zum Rathaus, von der Krankenkasse bis zu den Landesdienststellen – als besonderer Stein des Anstoßes. Neun von zehn Österreichern orten einen Vormarsch der Bürokratie in den letzten Jahren; jeder zweite sogar mit raschem Tempo. Wenngleich die Ursachen der Bürokratisierung zu einem Gutteil in einer Art allgemeiner Entwicklungstendenz gesehen werden, so stellt doch jeder vierte Österreicher einen Zusammenhang zwischen Behördenwachstum und sozialistischer Regierungstätigkeit her. Dem entspricht auch, daß man der SPÖ in ihrer Politik weit eher eine Neigung zur Bürokratisierung nachsagt als den Oppositionsparteien; und zwar auch von vielen der eigenen Anhänger (Tab. A4 im Anhang).

Eng verbunden mit dem Eindruck zunehmender Bürokratisierung ist die Kritik an der Bürgerferne der Behörden und am weitgehenden Ausschluß der Bürger/Klienten von den sie betreffenden Entscheidungen und von deren Durchführung. Augenfällig wird das Manko an Mitsprachemöglichkeiten gerade bei den großen sozialbürokratischen Einrichtungen wie den Spitälern und der Sozialversicherung. Hier werden konkrete Lebensinteressen unmittelbar berührt; das Gefühl des Ausgeliefertseins an eine anonyme Institution, deren Wichtigkeit und Unentrinnbarkeit gleichwohl nicht in Frage stehen, ist besonders ausgeprägt. Eine bedeutsame Rolle spielt zudem die Größe des Bezugsfeldes: Erscheint etwa die Kommunalpolitik in Kleingemeinden noch überschaubar, so überwiegt in der Großstadt das Bewußtsein der Fremdbestimmung; aber auch Krankenversicherung und Spitalswesen gewinnen im städtischen Bereich ihrem Publikum gegenüber an Distanz.

Tabelle 29:
Wunsch nach mehr Mitsprachemöglichkeiten

in Prozent	alle Befragten	davon Orte bis 2000	Orte bis 5000	Orte bis 50.000	Orte bis 1 Mill.	Wien
im Gesundheitswesen (Spital)	74	70	65	81	75	79
in der Sozialversicherung (Krankenkasse, Pensionsversicherung)	72	70	67	74	70	77
im Schulwesen	54					
in Stadt und Gemeinde	51	40	41	53	61	65
in politischen Parteien	51					
in der Arbeiterkammer	50					
im Betrieb bzw. Unternehmen	45					
im Gewerkschaftsbund (ÖGB)	44					

Quelle: Dr. Fessel + GfK, Grundlagenstudie ÖAAB *(1979)*

Tabelle 30:
Steuerquote im internationalen Vergleich

Anstieg der Gesamtabgabenquote 1975–79	in Prozent
1. Schweden	+ 9,1
2. Norwegen	+ 4,8
3. Österreich	+ 4,5
4. Luxemburg	+ 4,3
5. Dänemark	+ 3,8
6. Frankreich	+ 3,3
7. Niederlande	+ 3,1
8. Belgien	+ 3,0
9. BRD	+ 1,7
10. USA	+ 1,4
11. Japan	+ 1,0
12. Schweiz	+ 0,9
13. Großbritannien	– 1,8
14. Italien	– 1,8
15. Kanada	– 1,9

Quelle: Bundesministerium für Finanzen, Informationsdienst zur Finanzpolitik des Auslands, Bonn *1976* und *1980*

Den größten Unwillen erregt der Staat aber verständlicherweise dort, wo er dem Bürger nicht in seiner Leistungsfunktion, sondern in seiner Rolle als Steuerstaat gegenübertritt. Dies hat zum einen subjektive Gründe – der Griff nach der Brieftasche ist allemal unpopulärer als das staatliche Füllhorn –, zum anderen spiegelt es eine objektive Entwicklung wider: die Belastung der Österreicher mit Steuern und Abgaben hat sich in den letzten Jahren rasant erhöht; das Zusammenspiel von wirtschaftlicher Stagnation, steigenden Inflationsraten und wachsendem Abgabenniveau führt zu erkennbaren Beeinträchtigungen der individuellen Einkommenssituation durch die öffentliche Hand.

Verschärfend wirkt, daß offensichtlich ein Ungleichgewicht zwischen dem staatlichen Leistungsniveau und der dafür verlangten Bezahlung besteht: so glaubt nur einer von vier Berufstätigen, daß sich individuelle Steuerleistung und dafür empfangene Gegenleistungen die Waage halten, 46 Prozent meinen aber, „mehr Steuern zu zahlen als sie vom Staat an Leistungen erhalten" (*Dr. Fessel + GfK,* Steuerwiderstand, 1980).

Wobei sich die Kritik vielfach nicht einmal so sehr am konkreten Leistungsangebot entzündet, sondern eher ein generelles Unbehagen über den leichtfertigen bis verschwenderischen Umgang mit „öffentlichen" Mitteln die ja von den „Privaten" aufgebracht werden müssen – zum Ausdruck bringt. Ein Unbehagen, das zudem in den letzten Jahren deutlich zugenommen hat: Bescheinigte 1976 noch nicht einmal ein Drittel der Bürger ihrem Staat „schlechtes Wirtschaften" (*Dr. Fessel + GfK,* Staat und Bürokratie), so glauben 1980 schon 41 Prozent

Tabelle 31a:
Beurteilung der Steuergeld-Verwendung nach Parteipräferenz

in Prozent der zustimmenden Antworten	Alle Befragten	davon Anhänger der SPÖ	ÖVP	FPÖ
Der Staat geht mit den Steuergeldern oft leichtfertig um	41	30	54	56
Die Steuergelder werden oft für ganz andere Dinge ausgegeben, als ursprünglich gedacht war	39	38	42	50
Es wird ganz genau kontrolliert, wofür die Steuergelder ausgegeben werden	16	25	9	8
Der Staat geht mit den Steuergeldern sehr sparsam um	5	9	1	0

Quelle: Dr. Fessel + GfK, Steuerwiderstand *(1980)*

an einen vielfach „leichtfertigen Umgang mit Steuergeldern“[25]; selbst unter den Anhängern der Regierungspartei haben die Vertrauensseligen deutlich an Boden verloren.

Tabelle 31b:
Bereiche politischer Unzufriedenheit
Es haben den Eindruck, daß die Politik in folgenden Bereichen versagt:

in Prozent	Alle Befragten	davon Anhänger der SPÖ	ÖVP	FPÖ
Umgang mit öffentlichen Geldern	52	40	70	77
Höhe der Steuerbelastung	44	31	62	63
Beseitigung von Korruption und Mißwirtschaft	40	30	54	63
Ordnung der Staatsfinanzen	34	23	50	43

Quelle: Dr. Fessel + GfK, Politische Umfrage *(1981)*

Dieses Syndrom von zunehmender steuerlicher Belastung bei gleichzeitig (offenbar) abnehmender Effizienz staatlicher Tätigkeit erzeugt eine Reihe unterschiedlicher Reaktionen. Während die Mehrheit nach wie vor murrt, aber doch (noch) brav weiterzahlt, wächst die Zahl jener, die sich auf die eine oder andere – legale, illegale oder völlig gesetzesfremde – Art der Besteuerung zumindest teilweise zu entziehen suchen; eine dritte Gruppe schließlich schlägt den Weg in den politischen Protest ein.

Angesichts der Tatsache, daß sowohl die erste – Weiterzahlen – als auch die letzte – aktives Protestverhalten – Alternative mit hohen persönlichen Kosten verbunden ist, seien diese nun pekuniärer oder sozialer Natur (Zeitaufwand, Auseinandersetzungen usw.), konkrete Erfolge davon bestenfalls aber erst nach langer Zeit erwartet werden können, dürfte die Neigung wachsen, die Flucht aus dem Steuersystem als Ausweg zu wählen[26]. Dafür spricht auch, daß selbst die illegale Variante (also Steuerhinterziehung und Schwarzarbeit) in hohem Ausmaß von der Umwelt akzeptiert wird: „Steuerumgehung“ – um eine euphemistische Umschreibung zu gebrauchen – findet bei der Mehrheit der Österreicher durchaus Verständnis; strenge Strafen hält man nicht eben für angebracht. Etwa jeder dritte Bürger spricht sich sogar für eine de-facto-Straffreiheit („keine Bestrafung“ oder „Verwarnung“) bei Steuervergehen aus.

[25]) Ein Eindruck, der sich im Gefolge des AKH-Skandals gewiß noch um einiges verstärkt hat.

[26]) Für eine ausführliche Erörterung dieses Sachverhalts siehe insbesondere Rose, 1981.

Tabelle 32:
Einstellung zum Steuerwiderstandsverhalten

in Prozent aller Befragten	Zustimmung	Ablehnung
Als Arbeitnehmer hat man leider viel zu wenig Möglichkeiten, die Steuer zu umgehen	75	15
Wenn die Steuerbelastung noch weiter geht, werden immer mehr Leute versuchen, ihr Geld „schwarz" zu verdienen	73	17
Wenn man gegenüber dem Finanzamt nicht genau sagt, wieviel man verdient, ist das zwar nicht ganz in Ordnung, aber sehr verständlich	63	28
Wenn man die zusätzlichen Einnahmen auch versteuern muß, zahlt es sich ja gar nicht aus, mehr zu arbeiten	61	30
Wenn man die Möglichkeit hat, Geld „schwarz" zu verdienen, so braucht man deshalb kein schlechtes Gewissen zu haben	60	31
Wenn man dem Finanzamt gegenüber Einnahmen verschweigt und damit weniger zahlt als man müßte, so ist das ein Betrug wie jeder andere auch	56	35
Sich die Mehrwertsteuer zu ersparen, indem man auf das Ausstellen einer Rechnung verzichtet, schadet im Grund niemandem	33	56

Quelle: Dr. Fessel + GfK, Steuerwiderstand *(1980)*

Tabelle 33:
Strafwürdigkeit von Steuerhinterziehung nach Bildungsgrad

in Prozent	alle Befragten	davon ohne abgeschlossene Schulbildung	davon mit abgeschlossener Schulbildung	Matura/ Univ.
überhaupt nicht	2	3	2	—
Verwarnung	32	33	31	30
Geldstrafe	54	48	57	62
Gefängnis	3	2	3	2
sonstige Strafen	2	2	2	2
weiß nicht	8	13	6	3

Quelle: Gehmacher, 1981a

Neben der Lockerung der Steuermoral bietet sich noch die Möglichkeit, aus dem System organisierter – und damit auch weitgehend fiskalisch erfaßter – Arbeit überhaupt auszusteigen und entweder die eigene Arbeitsleistung entsprechend zu reduzieren oder verstärkt in Eigenregie – vom Hobby über Nachbarschaftshilfe bis zum „Häuslbauen" – tätig zu werden. Wenn es diesbezüglich auch erst wenig stichhaltiges Untersuchungsmaterial gibt, so lassen doch ausländische Erfahrungen (*Schmölders,* 1980; *Badelt,* 1980) und erste Ansätze, die heimische Situation zu erfassen (*Skolka,* 1980; *Gehmacher,* 1981a) den Schluß zu, daß der „autonome Sektor" in Österreich im Wachsen begriffen ist.

Von einer allgemeinen Staatsverdrossenheit ist also vorerst nur wenig zu bemerken. Der Österreicher besitzt vielmehr ein recht pragmatisches, am Gesichtspunkt privaten wie öffentlichen Wohlstands orientiertes Verhältnis zum Staat. Dagegen stoßen aber die Art und Weise staatlichen Handelns und seine „subjektiven Kosten" – als Eingriffe in die vormalige Privatsphäre der Bürger und als zunehmende Steuerbelastung – sehr wohl auf Kritik.

Insbesonders die Bestrebungen, den Bereich staatlicher Intervention und Kontrolle zurückzudrängen oder doch gemäß den eigenen Bedürfnissen umzugestalten (Forderung nach Mitbestimmung und Partizipation) treffen sich mit anderen Elementen der „neuen Werte" und Verhaltensweisen. Der Betonung des kleinen Lebenskreises und „privatistischer" Werte entspricht der Wunsch nach einem Teilrückzug der öffentlichen Hand aus dem Familien- und Freizeitleben; das Wachstum des autonomen Sektors dient nicht nur der Kostenreduktion gegenüber dem Finanzamt, sondern auch jener gegenüber privatwirtschaftlich organisierten Dienstleistungs- und Erhaltungsbetrieben. Das Streben nach sozialer Gerechtigkeit und einer besseren Umwelt stellt – in Verbindung mit Partizipationsbestrebungen gerade im Bereich der großen Sozialbürokratien und in der großstädtischen Kommunalpolitik – eine qualitativ neuartige Herausforderung an das politisch-administrative System dar. Natürlich kommt den jeweiligen Politikfeldern ein unterschiedlicher Stellenwert zu – sowohl was die Reichweite des Problems als auch was die Intensität und das Ausmaß an Unterstützung betrifft, mit dem die neuen Themen vorangetrieben werden. Sie alle aber bilden – gemeinsam mit der konstanten Sicherheitsorientierung der Österreicher – jene großen Problemkonstellationen der achtziger Jahre, von deren Bewältigung oder zumindest überzeugender Inangriffnahme auch die Zukunft der politischen Parteien wesentlich (mit)-bestimmt wird.

3. DAS UNBEHAGEN IM PARTEIENSTAAT

Ein ausgeprägtes Spannungsverhältnis zwischen der dominanten Stellung der Parteien und einer in der Öffentlichkeit weit verbreiteten Parteienfeindlichkeit gehört zu den „auffallendsten Kuriosa der politischen Kultur Österreichs“ (*Pelinka,* 1977, S. 48). Dies mag die relative Gelassenheit erklären, mit der man in Österreich auf die Alarmmeldungen einer international zunehmenden Parteienverdrossenheit reagiert hat. Während anderswo die Zukunft der Parteiendemokratie ernsthaft in Frage gestellt wird (*Scheer,* 1979) und der bevorstehende Untergang der Parteien Gegenstand seriöser politikwissenschaftlicher Diskussionen ist (*Maisel/Cooper,* 1978), vertrauen die österreichischen Parteien auf ihre historische Überlebensfähigkeit, die ihnen auch von externen Beobachtern nahezu ehrfurchtsvoll zugebilligt wird (*Sully,* 1981); die scheinbare Abkoppelung der Alpenrepublik von internationalen Problemen findet ihren Eingang sogar in die partei- und wahlpolitische Auseinandersetzung (so 1978/79 und 1981). Zwar wird nicht bestritten, daß auch in Österreich die Glaubwürdigkeit der politischen Parteien auf einem Tiefpunkt angelangt ist, und daß die Parteipolitik erheblich an Sozialprestige eingebüßt hat; doch sucht man rasch Trost in der Beobachtung benachbarter Entwicklungen, die man in Österreich unter Kontrolle zu haben glaubt (*Ockenfels/Wagner,* 1980).

Zweifelsohne unterscheiden sich die heimischen Verhältnisse nun wesentlich von jenen der südeuropäischen Länder oder gar der Vereinigten Staaten, wo unterschiedliche historische Voraussetzungen und Traditionen, teilweise verschobene (bzw. in Mitteleuropa kaum vorhandene) Konfliktzonen, eine andersartige Entwicklung der Parteien, kurz: eine grundverschiedene politische Kultur und teilweise auch abweichende wirtschaftliche Organisation die Entwicklung bestimmen. Dennoch sollte insbesondere der amerikanische Weg, also der zunehmende Bedeutungsverlust der Parteien für die politische Willensbildung, nicht einfach als „überseeisches Exotikum“ abgetan werden; was sich hier in seinen Grundlinien abzeichnet, mag eines nicht allzu fernen Tages durchaus auch für Österreich politische Relevanz erhalten.

3.1 Politik ohne Parteien? – die amerikanische Option

Das Unbehagen an den politischen Parteien ist eine historische Konstante des amerikanischen Parteiensystems. Die Amerikaner waren mit ihren Parteien unzufrieden, als es noch ein funktionierendes Parteiensystem gab. Sie sind weiter unzufrieden, obwohl sich die ungeliebten Parteien mittlerweile aus dem politischen System weitgehend verabschiedet haben. *Ostrogorski,* einer der Klassiker der modernen Parteienforschung, hat bereits um die Jahrhundertwende die Krise des amerikanischen Parteiensystems durchleuchtet. In seinem Werk über „Demokratie und politische Parteien“ beschreibt er die Struktur der amerikanischen Parteimaschinen, die unsauberen Praktiken der Stimmenwerbung, der Organisationslenkung durch korrupte „Parteibosse“, die Interessenklientel der Parteien und die materielle Motivation der Wählermassen (*Hartmann,* 1979). Der Vorwurf der Korruption, des Stimmenkaufes und teilweise brutaler Organisationspraktiken bildet seither ein Leitmotiv der neueren Parteiengeschichte in den Vereinigten Staaten. Das Stereotyp des harten und machtbesessenen „precinct captain“, der in seinem Wahlbezirk ein strenges und hierarchisch geordnetes Patronagesystem aufgebaut hat, die lokale Verwaltung kontrolliert und die parteipolitische Loyalität seiner Klientel mit sozialen und materiellen Vorteilen honoriert, hat die politische Kultur der Vereinigten Staaten entscheidend und nachhaltig geprägt. Die Überzeugung, daß Politik eine „schmutzige“ Angelegenheit sei, der ein „anständiger“ Mensch besser nicht nähertreten sollte (dirty politics syndrome) und die festverwurzelte Anschauung, daß die „echten“ politischen Entscheidungen arkan und quasikonspirativ getroffen werden (politics in the smoke-filled rooms) sind populäre Bestandteile des amerikanischen Mythos von der omnipotenten Parteimaschine.

Mittlerweile gehören die amerikanischen Parteimaschinen der Vergangenheit an. Die Ströme von Immigranten, die es parteipolitisch zu integrieren und organisieren galt, sind längst versiegt und die sozialen und materiellen Patronageleistungen werden von professionellen Experten und Beamten der staatlichen Sozialbürokratie im Rahmen von Wohlfahrtsprogrammen administriert und exekutiert. Geblieben ist aber ein tiefes Mißtrauen der Bevölkerung gegen politische Parteien, das dazu geführt hat, daß die Verteufelung der Parteimaschinen und die Distanz zu den etablierten Parteiorganisationen fixe Bestandteile der Wahlkampfrhetorik von politischen Kandidaten geworden sind. Nahezu alle – extrem personalisierten – Wahlkämpfe auf sämtlichen Wahlebenen des politischen Systems tragen eine „Anti-Parteiengesinnung“ zur Schau. Die demonstrative Distanz zur lokalen oder regionalen Parteiorganisation ist der entscheidende Integritätsnachweis für einen erfolgreichen Kandidaten, der sich um ein politisches Amt bewirbt („the man who beats the machine"). Nahezu ängstlich vermeidet man in Wahlkampfzeiten allzu enge Kontakte mit der lokalen Parteihierarchie, um nicht Gefahr zu laufen, vom politischen Kontrahenten mit dem Stigma des „Parteipolitikers" versehen zu werden. In einer politischen Kultur, in der der Begriff „Parteipolitik" einen pejorativen Beigeschmack hinterläßt, in der die politischen Parteien von der Bevölkerung mit skeptischer Distanz betrachtet und von den einflußreichen Massenmedien mit Ausnahme spektakulärer Conventions und anderer telegener Massenveranstaltungen mehr oder weniger übersehen werden, wird die Krise des Parteiensystems zu einem chronischen Dauerzustand und die Parteien zu maroden Randfiguren des politischen Systems.

Dabei mangelt es nicht an ernstgemeinten Vorschlägen und Plänen für eine tiefgreifende Reform des amerikanischen Parteiensystems. Bereits 1950 hat das Committee on Political Parties der angesehenen American Political Science Association ein Programm für eine umfassende Reform des amerikanischen Parteiensystems vorgelegt. Wie zahlreiche andere Vorstöße in Richtung Reform des Parteiensystems ist auch dieser Reformvorschlag an den Friktionen der politischen Praxis gescheitert (*Saloma/Sontag,* 1972). Nahezu apokalyptisch lesen sich aber heute die Schlußfolgerungen, die das Committee on Political Parties als Warnruf an den Schluß seines Gutachtens placiert hat: „They warned that the consequences of inaction would be incoherence in public policies, a dangerous enlargement of presidential power, public cynism, and the growth of extremist movements." (*Pomper,* 1980, S. 15).

Tabelle 34:
Nichtwähleranteil in den Vereinigten Staaten

Wahljahr	Präsidentschaftswahlen	Kongreßwahlen
1960	37,2	—
1962	—	54,6
1964	38,1	—
1966	—	54,6
1968	39,1	—
1970	—	56,5
1972	44,5	—
1974	—	63,7
1976	45,7	—
1978	—	64,0
1980	48,2	—

Quelle: R. Rose (ed.): Electoral Participation *(1980)*

Welche Ausmaße die Parteien- und Politikverdrossenheit in den Vereinigten Staaten mittlerweile erreicht hat, signalisiert das kontinuierliche Anwachsen der „Partei der Nichtwähler“. Trotz einer beispiellosen Technologie der Wahlkampfführung und sophistizierter Techniken zur Motivation und Persuasion der Wähler, haben bei den Kongreßwahlen 1978 fast zwei Drittel der Stimmberechtigten auf ihre Stimmabgabe verzichtet. Im Rahmen der demokratischen Legitimität werden die Repräsentanten des amerikanischen Volkes von einer – politisch aktiven – Minorität bestellt und gewählt. Die amerikanische Variante einer „Politik ohne Parteien“ zeigt bei Wahlen ihre sichtbarste Schwäche: die Unfähigkeit, eine Mehrheit der Bürger zumindest formal in das politische System zu integrieren.

Die Bereitschaft zur Teilnahme an demokratischen Wahlen spaltet das amerikanische Elektorat in zwei „Wählerklassen“, die auffallend mit dem sozialen Status der Wähler korrelieren (*Burnham,* 1980). Während Angehörige der Mittel- und Oberschicht dem traditionellen Parteiensystem weiterhin loyal verbunden sind und ihre institutionelle Verbundenheit durch aktive Teilnahme am politischen Prozeß demonstrieren, haben sich die Mehrheit der jüngeren Wählergeneration, die unteren Sozialschichten, rassische Minoritäten und sozial weniger gut „angepaßte“ Bevölkerungsschichten aus dem politischen Prozeß weitgehend entfernt. Ein leichter Abschied aus einem politischen Vakuum, in dem die Möglichkeiten zur persönlichen Identifikation und Partizipation auf die Rezeption flimmernder TV-Spots und Politcommercials in Wahlkampfzeiten beschränkt sind.

Hinter der amerikanischen Variante der Politik- und Parteienverdrossenheit verbirgt sich aber nicht nur eine Krise des Parteiensystems, sondern eine tiefgehende Krise der zentralen politischen Institutionen. Bereits lange vor Watergate hat sich ein steigendes Unbehagen und Mißvergnügen über die Praxis der amerikanischen Politik abgezeichnet. Das Mißtrauen gegen Regierungsstellen, das Gefühl der Ohnmacht und des Ausgeliefertseins an die Willkür und egoistischen Interessenlagen der Mächtigen haben auch in den demoskopischen Datenreihen ihren Niederschlag gefunden:

Tabelle 35:
Vertrauen in die Regierung

Would you say the government is pretty much run by a few big interests looking out for themselves or that it is run for the benefit of all the people?

	1964	1968	1972	1976
For benefit of all	64	52	43	24
For big interests	29	39	48	66

Quelle: J. Smith: American Presidential Elections *(1980)*

Ein derart massives Unbehagen an der politischen Regierungspraxis führt in logischer Konsequenz zu politischer Apathie bzw. zu einem Ansteigen des öffentlichen Zynismus. Wer an der Integrität seiner gewählten Repräsentanten zweifelt, wer sich von abstrakten Interessenkartellen dominiert fühlt und die politische Praxis als korrupt und korrumpiert erlebt, verspürt wenig Lust, individuelle Zeit, Energie und Emotion in den politischen Prozeß zu investieren. Die Summe des individuellen Mißtrauens wird zu kollektiver Apathie, wenn die Möglichkeiten fehlen, dieses Mißtrauen öffentlich zu artikulieren. Durch ihre marginale Existenz sind die amerikanischen Parteien aber derzeit nicht mehr in der Lage, diese Artikulationsfunktion wahrzunehmen. Die Artikulation des Unbehagens bleibt einzig den Massenmedien vorbehalten, die als kritische „Gegenöffentlichkeit" zwar gravierende Mißstände in einzelnen Politikbereichen aufzeigen (investigative journalism), aber keinen konstruktiven Einfluß auf die politische Praxis nehmen können. Die drei großen TV-Stationen und die überregionalen Tageszeitungen können keine Parteien ersetzen. Öffentliche Apathie und politischer Zynismus sind daher mit hoher Wahrscheinlichkeit der Preis einer „Politik ohne Parteien".

3.1.1. Erosion und Resignation

Die Erosion des amerikanischen Parteiensystems wurde bereits in den sechziger Jahren zum zentralen Thema der akademischen Politikforschung. Aus den Ergebnissen repräsentativer Querschnittuntersuchungen konnte eine kontinuierliche Abnahme parteipolitischer Loyalitäten und Bindungen abgelesen werden. Die Parteiidentifikation, d. h. die affektive Nähe zu einer bestimmten Partei, ging drastisch zurück. Immer weniger Amerikaner fühlten sich an eine bestimmte politische Partei „gebunden". Dazu korrespondierend erhöhte sich der Anteil der „ungebundenen" Wähler, die dem Parteiensystem neutral, distanziert gegenüberstehen.

Tabelle 36:
Rückgang der Parteibindungen in den USA 1958–1978

	1958	1968	1978
Wähler mit starker Parteibindung	39	30	23
Wähler mit schwacher Parteibindung	41	40	38
Wähler ohne Parteibindung	20 →	30 →	39
	100%	100%	100%

Quellen: Nie et al., *1977,* S. 49 und *Maisel/Cooper, 1980,* S. 21

Die Autoren des Standardwerkes über das amerikanische Wahlverhalten (*Nie* et al., 1977) resümierten diese Entwicklung: „(1.) Fewer citizens have steady and strong psychological identifaction with a party. (2.) Party affiliation is less a guide to electoral choice. (3.) Parties are less frequently used as standards of evaluation. (4.) Parties are less frequently objects of positive feelings on the part of citizens. (5.) Partisanship is less likely to be transformed from generation to generation." (S. 48).

Der dramatische Erosionsprozeß schwächte nicht nur die organisatorische Basis der amerikanischen Parteien, sondern auch die Stabilität des Parteiensystems. Ein politisches System, in dem a) bei Kongreßwahlen zwei Drittel der Wahlberechtigten ihre Stimmabgabe verweigern und b) die parteipolitisch „ungebundenen" Wähler die Mehrheitsfraktion stellen, befindet sich in einer ernsten Legitimationskrise, da die traditionellen Integrations- und Artikulationskanäle offensichtlich versagt haben.

Was die besorgten Beobachter des amerikanischen Parteiensystems aber am meisten beunruhigt, ist die wachsende politische Distanz der jüngeren Wählergenerationen. Die jüngeren Altersgruppen haben sich in den Vereinigten Staaten zu einem überwiegenden Teil vom politischen Geschehen verabschiedet. Die traditionellen Parteistrukturen bieten keinen Anreiz, politisch aktiv zu werden. Form und Stil der politischen Berichterstattung in den Massenmedien tragen zur Politikmüdigkeit bei, da sie sich auf die Trivialitäten und „spielerischen" Randerscheinungen des politischen Prozesses konzentrieren, zur Vermittlung politischer Inhalte aber nicht in der Lage sind (*Patterson/McClure,* 1979).

Die traditionellen Instanzen der politischen Sozialisation (Elternhaus, Schule) bieten den Heranwachsenden wenig Projektionsfläche für politisches Engagement und aktive Partizipation am politischen Geschehen.

Neben der resignativen politischen Apathie weiter Kreise der amerikanischen Bevölkerung zeichnet sich in den letzten Jahren eine neue Spielart des fortschreitenden Erosionsprozesses ab: die „aktiv entfremdeten Bürger" (*Burnham,* 1975). Es handelt sich dabei um parteipolitisch ungebundene Wähler (New Independents), denen das traditionelle Parteiensystem keine Alternative mehr bietet, die aber aufgrund ihrer Bildung und Artikulationsfähigkeit nicht in politische Apathie bzw. Resignation versinken, sondern nach alternativen Ausdrucksmöglichkeiten ihres politischen Unbehagens Ausschau halten. Durch engagierte Mitarbeit in lokalen Bürgerinitiativen, Bürgerkomitees und Selbsthilfegruppen versuchen sie, das organisatorische Vakuum, das durch den kontinuierlichen Rückzug der etablierten Parteien entstanden ist, aktiv aufzufüllen. Ihr Engagement stärkt das soziale und kommunale Zusammengehörigkeitsgefühl auf lokaler Ebene, gleichzeitig werden dadurch die letzten personellen und sozialen Ressourcen der etablierten Parteien zusätzlich geschwächt, da die Aktivitäten dieser informellen Gruppierungen betont außerhalb des Aktivitätsspektrums der Parteien stattfinden und in zahlreichen Fällen ein demonstratives „Antiparteienbewußtsein“ erkennen lassen (*Fishel*, 1978).

Während so das soziale Vakuum, das durch den Zusammenbruch der Parteiorganisationen entstanden ist, von parteifernen Aktivisten aufgefüllt wird, verlieren die traditionellen Parteien wertvolle personelle Ressourcen für die Rekrutierung parteipolitischer Nachwuchskader. Damit schwinden die Chancen auf eine personelle Regeneration der etablierten Parteistrukturen durch das unverbrauchte Potential engagierter Aktivisten, die die Alltagspraxis der amerikanischen Parteien vitalisieren und reformieren könnten (*Merkl/Raabe*, 1977).

Die sichtbare Schwäche der amerikanischen Parteien und ihr unauffälliges Schattendasein auf lokaler und regionaler Ebene, beeinflußt auch ihre politische Manövrierfähigkeit und mindert ihre politischen Durchsetzungschancen. Im ängstlichen Bemühen – zumindest in Wahlzeiten – einen Minimalkontakt zur Bevölkerung herzustellen, wurden die politischen Parteien zunehmend „erpreßbarer“. Im Dialog mit engagierten, aktiven und artikulationsfähigen Bürgerinitiativen und lokalen Selbstorganisationsgruppen müssen die Parteien immer häufiger partikulären Einzelforderungen nachgeben. Die jüngste Entwicklung im amerikanischen Wahlverhalten ist die Zunahme des „single issue voting“, d. h. die Stimmabgabe für eine Partei, die sich verpflichtet hat, ein bestimmtes, im allgemeinen sehr konkretes Anliegen einer Wählergruppe im politischen Prozeß durchzusetzen. So wird die Wahlentscheidung zu einem ökonomischen „Bargaining-Prozeß“ umfunktioniert und von der Erfüllung eines einzelnen, sehr präzisen Anliegens abhängig gemacht. Den Parteien bleibt in der Regel nur die Möglichkeit, dieses Tauschgeschäft zu akzeptieren oder wichtige und sozial einflußreiche Wählergruppen an die politische Konkurrenz zu verlieren. Im allgemeinen werden sich die Parteien zu arrangieren trachten und auf das „Tauschgeschäft“ eingehen. Dies mag kurzfristig gedacht und nur auf den Wahltag bezogen eine effiziente Strategie sein. Langfristig dürften die Parteien mit dieser Vorgangsweise ihre politische Glaubwürdigkeit weiter schwächen, da a) sie nicht mehr aus eigener Kraft Probleme und Anliegen der Wähler thematisieren, d. h. in die öffentliche Diskussion bringen, b) die Entscheidung für eine bestimmte Option bzw. einen sachpolitischen Standpunkt nicht mehr im Rahmen eines breiten innerparteilichen Willensbildungsprozesses zustande kommt, sondern von parteiexternen Gruppierungen formuliert und diktiert wird, c) die klar erkennbare parteipolitische „Generallinie“ immer häufiger verwässert wird und das politische Angebot der Parteien fragmentiert und partikularisiert erscheint, d) der offensichtliche „Populismus“ der ökonomischen Stimmenmaximierung die Politik- und Parteienverdrossenheit zusätzlich verstärkt.

Beide Varianten der amerikanischen Politik- und Parteienverdrossenheit schwächen die Handlungsfähigkeit des politischen Systems und seiner Repräsentanten. In den Vereinigten Staaten findet derzeit ein Prozeß der „institutionellen Erosion“ (Dealignement) statt: „Dealignement is signified by defection from traditional partisanship in the direction of no-party-preference, or anti-party-preference, as an expression of no confidence in the conventional alternatives.“ (*Schneider,* 1980, S. 96).

Das Fehlen einer Alternative zum etablierten Parteiensystem verstärkt die politischen Entfremdungserscheinungen und erhöht die resignative Grundstimmung, die die politische Kultur der Vereinigten Staaten charakterisiert. Im Gegensatz zu den verbreiteten Spekulationen einer „Totalreform“ des amerikanischen Parteiensystems (z. B.: durch Bildung einer dritten politischen Partei, die die politisch entfremdeten bzw. frustrierten Wähler an sich bindet und deren Anliegen artikuliert), sind die realen Chancen für eine tiefgreifende Reform und Umstrukturierung des etablierten Parteiensystems äußerst gering. „The electoral volatility and weakening of partisan loyalities during periods of electoral dealignement creates a pool of voters available for realignement, i. e., available to adopt a party preference in sufficient numbers to alter significantly the electoral strength of the existing political parties.“ (*Clubb* et al., 1980, S. 149). Ein Rückblick auf die amerikanische Parteiengeschichte zeigt, wie schwierig die Etablierung einer neuen politischen Kraft im Rahmen des bestehenden Systems sein kann und wie fragil und temporär sich diese neuen Bewegungen auf der parteipolitischen Bühne bewegt haben. Weder das „Progressive Party Movement“, die „Dixiecrat Party“, noch die „American Independent Party“ konnten sich auf Dauer als eigenständige politische Kraft profilieren. Ihr historischer „Verdienst“ für das etablierte Parteiensystem war aber ohne Zweifel die Herausforderung, die diese „neuen“ politischen Bewegungen für die Struktur und das Verhalten der etablierten Parteien dargestellt haben. So ist auch eine Beseitigung der akuten Krise des amerikanischen Parteiensystems nur mittelfristig und im Rahmen der bestehenden Strukturen vorstellbar. Was nicht bedeuten muß, daß diese Strukturen nicht tiefgreifend verändert werden (*Clubb* et al., 1981).

3.1.2 New Politics: das Ende der alten Politik

Analytisch reizvoller als der empirische Nachweis von Erosions- und Dekompositionserscheinungen im amerikanischen Parteiensystem, die von der akademischen Politikforschung ausreichend dokumentiert sind (z. B. *Burnham,* 1975; *Converse,* 1976; *Nie* et al., 1977; *Pomper,* 1977; *Shefter,* 1978), ist eine Untersuchung der strukturellen Rahmenbedingungen bzw. der Ursachen des rasanten Auflösungsprozesses der amerikanischen Parteien. Eine solche strukturelle Analyse der Parteiendekomposition ist auch für die zukünftige Entwicklung der österreichischen Parteien von Interesse, da sich im Verlauf der Analyse zeigen wird, daß zahlreiche Erosionsursachen internationale Gültigkeit besitzen.

Die Erosion und Auflösung des traditionellen Parteiensystems und das steigende Unbehagen an der politischen Praxis ist eng mit dem Auftauchen der Konzeption einer „Neuen Politik" verbunden. Was anfangs als „New Strategy" in den arkanen Zirkeln der Parteistrategen gehandelt wurde (*AIPC,* 1967), hat unter dem Sammelbegriff „New Politics" (*Perry,* 1968), zu einem grundlegenden Wandel des amerikanischen Parteiensystems geführt und das traditionelle Rollenbild der politischen Parteien tiefgreifend verändert[1].

Die Konzeption der „New Politics" ist vergleichsweise simpel und geht von folgenden Voraussetzungen aus:

(1) Die entscheidende Determinante des Wählerverhaltens ist die Attraktivität des Kandidaten bzw. sein medial vermitteltes Image.

(2) Wahlkämpfe werden via Massenmedien gewonnen, wobei dem Medium Fernsehen ein wahlentscheidender Einfluß zukommt.

(3) Die traditionelle Parteiorganisation spielt im Kalkül der „New Politics" eine unbedeutende Rolle, da sie weder die technischen, noch die intellektuellen Voraussetzungen für ein effizientes „image-campaigning" besitzt.

(4) Im Zeitalter des „electronic campaigning" werden die Aufgaben der Parteiorganisation im Wahlkampf von professionellen Expertenstäben übernommen, die außerhalb der Parteihierarchie stehend, direkt um den Spitzenkandidaten gruppiert sind. Dabei bedient man sich professioneller Kampagnespezialisten, die sich nicht mehr aus Parteimitarbeitern rekrutieren, sondern aus den modernen Kommunika-

[1]) Die einschlägige Literatur zum Thema „New Politics" ist mittlerweile kaum mehr zu überblicken. Zu den „Klassikern" der Lektüre professioneller Parteistrategen zählen u. a.: Nimmo, 1970; Napolitan, 1972; Schwartz, 1974; Hiebert, 1975; Agranoff, 1976; Steinberg, 1978; Mauser, 1980; Schwartzenberg, 1980; Radunski, 1980). Einen bibliographischen Überblick bietet dem einschlägig interessierten Leser: Kaid, 1974.

tions- und Dienstleistungsbranchen der Privatwirtschaft stammen, bzw. ihre Dienste temporär als politische „Wahlkampffirmen“ anbieten.

(5) Die sophistizierten Techniken der Meinungsforschung (Repräsentativerhebungen, Zielgruppensegmentationen, Simulationen des Wahlverhaltens etc.) informieren die Partei- und Wahlkampfführung objektiver über die Wünsche, Anliegen und Stimmungen der Wähler als die impressionistischen Informationen aus der Parteibasis.

(6) Die schwerfällige und störungsanfällige Organisationskapazität der lokalen und regionalen Parteibasis kann durch Einsatz zentralisierter Organisations- und Marketingmethoden (Computerisierung der Wählerevidenz, Aufbau von Political-Facts-Datenbänken, Einsatz von Directmail-Techniken etc.) besser und effizienter wahrgenommen werden. Die Aufgaben der Parteibasis und Parteiaktivitäten beschränken sich auf die Ausführung von Hilfsdiensten im Rahmen einer zentralisierten Einsatzplanung (Canvassing, d. h. Hausbesuche, Crowding, d. h. Statisterie für mediale Auftritte der Kandidaten, Füllen von Versammlungsräumen, Verteilen von Werbemitteln, Besetzung der lokalen Wahlkommissionen am Wahltag etc.).

(7) Die Konzentration auf den Spitzenkandidaten und der dominante Einfluß der elektronischen Medien verändern den Prozeß der Kandidatenselektion. Der traditionelle Rekrutierungsprozeß im Rahmen innerparteilicher Gremien und Entscheidungen entspricht nicht mehr den erwünschten Standards. Die Parteiorganisation verliert ihr Monopol, über die Kandidatur eines Bewerbers allein zu entscheiden, und hat sich parteiexternen Überlegungen und Strategiekonzepten unterzuordnen.

Der Sieg der New-Politics-Konzeption über das klassische Modell demokratischen Parteienwettbewerbs hat nicht nur die zentralen politischen Institutionen der Vereinigten Staaten verändert (der imperiale Präsidialismus und das gestörte Gleichgewicht zwischen dem Kongreß und dem Präsidenten sind u. a. auch eine Konsequenz der offensichtlichen Schwäche der etablierten Parteien), sondern in erster Linie das Selbstverständnis und das Rollenspiel der politischen Parteien tiefgreifend gewandelt. „The primary factor in the rise of a new campaigning is the atrophy of political party organizations.“. (*Agranoff,* 1976, S. 8). Waren die politischen Parteien noch in den sechziger Jahren im Besitz von drei entscheidenden Monopolen (1. Legitimität, 2. Monopol über die Verwendung vorhandener Ressourcen, 3. Monopolstellung bei der Rekrutierung politischer Nachwuchskader bzw. im Prozeß der Kandidatenselektion), mußten sie im Verlauf der siebziger Jahre ihre historischen Monopolstellungen räumen. „The parties' place has been taken by candidate organizations.“ (*Pomper,* 1977, S. 15).

Die traditionellen Parteien standen der Professionalisierung der politischen Praxis zunächst wohlwollend gegenüber. Die Konzeption der New Politics schien eine unfehlbare Rezeptur für den Zugang zur politischen Macht zu sein. Ihre strategischen Konzeptionen symbolisierten die technokratische Modernität, die den Parteien abgegangen war. Tief verunsichert über den zunehmenden Stellenwert der elektronischen Medien, permanent konfrontiert mit der angeblichen „Unfehlbarkeit“ raffinierter kommerzieller Werbetechniken, waren die Verantwortlichen in den politischen Parteien von der modernen politischen Technologie fasziniert und geblendet. Die traditionelle Parteipolitik, deren Alltag aus einer Kette von Improvisationen und Fehlschlägen, dem Engagement einer Handvoll Aktivisten und der lähmenden Passivität der überwiegenden Mehrheit der Parteimitglieder bestanden hatte, schöpften aus den Techniken der professionellen Politstrategen neue Zuversicht. Von den Medien nie besonders geliebt, von den erfolgreichen Meinungsführern milde belächelt, von der neuen Managerklasse wegen ihrer Rückständigkeit und ihres Provinzialismus (grass roots politics) kritisiert, begannen die politischen Parteien auf ihre historischen Monopolstellungen zu verzichten und überantworteten sich dem Einfluß parteiexterner aber professioneller Berater und Handlungskonzeptionen. Was zunächst den Charakter einer logistischen Innovation der politischen Praxis hatte (z. B. neue Organisations- und Marketingtechniken, professionelle P. R. und Werbetechnikcn) führtc in kurzcr Zcit zu cincr Aushöhlung und Schwächung dcs politischen Entscheidungs- und Handlungsmonopols der Parteien. Gestützt auf ihr Expertenimage, ihre professionelle und zumeist überdurchschnittliche akademische Ausbildung, ihr Managementskill und den Informationsvorsprung aus objektiven Umfragedaten, Expertisen und Gutachten, nicht zuletzt aber auch durch ihr persönliches Vertrauensverhältnis zum jeweiligen Spitzenkandidaten, bestimmten die externen Berater immer häufiger die parteipolitische Linie im Bereich von Sachentscheidungen oder Grundsatzfragen. Wesentliche Entscheidungen, die bis dahin im Rahmen der innerparteilichen Willensbildung in den offiziellen Gremien behandelt und diskutiert wurden, sollten in Hinkunft von externen Stäben rund um den Spitzenkandidaten analysiert, bewertet und getroffen werden. Die Aufgabe der offiziellen Parteigremien begann sich immer häufiger auf die Legitimation bzw. Akklamation bereits ausformulierter Kommuniqués und Positionserklärungen zu beschränken. Der innerparteiliche Diskussionsprozeß – zu allen Zeiten und in nahezu allen Parteiensystemen ein träger und eher müder Prozeß – verlief immer gehemmter und vor allem viel zu langsam. Denn das Tempo der politischen Entscheidungen wurde den politischen Parteien immer stärker von außen diktiert.

Die elektronischen Medien mit ihrem nie versiegenden Strom an Nachrichten und Informationen, der ungeheure Bedarf an Facts und Stories in den Redaktionsgebäuden der Printmedia, führten zu einer

Abstimmung des politischen Geschehens mit dem jeweiligen Redaktionsschluß. Die Rasanz und Hektik des politischen Alltags, der tägliche Zwang, in den Medien präsent zu sein, vor der Fernsehkamera aufzutreten, Erklärungen abzugeben, sich in Szene zu setzen, veränderten Stil und Substanz der Politik und erforderten ein rasches Reagieren und Handeln von Seiten der politischen Hauptakteure. Die traditionellen Methoden der innerparteilichen Diskussion und Entscheidungsfindung konnten mit diesem Tempo verständlicherweise nicht mithalten. Immer häufiger wurde die lokale und mittlere Parteibasis präjudiziert und über wichtige politische Entscheidungen erst im nachhinein via Medien informiert. Dies führte nicht nur zu einer organisatorischen Aushöhlung der traditionellen Parteihierarchien (Verlust des Mitsprache- und Entscheidungsrechtes), sondern minderte auch die Attraktivität einer aktiven Mitarbeit in einer Partei, da der einzelne Mitarbeiter seinen traditionellen „Insiderstatus" nur noch selten auskosten und ausleben konnte.

Neben den Sachzwängen einer „overcommunicated society" auf die politische Praxis der Parteien, den Konsequenzen einer technokratischen Professionalisierung und der Verlagerung der politischen Entscheidungsfindung auf parteiexterne Stäbe und Beraterzirkel rund um den Spitzenkandidaten, wurden die amerikanischen Parteien durch institutionelle Umweltbedingungen zusätzlich in ihrer Souveränität und Originalität eingeschränkt. Die rasante Vermehrung der Vorwahlen (primaries) im Rahmen der präsidentiellen Kandidatenselektion überforderte die organisatorischen Strukturen und die Kohärenz der politischen Parteien. Die Öffnung des Selektions- und Nominierungsprozesses, gedacht als ein vitalisierendes Mittel gegen Politikmüdigkeit und Distanz zu den zentralen Institutionen des politischen Systems, schwächte die Integrationskraft der politischen Parteien und entzog ihnen ihr wichtigstes Monopol: die Entscheidung über Kandidaturen und die Art und Weise der Kandidatenrekrutierung. Die Rolle der Parteien im Vorwahl-Marathon reduzierte sich immer häufiger auf reine Statisterie. Die entscheidenden Akteure dieses politischen „Überlebenskampfes" sind die Kandidaten mit ihren Stäben auf der einen Seite und die Journalisten und Kommentatoren der „großen" Medien auf der anderen Seite. Im Vordergrund der rasanten Vorwahlserie stehen nicht die eigentlichen „Veranstalter" (die politischen Parteien, die theoretisch die Aufgabe haben, aus den Ergebnissen der Vorwahlen ein demokratisches Urteil zu ziehen und sich auf dem abschließenden Parteikonvent für den besten Kandidaten zu entscheiden), sondern die Spekulationen und Interpretationen der Journalisten und Fernsehredakteure, die den Vorwahlkampf in ein dramatisches und sportives Wettrennen umfunktioniert haben, was zur Entstehung einer neuen journalistischen Genrebezeichnung beigetragen hat, dem sogenannten

„Horse Race Journalism“ (*Broh,* 1980). Statt die Bevölkerung über den politischen Standpunkt und politischen Absichten der konkurrierenden Vorwahlkandidaten aufzuklären, beschränken sich die Medien auf die Vermittlung oberflächlicher Wahlkampftrivialia (election nonsense) oder subjektiver Spekulationen und Interpretationen teilweise obskurer Umfragedaten: „The media treat the presidential selection process like a horse race with emphasis on who's is standing ahead rather than what a candidate stands for.“ (*Asher,* 1977, S. 231).

Neben der substanziellen Aushöhlung der politischen Parteien bewirkt der Vorwahl-Marathon auch eine Aushöhlung der personellen Ressourcen des politischen Systems. Nur Persönlichkeiten mit einer ganz spezifischen psychologischen Konfiguration und Disposition stellen sich freiwillig dem einsamen und gnadenlosen „Überlebenskampf“ der Vorwahlserie.

„In short, the successful candidate tends to be one who is personally ambitious, who is politically experienced, who can develop a powerful campaign organization, who can learn the rules and procedures of a complex campaign, who is a good decision maker; whose approach is flexible as circumstances rapidly change, and who, in the final analysis, is most adept at reading the preferences of the electorate.“ (*Aldrich,* 1980, S. 214). Eine Definition der Qualitäten eines erfolgreichen Kandidaten, die mehr mit Empfehlungen in Machiavellis „Il Principe“ gemein hat, als mit den Spielregeln der demokratischen Selektion von politischen Repräsentanten.

Der Preis, den die amerikanischen Parteien und nicht zuletzt das politische System der Vereinigten Staaten für die schrankenlose Unterwerfung unter die technischen Eigengesetzlichkeiten der New Politics entrichten mußten, ist beachtlich hoch. Erst in jüngster Zeit gewinnen die Verfechter und Protagonisten einer tiefgreifenden Reform der politischen Institutionen und insbesondere der politischen Parteien wieder Terrain und Zulauf. Nachdem die Verantwortlichen lange Zeit dem Erosionsprozeß der politischen Institutionen nicht nur tatenlos zugesehen, sondern ihn in sektoralen Teilbereichen sogar beschleunigt haben, beginnt allmählich ein Umdenken einzusetzen. So ist etwa der Versuch, die Kommunalpolitik der amerikanischen Städte zu „entpolitisieren“ und die Aufgaben der Kommunalpolitik zentralen und parteiexternen Gemeindemanagern zu übertragen, gründlich fehlgeschlagen und die offensichtliche Krise der amerikanischen Städte stellt sich immer deutlicher als eine „Krise der demokratischen Legitimation kommunalpolitischer Entscheidungen dar.“ (*Kevenhörster,* 1979, S. 331). In einem verzweifelten Versuch, die letzten intakten Strukturen und Netzwerke der lokalen Parteiorganisationen zu restaurieren und neu zu gruppieren, formieren sich in den Vereinigten Staaten verantwortungsbewußte Kräfte beider Großparteien zu einer Reformoffensive. Dabei liegen Modernisierungsbestreben mit dem Ziel, die Parteien an die veränderten Umweltbedingungen anzupassen, dicht neben einer nostalgischen Sehnsucht nach dem „alten" Parteiensystem, das trotz seiner zahlreichen Schwächen und Mängel dem Gedanken der Basisdemokratie näher gekommen war als die elektronischen „Geisterarmeen" der New Politics. „If the primaries ‚opened up' the parties (to the point, indeed, creating a void) the caucus system could help restore a sense of place, of home, of neighbourhood within the parties; could help restore a world of small publics and local politics." (*Burns,* 1980, S. 199)

Beim österreichischen Beobachter der amerikanischen Parteienszene stellt sich nicht ohne Grund ein Gefühl von Besorgnis und Melancholie ein. Denn was derzeit in den Vereinigten Staaten mühsam restauriert wird, bestimmt noch immer den politischen Alltag unseres Parteienstaates. Das latente Unbehagen an den politischen Parteien mag hierzulande mehr als berechtigt sein; daraus aber abzuleiten, die Zeit der politischen Parteien neige sich allmählich dem Ende zu, scheint angesichts des Vakuums, das eine Politik ohne Parteien in der Gesellschaft zurückläßt, eine leichtfertige Prognose zu sein.

3.1.3 Stil oder Substanz? – vom Unbehagen der Wähler

Die ausschließliche Konzentration der New-Politics-Konzeption auf politische Stilfragen und Probleme des medialen Image (*Nimmo,* 1979), haben den politischen Kommunikationsprozeß in den Vereinigten Staaten entscheidend verändert. Die substantielle Aushöhlung des Politikangebots und das einstudierte Verhalten der politischen Akteure haben nicht nur die politische Abstinenz weiter Bevölkerungskreise verstärkt, sondern auch zu einem signifikanten Ansteigen des öffentlichen Zynismus geführt. In der amerikanischen Wahlforschung werden zur Klassifikation der Konsequenzen der New Politics auf das Bewußtsein der Wähler zwei Typen des Wählerverhaltens herangezogen:

(1) *Der entfremdete Wähler* (alienated voter): Der entfremdete Wähler nimmt am politischen Geschehen nur mehr spärlich Anteil. Er ist davon überzeugt, daß er auf die Entscheidungen und das Handeln der Regierung und der bürokratischen Apparate keinerlei Einfluß ausüben kann und ist von einem tiefen Gefühl der Machtlosigkeit erfüllt. Das politische Geschehen, wie es ihm via Massenmedien vermittelt wird, erscheint ihm zu komplex und zu anonym und besitzt Züge des Irrealen. Er ist es müde, zwischen sachpolitischen Standpunkten der

Parteien zu differenzieren. Politik hat für ihn einen konspirativen Charakter, der sich als Verschwörung der großen Institutionen gegen die Interessen des „kleinen Mannes" darstellt. Von der Korruption des öffentlichen Lebens überzeugt, zieht er sich ins Privatleben zurück, in dem Politik als Thema der Diskussion bzw. Reflexion ausgeblendet ist. Mangels einer erkennbaren Alternative übt er im allgemeinen bei Wahlen Stimmenthaltung, da er sich von seiner Stimmabgabe keine Änderung des politischen Status-quo verspricht. Der „entfremdete Wähler" ist Teil einer prozentuell anwachsenden „müden Gemeinschaft" politikenttäuschter und politikverdrossener Mitbürger.

(2) *Der opportunistische Wähler* (voter as investor): Der opportunistische Wähler überschneidet sich in vielen Merkmalsausprägungen mit dem entfremdeten Wähler. Wie dieser steht er dem politischen Geschehen distanziert und weitgehend desinteressiert gegenüber. Zwischen den Wahlen verfolgt er das politische Geschehen nur sporadisch und empfindet Politik als hochgradig absurdes Medienspektakel. Aber anders als der entfremdete Wähler ist er bereit, für einen bestimmten Kandidaten bzw. eine bestimmte politische Partei zu stimmen, wenn er sich von seiner Stimmabgabe einen ganz konkreten, persönlichen und materiellen Nutzen erwartet. Im Zentrum seiner Wahlentscheidung steht die Frage: „What have you done for me lately?" (*Popkin* et al., 1976), wobei der opportunistische Wähler in erster Linie an die Zuwachsraten seines materiellen Lebensstandards denkt und den persönlichen Nutzen seiner Stimmabgabe ins Kalkül stellt. Der opportunistische Wähler gleicht in vielen Charakterzügen dem rationalen Wählertypus der „neuen" politischen Ökonomie (z. B.: *Downs,* 1968; *Tullock,* 1976; *Herder-Dornreich/Groser,* 1977; *Frey,* 1978; *Kinder,* 1981). Im Gegensatz zum theoretischen Idealtypus des „rationalen Wählers" ist der opportunistische Wähler kein fiktives Konstrukt, sondern bestimmt durch seine Wahlentscheidung entscheidend das politische Klima eines Landes. Für den opportunistischen Wähler hat sich der politische Prozeß auf einen materiellen „Tauschprozeß" reduziert. Je nach Marktlage und dem politischen Marktangebot entscheidet sich der opportunistische Wähler für die persönliche Nutzenmaximierung und versucht, aus dem Zynismus des politischen Prozesses vorteilhaft „auszusteigen". Der Preis eines solchen Verhaltens ist langfristig die Aushöhlung der ideellen Rahmenbedingungen des politischen Gemeinwesens und eine Reduktion der Politik auf materielle Tauschprozesse, solange die Güter noch Tauschwert besitzen und die vorhandenen Ressourcen einen Tauschhandel zulassen. Damit einher geht eine Schwächung der demokratischen Legitimationszufuhr, die in Krisenzeiten die Stabilität des politischen Systems ernsthaft in Frage stellen kann.

Beide Verhaltensweisen sind der Ausdruck eines tiefsitzenden

Unbehagens an der Politik und am Verhalten der politischen Akteure. Die amerikanische Variante einer „Politik ohne Parteien" und der schrankenlosen Unterwerfung des politischen Handelns unter die technischen Eigengesetzlichkeiten der New-Politics-Konzeption bzw. eines offen zur Schau getragenen Populismus, haben die Glaubwürdigkeit der Politik vermindert und das Vertrauen der Bürger in die Sinnhaftigkeit politischen Engagements und aktiver Teilnahme am politischen Geschehen entscheidend geschwächt. Die vielzitierte „Krise der Institutionen" ist vor diesem Hintergrund das logische Produkt einer substantiellen Aushöhlung der Politik durch ihre Protagonisten.

3.1.4 New Politics in Österreich: ein kritischer Vergleich

Die technischen und logistischen Gesichtspunkte der New-Politics-Konzeption bestimmen auch in Österreich zunehmend das politische Geschehen (*Angermann/Plasser,* 1977):

a) die zentrale Bedeutung der elektronischen Medien für die politische Selbstdarstellung und die Vermittlung politischer Aussagen und Inhalte,

b) die zunehmende Professionalisierung der politischen Stabsarbeit und die steigende Qualifikation des politischen Managements,

c) die steigende Bedeutung parteiexterner Experten und der politischen Beratertätigkeit,

d) die verstärkte Personalisierung der Wahlkämpfe, die den Charakter von „Kanzler-Plebisziten" angenommen haben,

e) die technische Perfektionierung der Werbemittel und der Möglichkeiten, Zielgruppen anzusprechen,

f) die Formulierung der zentralen Wahlkampfthemen (issues) unter Berücksichtigung umfangreicher demoskopischer Erhebungen,

g) empirisches Wissen über „sensible" Wählerschichten, Segmentierung des Elektorates nach strategischen Zielgruppen etc.

Wie in den Vereinigten Staaten hat auch in Österreich die innenpolitische Auseinandersetzung und das Verhalten der politischen Akteure den Charakter eines „permanenten Wahlkampfes" (*Blumenthal,* 1980) angenommen. Der tägliche Zwang, in den Medien präsent zu sein und mit Aussagen „durchzukommen", hat die Hektik in den Parteihauptquartieren sichtbar erhöht. Die Eigengesetzlichkeiten des „permanenten Wahlkampfes", seine extreme Medienorientierung mit dem Zwang, täglich mehrere „bedeutungsvolle" Erklärungen, Stellungnahmen oder Kommuniqués abzugeben, haben auch den Arbeitsstil und die Arbeitsweise der zentralen Parteistäbe geprägt. Die „Serienproduktion" von kurzatmigen und in der Regel tagesbezogenen

Meldungen und Aussagen, haben die langfristige Planung und Formulierung politischer Linien und sachpolitischer Vorschläge tendenziell in den Hintergrund gedrängt. Der quantitative Informationsbedarf der Medien führt immer häufiger zum „Verkauf" unausgereifter bzw. innerparteilich nur mangelhaft koordinierter Vorschläge und Stellungnahmen, die der Politik den Charakter von Hektik, Unrast und Widersprüchlichkeit verleihen und das politische Handeln als vordergründiges Taktieren erscheinen lassen.

Wie in den Vereinigten Staaten, stehen auch in Österreich die Spitzenkandidaten und Spitzenpolitiker der Parteien im Zentrum der medialen und öffentlichen Aufmerksamkeit (*Welan* 1976).

Das Bild der Parteien wird maßgeblich von der Einschätzung des jeweiligen Spitzenkandidaten geprägt. Die Persönlichkeit der Spitzenpolitiker, ihr mediales Profil und ihre Führungskompetenz (leadership) fungieren als Projektionsfläche für das Vertrauen der Wähler in eine bestimmte Partei. Die Medien haben die Personalisierung der Politik weiter vorangetrieben. So wie für den Wähler die Entscheidung für eine Person die subjektiven Informationskosten senkt, da Pauschalurteile weniger Informationsarbeit verlangen als die mühselige Differenzierung von sachpolitischen Positionen, sparen auch die Journalisten durch eine personalisierte Berichterstattung Recherchekosten. Die Personalisierung der Politik kommt der Informationsökonomie der Wähler und Journalisten entgegen und ermöglicht eine legitime Kapitulation vor der inhaltlichen Komplexität des modernen politischen Prozesses.

Im Gegensatz zur amerikanischen Variante der politischen Personalisierung, verläuft sie in Österreich nicht absolut und steht in einer – wenn auch nach außen nicht so stark sichtbaren – Abhängigkeit von parteiinternen Entscheidungs- und Legitimationsprozessen. Während der amerikanische „Kandidat" durch die strukturelle Aushöhlung des Parteiensystems in seinem Handeln einen weiten Spielraum besitzt, stehen die österreichischen Spitzenpolitiker unter einem permanenten innerparteilichen Legitimationsdruck. Die österreichischen Spitzenpolitiker verwenden einen guten Teil ihrer Zeit- und Energieressourcen auf Probleme der innerparteilichen Koordination und auf innerparteiliche Bargainingprozesse. Im Gegensatz zur Personalisierung der Politik in den Medien, die die Spitzenpolitiker der Parteien mit allen Attributen der Machtvollkommenheit ausstattet, ist der Handlungspielraum der Parteiführung in Österreich eng umgrenzt und erfordert von den Spitzenpolitikern ein beachtliches Ausmaß an innerparteilicher Diplomatie und Verhandlungsgeschick. Die Stärke der österreichischen Parteien und ihre verzweigte und tiefgreifende strukturelle Verankerung im Gesellschafts- und Wirtschaftssystem reduziert die New-Politics-Konzeption auf den Bereich der Öffentlichkeitsarbeit und Wahlkampfführung, während die inhaltliche und sachpolitische Entscheidungsfindung in den traditionellen Strukturen der Parteihierarchie und der ihr nahestehenden Verbände und Interessenvertretungen abläuft.

Dazu kommt die vergleichsweise marginale technische und logistische Ausstattung der österreichen Parteien und die minimale personelle Ausstattung der zentralen Stabsstellen, die die Beratungskapazität des Parteienmanagements stark einschränken (*Diem,* 1981). Neben der personellen Knappheit des hauptamtlichen Parteimanagements, permanenten Finanzierungsnöten und einer unterdurchschnittlichen technisch-logistischen Ausstattung der österreichischen Parteien, verhindern auch traditionelle Rekrutierungsmuster des Stabspersonals eine „Fremdsteuerung" der Parteiarbeit. Der typische hauptamtliche Mitarbeiter bzw. Referent einer Großpartei ist in seiner politischen Biographie ein linientreuer Parteigänger, der im Umfeld der Partei oder parteinaher Gruppierungen aufgewachsen ist und sich der politischen Bewegung weltanschaulich und gefühlsmaßig stark verbunden fühlt. Die hohe Identifikation und Bindung des Parteimanagements an die Ziele und programmatischen Leitlinien der Partei verhindern in Österreich das Entstehen einer „wertfreien" parteiinternen Subkultur professioneller Berater und Politikspezialisten. Selbst im Bereich politischer Dienstleistungsunternehmen (z. B.: der großen Meinungsforschungsinstitute) besteht ein enges personelles und gefühlsmäßiges Naheverhältnis der leitenden Mitarbeiter zu ihrer jeweiligen politischen Klientel, das auch diese Dienstleistungsunternehmen parteipolitisch zurechenbar macht.

Insgesamt beschränkt sich der Einfluß der New-Politics-Konzeption in Österreich auf die Übernahme und Adaption der modernen politischen Technologie und die Definition von Politik als Kommunikationsprozeß mit einer starken Betonung des massenmedialen Einflusses. Die Übernahme der New-Politics-Konzeption ist auf technische und stilistische Änderungen im politischen Verhalten beschränkt und berührt nur sehr indirekt die politischen Inhalte und Entscheidungsprozesse. Die Konsequenzen des stilistischen Wandels der Politik haben aber auch in Österreich mit hoher Wahrscheinlichkeit die Einstellung der Bevölkerung zum politischen Geschehen verändert und neue Bewertungsstandards geschaffen.

3.2 Politik als Ritual und Theater

3.2.1 Pseudopolitik? – das politische Kommunikationsritual

Die Massenmedien haben das Verhalten der Akteure und Institutionen unseres politischen Systems tiefgreifend verändert. Über das Ausmaß dieser Veränderungen können derzeit nur vage Vermutungen angestellt werden, da der enge Wirkungsbegriff der akademischen Kommunikationsforschung nur auf die kurzfristigen Wirkungen bestimmter Kommunikationsinhalte und Präsentationsstile ausgerichtet ist (z. B. *Chaffee,* 1975; *Kraus/Davis,* 1976; *Bishop* et al., 1980), die langfristigen Veränderungen im Verhalten der politischen Akteure und der tiefgreifende Wandel in der Perzeption des politischen Geschehens durch die Öffentlichkeit, der zu einem „neuen“ Politikverständnis geführt hat, aber nur in ersten Versuchen wissenschaftlich aufgearbeitet wurden (z. B.: *Bobrow,* 1974; *Langenbucher,* 1979; *Meadow,* 1980; *Nimmo/Sanders,* 1982).[2]

Von entscheidender Bedeutung für das „neue“ Politikverständnis der Öffentlichkeit, das sich erheblich vom Verständnis und der Wahrnehmung politischer Prozesse in früheren Jahrzehnten unterscheidet, ist die „Visualisierung“ der Politik. Das Fernsehen hat eine neue politische Wirklichkeit geschaffen, die Politik als ein Ritual erscheinen läßt und die Konflikte auf ein Spiel zwischen Personen reduziert. Die „Monotonisierung“ der Politik, die lähmende Redundanz täglich wiederkehrender informationeller Archetypen, die verkrampfte Selbstdarstellung von Politikern und Funktionären vor dem sterilen Hintergrund der Studiowand haben das plastische Bild einer politischen Wirklichkeit entstehen lassen, die von den elektronischen Medien produziert wurde. Denn nicht die Politiker sind aus eigenem Antrieb zu „Medienpersönlichkeiten “ geworden, sondern sie wurden vom einflußreichsten aller Medien – dem Fernsehen – in diese Rolle gedrängt. Ihre Persönlichkeit, ihre Originalität und ihr unverwechselbarer Habitus, wurden den technischen Eigengesetzlichkeiten der elektronischen Medienmacht untergeordnet und ihre Person zum austauschbaren Objekt von Regieanweisungen umfunktioniert. Die „Psychologie des TV-Image“ (*Baggaley/Ferguson,* 1980) hat den politischen Prozeß revolutioniert, wobei die Folgen dieser „stillen“ Revolution erst in Ansätzen abzusehen sind (*Lemert,* 1981; *Paletz/Entman,* 1981).

---

[2]) Nur spärlich finden sich Ansätze, die den politischen Kommunikationsprozeß unter unkonventionellen Gesichtspunkten analysieren und die atmosphärischen Veränderungen unserer politischen Kultur auf den langfristigen und tiefreichenden Einfluß der modernen Massenkommunikation zurückführen (z. B.: Stephenson, 1973; Pross, 1974; Edelman, 1975; Luger/Fabris, 1981; Paletz/Entman, 1981).

Im Gegensatz zu manchen Medienkritikern, die den politischen Einfluß der Massenmedien primär auf ökonomische und hegemoniale Interessen einer „Manipulationselite" zurückführen, die durch einseitige Information die politische und gesellschaftliche Wirklichkeit verfälscht, ist der politische Einfluß der modernen Massenmedien ein strukturelles Phänomen. Die Medien schaffen die technischen Rahmenbedingungen, in denen sich der politische Prozeß abspielt, und beeinflussen dadurch das Verhalten der politischen Akteure. Denn die Medien bestimmen, ob etwas zum Thema der öffentlichen Diskussion wird, sie setzen die Regeln der öffentlichen Aufmerksamkeit fest und limitieren ihre zeitliche Dauer (*Luhmann,* 1979). Indem die Massenmedien den politischen Prozeß strukturieren und thematisch selektieren, beeinflussen sie auch die Produktion politischer Angebote. Die Planung, Gestaltung und Formulierung von Politik orientiert sich zunehmend an medialen Standards, redaktionellen Usancen und an der journalistischen Alltagsphilosophie. Die tendenzielle Kapitulation der Politik vor den technischen Eigengesetzlichkeiten und Sachzwängen der modernen Massenkommunikation, ihr nahezu ängstliches Bemühen, eine „medienadäquate" Politik zu machen, ihre neurotische Angst vor der scheinbaren Allmacht der Medien und möglichen Popularitätsverlusten, haben die Position der Medien im demokratischen Prozeß nachhaltig aufgewertet. Von den Politikern ängstlich hofiert und im Bewußtsein ihrer Verfügungsgewalt über die sogenannte „öffentliche Meinung", haben sich die Medien von einer Kontrollinstanz zu einer Selektionsinstanz gewandelt. Ob eine bestimmte Politik erfolgreich ist, ob ein bestimmter Politiker gut „ankommt", welche Probleme und Anliegen thematisiert werden und welches Ausmaß an Zustimmungsbereitschaft für eine bestimmte Politik vorausgesetzt werden kann, hängt zunehmend von den redaktionellen Entscheidungen, Sympathien und Dispositionen einer zahlenmäßig kleinen Gruppe professioneller „Meinungsmacher" ab, die den politischen Kommunikationsfluß steuern und beeinflussen. Eine neue Klasse professioneller „Sinnproduzenten" (*Schelsky,* 1975), die die Verfügungsgewalt über Öffentlichkeit besitzen, bestimmt über den politischen Kommunikationsprozeß. Was den informationellen Standards der professionellen „Meinungsmacher" nicht entspricht, was nicht in ihre privaten Kategorien des sozial Erwünschten hineinpaßt oder ihrer Alltagsphilosophie zuwiderläuft, wird aus der öffentlichen Diskussion ausgeblendet bzw. nicht hineingetragen, was zum demokratisch bedenklichen Paradoxon eines „doppelten Meinungsklimas" (*Noelle-Neumann,* 1980) führen kann, in dem sich die Meinungen der neuen „Artikulationselite" diametral von den Einstellungen und Meinungen der breiten Öffentlichkeit unterscheiden.

Die tendenzielle Kapitulation der Politik vor der Allmacht der

Medien ist nicht schlagartig erfolgt, sondern hat sich erst langsam, im Zusammenhang mit der Ausbreitung der neuen elektronischen Medien und spezifischer Kommunikationsrituale ergeben. Die Konsequenzen dieser informationellen Revolution für den politischen Kommunikationsprozeß dürften vielschichtig und weitreichend sein:

(1) Die Dominanz der „großen" Medien hat die traditionellen politischen Informationskanäle obsolet gemacht. Der Verfall und das Siechtum der Parteizeitungen hat den Parteien den letzten autonomen Zugang zur Öffentlichkeit versperrt. Die Kommunikationsleistung der politischen Parteien wurde auf die Aussendungen der parteieigenen Pressedienste und auf das rituelle Veranstalten von Pressekonferenzen beschränkt. Die Politiker und Parteien sind so zu „Bittstellern" im öffentlichen Kommunikationsgeschehen geworden und in eine starke Abhängigkeit vom informationellen Wohlwollen der Medien geraten.

(2) Die sukzessive Austrocknung der innerparteilichen Kommunikationskanäle, die mit der Rasanz und technischen Brillanz der „großen Medien" nicht einmal ansatzweise mithalten können, hat den politischen Willensbildungsprozeß und den innerparteilichen Diskussionsprozeß auf die abendliche Konsumation der TV-Nachrichten beschränkt. Das Parteimitglied besitzt in der Regel nur mehr das politische Informationsniveau des Durchschnittswählers, was den innerparteilichen Diskussionsprozeß verflacht und wenig konstruktiv gestaltet.

(3) Selbst die großen Tageszeitungen müssen sich dem politischen Informationsstandard des Fernsehens anpassen und das politische Kommunikationsritual mitmachen. Der morgendliche Zeitungsleser hat im Normalfall bereits am Vorabend die Fernsehnachrichten konsumiert und ein „plastisches" Bild der politischen Tageswirklichkeit empfangen. Die theoretisch wünschenswerte „kognitive" Verdichtung und kommentierende Relativierung der TV-Wirklichkeit durch analytische Kommentare, Hintergrundanalysen etc. bleibt nur der auflagenmäßig „elitären" Meinungspresse vorbehalten. Im Kampf um Leser und Inserenten haben die großen Boulevardblätter die Sparte „Politik" längst im Volumen reduziert, vor der „Unverkäuflichkeit" politischer Berichterstattung kapituliert und sich dem Leserbedürfnis nach „unterhaltender" Information untergeordnet. Die politische Berichterstattung beschränkt sich in der Regel auf die ornamentale Ausschmükkung der TV-Wirklichkeit und scheut den Aufwand, das visuelle Kommunikationsritual zu relativieren.

(4) Die extreme Personalisierung des politischen Geschehens in den elektronischen Massenmedien hat das Niveau des politischen Diskurses spürbar verflacht. In der politischen TV-Wirklichkeit werden abstrakte Begründungen für ein bestimmtes Handeln, historische oder theoretische Bezüge und Reflexionen, in das intellektuelle Getto von Spätabendprogrammen verbannt. Am Unvermögen des Mediums, den

ideologischen Kontext von Politik zu symbolisieren und zu visualisieren, wird Politik seltsam steril aufbereitet, als beiläufige Tageserklärung präsentiert, bzw. auf die psychischen Dispositionen der Akteure zurückgeführt. Politik im Fernsehen wird so zu Politik ohne Kontext und die angebliche „Entideologisierung" der Politik ist der Preis ihrer exzessiven Personalisierung.

(5) Die politische Berichterstattung im Fernsehen hat nicht nur das traditionelle Politikverständnis weitreichend verändert, sondern auch die Wahrnehmung politischer Konflikte trivialisiert. Wenn politische Konflikte und seriöse sachpolitische Differenzen auf Stilfragen reduziert und mittels der Kategorien Sympathie versus Antipathie dargestellt werden, wenn der politische Konflikt als „Spiel zwischen Personen" inszeniert wird, bekommt er den Anstrich des spielerisch Unernsten. Konflikte werden dann nicht mehr als alternative politische Handlungsoptionen wahrgenommen, sondern als persönliches Vergehen gegen die politischen „Spielregeln" gewertet. Das lustvolle Eingehen der Medien auf die kalendarische Ausrufung politischer „Eiszeiten" und „Klimaverschlechterungen" erhöht zwar den Unterhaltungscharakter der Politik; demonstriert aber zugleich das Unvermögen der Medien, bestehende, reale Konflikte in entscheidenden Grundfragen unserer Gesellschaft als demokratisch wünschenswerten Tatbestand zu artikulieren und öffentlich darzustellen. Die Reduktion von Politik auf Stilfragen trägt zu ihrer Trivialisierung bei.

(6) Die Ritualisierung und Trivialisierung des politischen Alltags durch die Fernsehberichterstattung, ihre monotone Präsentation, die rigiden Spielregeln politischer Fernsehauftritte, haben zur Politikmüdigkeit entscheidend beigetragen. Das kalendarische Ritual der Fernsehberichterstattung hat den Ablauf politischer Ereignisse kalkulierbar gemacht und nahezu jedem Wochentag ein bestimmtes Medienereignis (in Form von Pressekonferenz, Interview nach dem Ministerrat am Dienstag, Interviews nach dem Parteivorstand der großen Oppositionspartei am Donnerstag, Zusammenfassung der TV-Pressestunde am Sonntagabend etc.) zugeordnet. Die strukturelle Redundanz des politischen Kommunikationsrituals im Fernsehen verleiht der Politik den Charakter von Routine und entzieht ihr die Spontaneität, die ihre Kritiker vermissen.

(7) Der unstillbare quantitative Informationsbedarf der politischen Fernsehberichterstattung (Nachrichten, politische Magazinsendungen, Diskussionsrunden etc.) überfordert das vorhandene Informationsangebot der Politiker und Parteien. Die Politik steht unter einem permanenten Zwang, Informationen oder Ereignisse zu schaffen, bedeutungsvolle Erklärungen abzugeben, einen gelungenen Medienauftritt zu absolvieren. Da eine ernsthafte und verantwortungsbewußte Politik aus begreiflichen Gründen nicht täglich eine Sensationsmeldung

produzieren kann, haben sich die Politiker und Parteien der „Pseudopolitik" verschrieben. Pseudopolitik ist die Entwicklung und der Verkauf von politischen Pseudoereignissen, das spielerische Ausnutzen des überdimensionierten Informationsbedarfs der Medien und der redaktionellen Vorlieben einer fernsehgerechten visuellen Berichterstattung. Aus Mangel an Substanz werden stilistische Elemente in den Vordergrund gestellt und das inhaltliche Vakuum durch Gags, dramatische Kunstgriffe und klingende Leerformeln ersetzt. Im Kampf um mediale Präsenz und medialen Imagegewinn ist die „Pseudopolitik" die Reaktion eines informationell überforderten politischen Systems, das zwar vieles zu sagen hätte, aber wenig anzubieten hat, was den visuell-aktionistischen Informationsbedarf der Television zufriedenstellt. So hat das Fernsehen den Showcharakter seiner Berichterstattung auch der Politik aufgezwungen und damit das Verhalten der politischen Akteure entscheidend verändert (*Schwartzenberg,* 1980).

(8) Der Einfluß der modernen Massenkommunikation auf das politische System vollzieht sich in Form eines langfristigen und kumulativen Prozesses (*Comstock,* 1980), über dessen Wirkungsweise nur wenig empirisch abgesichertes Wissen vorliegt: „The influence of mass media upon such topics as the role of parties, interest groups and the institutions of government is the great neglected area." (*Seymoure-Ure,* 1974 S. 46)[3].

Empirisch noch schwerer zu fassen als ihre Wirkung auf den „Konsumenten" ist der „unsichtbare" Einfluß der Massenmedien auf das Verhalten und Handeln der politischen Akteure. Die übertriebene Ausrichtung der Politik an medialen Standards und die Angst der Politiker vor schlechten Zensuren in den Medien, hat zu einem komplexen Mechanismus der „antizipierenden Selbstzensur" geführt. Was den medialen Standards scheinbar zuwider läuft, was gegen die herrschende Alltagsphilosophie der Multiplikatoren und Meinungsmacher zu verstoßen scheint, wird beiseite geschoben und aus der politischen Diskussion entfernt. Die „indirekte Selbstzensur" der Politik verhindert in Teilbereichen dringend notwendige Innovationen und Reformimpulse, da nur wenige Politiker die nötige Kraft aufbringen, sich bei der Thematisierung eines politischen Anliegens oder Standpunktes in einen bewußten Gegensatz zur journalistischen „Mehrheitsmeinung" zu begeben.

Der Mechanismus der „indirekten Selbstzensur" dürfte in Öster-

---

[3]) Der akademische Streit um eine sinnvolle Operationalisierung des Wirkungsbegriffes im Rahmen der empirischen Massenkommunikationsforschung dauert noch an (Koszyk/Pruys, 1981) und blockiert ernsthafte und gezielte Forschungsanstrengungen, die die vorangehenden Überlegungen unter Umständen relativieren bzw. falsifizieren könnten.

reich besonders ausgeprägt sein, da sich in den letzten Jahren eine überschaubare informelle Subkultur von Politikern, Journalisten und Verbandsfunktionären herausgebildet hat, die trotz divergierender Interessen ein dichtes soziales Informations- und Kommunikationsnetz bilden, das in ständiger, wechselseitiger Interaktion steht. Im Zentrum dieses Interaktionsnetzes stehen die Journalisten, da sie über den Zugang zur Öffentlichkeit verfügen und politischen Interessen und Persönlichkeiten Publizität verleihen können. Die wechselseitigen Abhängigkeiten der Interaktionspartner (Zugang zu Informationen versus Zugang zur Öffentlichkeit) haben zu bestimmten Kommunikationsritualen geführt, bei denen sich beide Partner den Spielregeln der „indirekten Selbstzensur" unterwerfen und das Frage- und Antwortritual im Bereich des konventionell Voraussagbaren verbleibt. Die Konsequenz dieses esoterischen Kommunikationsrituals ist eine zunehmende Fixierung der Partner auf den Nenner der gemeinsamen Interessen und eine sukzessive Abkoppelung des politischen Kommunikationsgeschehens.

Die spürbaren Entfremdungserscheinungen, die zunehmende Distanz zwischen Wählern und Gewählten, das Mißtrauen und die skeptische Grundeinstellung der Bevölkerung zur Politik und zum politischen Geschehen hängt mit hoher Wahrscheinlichkeit auch mit dem „exklusiven" politischen Kommunikationsritual zusammen, das die Bevölkerung von seinen esoterischen Sprachspielen ausschließt.

3.2.2 Newspeak oder Nonspeak: vom Verfall der Sprache

Der Versuch, dem Unbehagen im Parteienstaat nachzugehen, muß auch eine kritische Analyse des öffentlichen Sprachgebrauchs miteinschließen. Politisches Handeln vollzieht sich im Medium Sprache und der öffentliche Sprachgebrauch ist ein aufschlußreicher Indikator für den Zustand eines politischen Systems[4]. Unter der Annahme, daß das Unbehagen im Parteienstaat und die latente Politikverdrossenheit bzw. Politikmüdigkeit weiter Bevölkerungskreise maßgeblich vom Stil und Inhalt des politischen Sprachgebrauchs beeinflußt und verstärkt wird, sollen zunächst einige charakteristische Entwicklungslinien des politischen Sprachgebrauchs analysiert werden.

---

[4]) Der politische Sprachgebrauch wurde lange Zeit nur unter lexikalischen, grammatischen oder ästhetischen Gesichtspunkten analysiert. Erst in letzter Zeit wurde die Analyse der politischen Sprache und Symbolik als unverzichtbares Instrument einer qualitativen Analyse des politischen Prozesses erkannt und eingesetzt (Edelman, 1964; Dieckmann, 1969; Klaus, 1971; Pross, 1974; Bergsdorf, 1978; Greiffenhagen, 1980; Windhager, 1980).

Die zunehmende Komplexität des Gesellschafts- und Wirtschaftssystems hat auch in Österreich zu einer erhöhten Komplexität der politischen Sprache geführt. Die Bürokratisierung, Technisierung und Verplanung des öffentlichen Geschehens, die Professionalisierung von Politik und Politikern und deren unermüdliches Bemühen, „Kompetenz" zu demonstrieren, hat zum Entstehen einer politischen „Fachsprache" geführt, die den Jargon der Ministerialbürokratie zur politischen Umgangssprache erklärt hat. Die Spezialisierung des politischen Rollenspiels und der Wandel des Politikers zum kompetenten Fachmann, Experten, Krisenmanager, hat den politischen Sprachgebrauch immer technokratischer, abstrakter und „kälter" gemacht. Als spürbare Konsequenz dieser Technisierung sind die Sprachbarrieren zwischen Politikern und Bürgern, zwischen Politik und Wähler immer höher geworden (*Badura,* 1973). Die Verwendung von abstrakten Fachtermini, aggregierten Begriffen und eine bürokratische Syntax haben das Expertenimage des durchschnittlichen Politikers unzweifelhaft erhöht; die Verständlichkeit seiner Aussagen und Stellungnahmen aber gleichzeitig stark eingeschränkt. Aus empirischen Untersuchungen über das Allgemeinwissen und die sprachliche Kompetenz der Bevölkerung ist klar abzulesen, daß der Sprachgebrauch der österreichischen Politiker das sprachliche Verständnis und die sprachliche Kapazität der Bevölkerung weit überfordert. Dazu kommt das geringe Bemühen der Medien, das politische Geschehen allgemein verständlich aufzubereiten. Untersuchungen über die Verständlichkeit der Nachrichtensprache in Österreich kommen zum Ergebnis, daß die Sprache der Nachrichtensendungen signifikant über dem sprachlichen Verständnis des Durchschnittsbürgers liegt (*Russo,* 1980). Die Rolle der Massenmedien im politischen „Sprachspiel" ist insgesamt ambivalent. Nur selten durchbrechen einzelne Journalisten oder Moderatoren die Sprachbarrieren und übersetzen die politische Fachsprache in allgemein verständliche Wörter und Begriffe. Häufiger herrscht zwischen Politikern und Journalisten eine „stille" Koalition vor, die beiden Seiten Gelegenheit bietet, Kompetenz und Expertenwissen zu demonstrieren. Die Öffentlichkeit bleibt von diesen esoterischen „Sprachspielen" weitgehend ausgeschlossen und verfolgt das politische Kommunikationsritual im besten Fall mit sportiver Anteilnahme. Wie überhaupt die „Korruption" der politischen Sprache durch Begriffe und Formeln der Sportsprache (*Balbus,* 1975) in engem Zusammenhang mit dem Unvermögen steht, die substantiellen Inhalte politischer Aussagen und Informationen zu entschlüsseln. Wer die Substanz politischer Botschaften nicht mehr versteht, flüchtet in die stilistischen Rahmenbedingungen des Kommunikationsaktes. Politikmüdigkeit kann so auch als Reaktion auf ein zu hohes Anspruchsniveau an den einzelnen Leser, Hörer oder Zuseher gedeutet werden, und das verzweifelte

Bemühen der Politiker um mehr „Basiskontakt" als primäres Sprach- und Verständigungsproblem.

Die symbolische Ritualisierung des politischen Alltags, der in der Monotonie von formalen Presseerklärungen und rituellen Fernsehauftritten abläuft, hat auch den politischen Sprachgebrauch erfaßt. Die exzessive Verwendung von Leerformeln und starren Floskeln hat zu einer spürbaren Verarmung der politischen Sprache geführt. Der Routine der Fragen entspricht eine Routine der Antworten und das politische Sprachspiel wird austauschbar und beiläufig. Das ängstliche Bemühen um sachpolitische Kompetenz und das Vermeiden grundsatzpolitischer Positionen rückt den täglichen Parteienkampt in das „Zentrum der politischen Gemeinplätze" (*Key,* 1969). Die Sprache der „Allerweltsparteien" verliert ihre Konturen und erzeugt bei den Adressaten den Eindruck lähmender Redundanz. Zur Ritualisierung des politischen Sprachgebrauchs kommt die Begründungsarmut der politischen Sprache. Für *Noack* (1980) stellt die Konzentration auf den Lebensstandard allein eine Verarmung der politischen Möglichkeiten dar. Die Dominanz der „harten" politischen Themen (Lebensstandard, Wachstum, Vollbeschäftigung) macht es der politischen Sprache derzeit fast unmöglich, qualitative Bedürfnisse und neue Themenfelder zu artikulieren und zum Gegenstand des politischen Diskurses zu machen. Der Preis dieser einseitigen Orientierung ist ein Mangel an sprachlicher Originalität und Kreativität, der u. a. die Sprachbarrieren zwischen Jugend und Politik perpetuiert.

Neben den Sprachbarrieren, Verständigungsproblemen und der Ritualisierung der politischen Sprechakte, trägt der exzessive Gebrauch von Euphemismen zum sprachlichen Unbehagen bei. Der Euphemismus als eine „limitierte sprachliche Irreführung der Bevölkerung" (*Leinfellner,* 1971), ist ein klassischer Bestandteil der politischen Rhetorik, dessen mäßiger Einsatz aus dem politischen Sprachspiel nicht wegzudenken ist. Die inflationäre Verwendung politischer Euphemismen in der politischen Alltagssprache hat aber bereits begonnen, die pauschale Glaubwürdigkeit der Politik zu beeinträchtigen. Das meßbare Ansteigen des öffentlichen Zynismus, das spürbare Mißtrauen gegenüber Politikern und Parteien hat mit hoher Wahrscheinlichkeit auch sprachliche Ursachen. Die massierte Häufung euphemistischer Strategien im politischen Sprachgebrauch steigert das Mißtrauen gegenüber politischen Aussagen und dem politischen Geschehen. Wenn etwa nach neuesten Erhebungen mehr als drei Viertel der österreichischen Bevölkerung davon überzeugt sind, daß „Politiker oft die Unwahrheit sagen", so ist das nicht nur ein zusätzlicher Beweis für das Ausmaß der Politikverdrossenheit, sondern auch ein Hinweis, wie es um die Klarheit und Aufrichtigkeit der politischen Sprache bestellt ist.

Gerade in Perioden des Übergangs, der Neuorientierung bzw. eines politischen „Paradigmenwechsels“ (*Raschke,* 1980), kommt der Klarheit der politischen Sprache eine entscheidende Bedeutung zu. Denn das Tempo des gesellschaftlichen Wandels verunsichert auch die Strukturen der politischen Semantik und relativiert die zentralen symbolischen Werte. „Damit wird ein gesamtgesellschaftlich fungierender Konsens über das, was ist und was gilt, schwierig und eigentlich unmöglich; was als Konsens benutzt wird, fungiert in der Form eines erkannten Provisoriums.“ (*Luhmann,* 1980, S. 33). Die Aufgabe der politischen Sprache wäre, vor diesem Hintergrund die Bedingungen eines „neuen Konsensus“ sprachlich aufzuarbeiten und öffentlich zu artikulieren. Eine solche sprachliche Neuorientierung dürfte aber nicht nur aus wahltaktischen Gründen noch einige Zeit unterbleiben: Eine historische Konstante des österreichischen „Nationalcharakters“ ist seine Fähigkeit, sich in Provisorien häuslich einzurichten.

Ein nicht unbeträchtlicher Anteil am Verfall der politischen Sprache kommt der politischen Werbung zu. Im Bemühen um möglichst griffige und einprägsame Formulierungen werden politische Inhalte und Absichtserklärungen auf wenige zentrale Symbole reduziert, die nach Belieben austauschbar und variierbar sind. Ein historischer Rückblick auf die Geschichte der österreichischen Wahlkämpfe (*Hölzl,* 1974) zeigt zwar die zunehmende Professionalität und die werbepsychologische Perfektionierung der Wahlkampfmittel; im Bereich der sprachlichen Argumentationsmuster und der politischen Semantik dominieren nach wie vor „archaische“ Sprachstrategien. Die geringe Variabilität und Originalität der politischen Werbesprache ist aber mehr als nur ein intellektuelles Ärgernis. Die Konsequenzen der werblichen Instrumentalisierung zentraler politischer Begriffe sind vielschichtig und weitreichend:

(1) Durch die exzessive Verwendung zentraler politischer Wertbegriffe (z. B. Freiheit, Sicherheit, Fortschritt etc.), verlieren diese Symbole an Bedeutung. Es tritt ein Prozeß der „semantischen Sättigung“ ein. Politische Richtwerte werden trivialisiert und abgenutzt. Sie verlieren dadurch auch ihren Stellenwert als „Legitimationssymbole“ der Politik und werden unglaubwürdig. Die Politikverdrossenheit ist auch eine Sprachverdrossenheit.

(2) Die exzessive Betonung zentraler politischer Symbole führt zu einem Mechanismus des „Über das Ziel Hinauslernens“ (*Merelman,* 1972). Werden nur wenige zentrale Werte zur Begründung der Politik verwendet, beginnen sie, das gesellschaftliche Bewußtsein zu dominieren. Der repetitive Gebrauch eines bestimmten Symbols konditioniert die politischen Anforderungen und Erwartungen der Bevölkerung und schränkt andere – nicht weniger bedeutsame – Werte und Handlungsoptionen unzulässig ein. Die politische und gesellschaftliche Wirklich-

keit wird verkürzt und einseitig dargestellt. So hat der exzessive Gebrauch des Symbols „Sicherheit“ durch Politiker und politische Parteien das gesellschaftliche Syndrom des „sozialen Garantismus“ (d. h. die passive Sicherheitsorientierung im Gefolge einer Anspruchsinflation nach staatlichen Sicherheits- und Garantieleistungen) entscheidend verstärkt. Die einseitige Definition der Politik als „Produzentin von sozialer Sicherheit“ wurde in erster Linie sprachlich vermittelt und hat zur offensichtlichen Überforderung der Politik und der sozialstaatlichen Handlungs- und Finanzierungsmöglichkeiten beigetragen. Im Bemühen um Wählerstimmen und um die Maximierung des Stimmenanteils haben die Politiker vergessen, daß die Versorgung der Bevölkerung mit dem öffentlichen Gut „Sicherheit“ zu allen Zeiten nur suboptimal erfolgen kann. Die totale Sicherheit bedeutet die Selbstaufgabe der Politik. Zahlreiche soziale und ökonomische Spannungen der kommenden Jahre können mit hoher Wahrscheinlichkeit auch auf die politische Semantik der vergangenen Jahre zurückgeführt werden, die dem Bürger die grenzenlose Machbarkeit der Dinge vorgespielt und eingeredet hat. „Individuelle Bedürfnisse werden in den nächsten Jahren erheblich über die gesellschaftlich mögliche Bedarfsdeckung hinausschießen: Unzufriedenheit, soziale Unrast, Verlust von Identität wie auch von Sinn werden Symptome der achtziger Jahre sein.“ (*Atteslander,* 1981, S. 30). Die zu erwartende Zunahme des Unbehagens an der Politik wird auch zwangsweise zu einer Relativierung und Modifizierung der politischen Semantik führen müssen.

(3) Die exzessive und gleichzeitig monotone Variation des zentralen Symbolbestandes unseres politischen Systems hat zu einer Abnutzung und Abstumpfung der politischen Semantik geführt. Das Wehklagen über den Mangel an mitreißenden Ideen und die geringe Innovationskapazität der Politik hat auch sprachliche Ursachen. Die symbolische Inflation zentraler Wertbegriffe im Kontext kurzfristiger Kampagnen und Propagandaaktivitäten haben den Stellenwert zentraler gesellschaftlicher Werte relativiert und kommerzialisiert. Damit wurde nicht nur der Wertkonsensus der Bevölkerung (der die symbolische Klammer von Wertbegriffen benötigt) geschwächt, sondern auch die Chancen einer neuen Konsensbildung entscheidend vermindert. Wenn die zentralen Werte einer Gesellschaft zum „Kleingeld“ des politischen Sprachalltags zählen und in trivialen Zusammenhängen gebraucht werden, verlieren sie ihre soziale und gruppenbildende Integrationskraft. Die zu beobachtende Schwächung des gesellschaftlichen „Basiskonsenses“, die tendenzielle Isolierung, Fragmentierung und Privatisierung der Individuen, kann auch auf die inflationäre sprachliche Verwendung und Abnutzung der zentralen „Integrationssymbole“ zurückgeführt werden.

Der Verfall des politischen Diskurses in Österreich, d. h. der Verlust von alternativen Optionen und alternativen Handlungsmöglichkeiten, ist dabei keineswegs das Werk raffinierter Manipulatoren in den Stäben und Beraterzirkeln der politischen Parteien. Das vorhandene theoretische Arsenal semantischer Strategien und Überredungstechniken (z. B. *Britt,* 1979; *Roloff/Miller,* 1980; *Kroeber-Riel,* 1980) wird in Österreich nicht zur Planung des politischen Handelns herangezogen. Die Sprachstrategien der österreichischen Politiker orientieren sich am eigenen sprachlichen Geschick und den vermeintlichen Sachzwängen einer gesellschaftlichen Wirklichkeit, auf die man glaubt reagieren zu müssen. Dabei folgen die Politiker unbewußt einer Definition der „Realpolitik“ von *Robert Musil:* „Realpolitik heißt: Gerade das nicht tun, was man gerne möchte; dagegen kann man die Menschen gewinnen, indem man ihnen kleine Wünsche erfüllt.“

3.2.3 Meinungsmagie – Zahlen statt Politik?

Ein unverwechselbares Kennzeichen der modernen „Pseudopolitik“ ist die inflationäre Veröffentlichung demoskopischer Umfrageergebnisse. Es vergeht kein Tag, an dem nicht in den Medien Ergebnisse demoskopischer Umfragen publiziert werden. Immer häufiger wird Politik auf Prozentangaben reduziert und die verlorengegangene „volonté générale“ in den Tabellenbänden kommerzieller Umfrageinstitute wiederentdeckt. Politiker und Journalisten haben in der demoskopischen Umfrageforschung ein taktisch vielfältiges Instrument entdeckt, um der Zufälligkeit des politischen Geschehens den Anstrich von geplanter Rationalität zu verleihen. Die Demoskopie ist zur Fortsetzung der Politik mit anderen Mitteln geworden und wird zur Stimmungsmache verwendet, dient der Motivation entmutigter Parteianhänger, wird als Begründung einer politischen Entscheidung herangezogen oder spart – im Fall der journalistischen Begehrlichkeit nach möglichst rezenten Umfragedaten – Recherchekosten.

Die vorliegenden Analysen des Verhältnisses von Politik und Meinungsforschung gehen auf die neuen publizistischen „Verwertungsmöglichkeiten“ demoskopischer Umfragedaten nur in Ansätzen ein. Im Vordergrund stehen nach wie vor Probleme der Zusammenarbeit von empirischer Forschung und politischer Praxis (*Oberndörfer,* 1978) bzw. mögliche Konsequenzen der Veröffentlichung politischer Umfrageergebnisse auf das Verhalten der Wähler (*Hartenstein,* 1977). Beide Ansätze verbleiben im Bereich der mittlerweile „klassischen“ Fragestellungen und ignorieren die Konsequenzen einer exzessiven Publikation demoskopischer Daten für die öffentliche Selbstdarstellung der Politik.

(1) Die Publikation von politischen Umfrageergebnissen hat sich

in den letzten Jahren zu einer eigenständigen journalistischen Stilform entwickelt (*Crespi,* 1980). Nahezu exzessiv werden Parteipräferenzen, Popularitätswerte der Spitzenpolitiker, Einstellungen der Bevölkerung zu sachpolitischen Problemen bzw. Entscheidungen als journalistisches „Hintergrundmaterial" herangezogen, wobei sich die inhaltliche Berichterstattung oft in einer kursorischen und unvollständigen Aufzählung von vagen Prozentsätzen erschöpft. Im Gegensatz zu den Vereinigten Staaten oder Großbritannien, wo die großen Medienkonzerne selbst regelmäßige Umfragen bei Meinungsforschungsinstituten in Auftrag geben, sind die österreichischen Journalisten meist auf gezielte Indiskretionen angewiesen oder erhalten von den politischen Parteien demoskopisches „Spielmaterial" zur gefälligen Publikation. So ist bereits in der Datenbeschaffung eine erhebliche „Unschärfe" eingebaut, die eine seriöse Wertung des Datenmaterials in den meisten Fällen unmöglich macht. Dazu kommt die erstaunliche Naivität zahlreicher Journalisten im Umgang mit demoskopischen Befunden, die nicht nur in Österreich als eine bedenkliche Tatsache angesehen wird (*Noelle-Neumann,* 1980b). Die oberflächliche und vielfach verzerrte Berichterstattung demoskopischer Umfrageergebnisse hat nicht nur längerfristig negative Konsequenzen für das öffentliche Ansehen der empirischen Sozialforschung, sondern verstärkt auch das „informationelle Unbehagen" der Wähler, die mit augenscheinlich widersprüchlichen bzw. kuriosen Meinungsforschungsdaten konfrontiert werden.

(2) Die inflationäre Veröffentlichung politischer Umfragedaten hat aber vor allem weitreichende Auswirkungen auf die politische Kultur demokratischer Gesellschaften. Durch die exzessive Publikation einschlägiger Daten verstärkt sich bei den Wählern der Eindruck, daß sich Politiker und Parteien nahezu sklavisch an den Befunden der demoskopischen Forschung orientieren. Der tiefsitzende und verbreitete Verdacht, daß sich die Politik immer stärker an kurzfristigen Stimmungsschwankungen ausrichte und die Parteien als weitesten Horizont den nächsten Wahltag im Kopf hätten, bekommt durch die ständige Veröffentlichung strategischer und taktischer Teilinformationen neue Nahrung. Der in Wirklichkeit marginale Einfluß sozialwissenschaftlicher Daten auf die Praxis der Parteiarbeit, die zahlreichen Mißverständnisse zwischen Wissenschaft und politischer Praxis, die Subjektivität politischer Entscheidungen und das weitgehend irrationale Entscheidungsklima in den politischen Spitzengremien, bleibt der Öffentlichkeit zumeist verborgen und wird höchstens in esoterischen Seminaren über Probleme der wissenschaftlichen Politikberatung abgehandelt. Im politischen Kommunikationsritual der massenmedialen Berichterstattung dagegen wird eine scheinbare und empirisch abgesicherte Logik des politischen Prozesses dargestellt, die der politischen Praxis ihre Spontaneität entzieht und das Mißtrauen der Bürger gegen

das „manipulative" Handeln von Politikern und Parteien verstärkt.

(3) Die öffentliche Reduktion von Politik auf Prozentangaben, der vordergründige Versuch, die Fragwürdigkeit bestimmter sachpolitischer Entscheidungen demoskopisch zu „legitimieren", die naive Vorstellung der Journalisten, Prozentangaben wären einer faktengerechten und informativen „traditionellen" Berichterstattung überlegen, gehen von zahlreichen Fehlannahmen aus. Die klinische Sterilität einer Politik, wie sie in den demoskopischen Tabellen empirischer Umfragen zum Ausdruck kommt, ist für den einzelnen Bürger und Wähler wenig einladend und macht individuelles Engagement fragwürdig und wertlos. Neben den demotivierenden Folgen einer solchen Aufbereitung des politischen Geschehens, dessen abstrakte Logik für den Einzelnen nicht beeinflußbar erscheint, ist auch der strategische Nutzen einer gezielten Veröffentlichung politischer Umfragedaten für die Parteien eher zweifelhaft. Die kurzfristige Beeinflussung des politischen Meinungsklimas – etwa durch die Veröffentlichung „günstiger" Parteipräferenzen – wird vom politischen Kontrahenten bei nächster Gelegenheit neutralisiert werden, der seinerseits „günstige" Trenddaten zur Veröffentlichung freigibt. Der wünschenswerte parteipolitische Konkurrenzkampf wird dann zur „Zahlenmagie" und verstärkt die spürbaren Ressentiments der Bevölkerung gegenüber dem Verhalten der politischen Akteure (*Roll/Cantril,* 1980).

Die modische Reduktion der Politik auf Zahlen und die exzessive Veröffentlichung politischer Umfragedaten sind ein wenig taugliches Mittel, um die latente „Vertrauenskrise" zwischen Politikern, Parteien und Wählern zu überwinden. Statt aufzuklären und das „politische Klima" zu rationalisieren und transparenter zu gestalten, verstärkt die öffentliche „Meinungsmagie" das bestehende Unbehagen an Stil und Praxis des politischen Geschehens. Da Versuche, die inflationäre Veröffentlichung politischer Umfragedaten gesetzlich einzuschränken, eine Vielzahl gravierender und unerwünschter Probleme mit sich bringen (*Rudolf,* 1980), bleibt als Ausweg aus der politischen „Zahlenmagie" nur der Appell an Politiker und Journalisten, mit der Veröffentlichung politischer Umfragedaten sparsamer und verantwortungsbewußter umzugehen, denn die Politikverdrossenheit ist auch eine „Zahlenverdrossenheit" (*Roper,* 1980).

3.2.4 Wahlkampfzirkus – die Stunde der Komödianten

Im Wahlkampf erreicht die „Pseudopolitik" ihren rituell-kalendarischen Höhepunkt. Während aus neueren Studien hervorgeht, daß rund siebzig Prozent der Bevölkerung bereits bei der Nennung des

Begriffes „Wahlkampf" negativ bis feindselig reagieren (*Wolf,* 1980), kreisen die Gedanken der Strategen in den Parteihauptquartieren mit „steriler Aufgeregtheit" (*Max Weber*) um die entscheidenden Monate vor dem Wahltag, die in normativen Theorien gern als „demokratischer Lernprozeß" bezeichnet werden.

Im Verlauf des Wahlkampfes soll den Wählern die Gelegenheit geboten werden, die programmatischen und sachpolitischen Unterschiede zwischen den konkurrierenden Parteien intensiver kennenzulernen und auf Grund dieser Informationen eine überlegte und „rationale" Entscheidung zu treffen. Die Verwirklichung dieses normativen Anspruchs scheitert nun in der Praxis nicht nur an den Parteien, sondern auch an den Wählern. Die wünschenswerte Differenzierung der parteipolitischen Standpunkte widerspricht der strukturellen Logik des Wahlkampfes. „Gerade Konkurrenz um dasselbe – nämlich um Zugang zu bestimmten Entscheidungskompetenzen – führt zu einer Angleichung und nicht zu einer Differenzierung der Strategien und Programmangebote." (*Luhmann,* 1975, S. 325). Die Parteien stehen unter dem strategischen Zwang, nur „mehrheitsfähige" Themen und Positionen zum Gegenstand ihrer Wahlkampfargumentation machen zu können, was einen Verzicht auf „unkonventionelle" bzw. „innovative" Standpunkte bedeutet. Da der Fundus mehrheitsfähiger Themen im allgemeinen begrenzt ist und sich die inhaltlichen Standpunkte der Parteien nur in Nuancen unterscheiden, beschränken sich die Wahlkämpfe in der Regel auf zwei oder drei zentrale Themen, die dramatisiert und zum Mittelpunkt der symbolischen Auseinandersetzung gemacht werden („bread and butter issues").

Die Sicht eines Wahlkampfes als „demokratischen Lernprozeß" überschätzt aber nicht nur die Differenzierungsfähigkeit der Parteien, sondern auch die Lernbereitschaft der Wähler. Ein Großteil der Bevölkerung verfolgt das politische Geschehen nur mit marginalem Interesse und tendiert eher dazu, die politischen Informationskosten zu senken,

Tabelle 37:
Politische Lernbereitschaft der Bevölkerung

	Politisches Interesse (vor Beginn des Wahlkampfes)	Politisches Interesse (am Höhepunkt des Wahlkampfes)
stark	11	23
durchschnittlich	42	32
kaum vorhanden	47	45

Quelle: Dr. Fessel + GfK, Wahlkampfanalysen *(1979)*

als Zeit, Energie und andere knappe Ressourcen in den politischen Prozeß zu investieren. Die politische „Lernbereitschaft“ der Bevölkerung kann als äußerst gering angesehen werden und steigt selbst in Wahlkampfzeiten nur geringfügig an.

Rund die Hälfte der Bevölkerung ist selbst im Wahlkampf nicht aktivierbar und steht dem politischen Geschehen beharrlich teilnahmslos und gleichgültig gegenüber, was die „didaktische“ Leistungsfähigkeit moderner Wahlkämpfe im Sinn eines demokratischen Lernprozesses weitgehend relativiert. „Again and again, one is led to the conclusion that election campaigns are better designed to serve the political parties, particularly the dominant ones, than to serve society or the voter.“ (*Katz,* 1972, S. 369).

Normative Ansätze tragen daher wenig zur Analyse der dominanten Funktionen moderner Wahlkämpfe bei. Analytisch reizvoller sind dagegen Versuche, die den symbolischen Charakter des modernen Wahlkampfzirkus in den Mittelpunkt ihrer Betrachtungen stellen und Wahlkämpfe als „periodische Erneuerungszeremonien“ und „rituelle Oppositionsspiele“ definieren, wie sie uns etwa die politische Anthropologie von „exotischen“ Gesellschaften berichtet (*Balandier,* 1976).

(1) Trotz einer beispiellosen technischen Perfektionierung der Wahlkampfführung, die sich als „politisches Marketing“ (*Kotler,* 1978) aller verfügbaren Instrumente der modernen Massenbeeinflussung und Verhaltenssteuerung bedient, reduziert sich der Wahlkampf im Kern auf archaische Rituale, die sich bereits in der Wahlwerbung antiker Republiken finden. Was heute als „Canvassing“ zum persönlichen Kontakt mit den Wählern führen soll, bezeichneten Politiker der römischen Republik als „Ambitus“ und unverzichtbare Strategie zur Gewinnung eines Senatssitzes. „Man ging auf Straßen und Plätze, auf denen sich ein Großteil des öffentlichen Lebens abspielte, drückte den Mitbürgern die Hand, sprach sie namentlich an und bat um ihren Beistand. Besuche von Haus zu Haus, Bemühungen und Empfehlungen, kurz alle möglichen Arten persönlicher Intervention vervollständigten den Ambitus.“ (*Sturminger,* 1960, S. 69). Symbolische und spielerische Formen, d. h. alles was heute als „Verquickung von Politik mit Unterhaltung“ bezeichnet wird, waren von Beginn an untrennbar mit Wahlkämpfen verbunden und bestimmten ihren rituellen Ablauf.

(2) Die zentrale Bedeutung der elektronischen Medien im Wahlkampfgeschehen und für die Wahlentscheidung in einer „Fernsehdemokratie“ (*Noelle-Neumann,* 1980c), haben die symbolischen und spielerischen Komponenten des Wahlkampfes verabsolutiert und die politischen Inhalte der symbolischen Form untergeordnet (*Goethals,* 1981). Die moderne „Pseudopolitik“ mit ihrer Betonung des spielerischen Unernsten, der atmosphärischen Details, irrelevanter Stilfragen und der komödiantischen Fähigkeiten der politischen Akteure, orien-

tiert sich nahezu ausschließlich an den „spielerischen Informationsbedürfnissen" der Bevölkerung. Die neuere Kommunikationsforschung, die sich primär mit den Motiven der Mediennutzung auseinandersetzt, hat den überzeugenden Nachweis geliefert, daß die zentralen Motive bei der Rezeption politischer Informationen großteils aus dem Bedürfnis nach „excitement, entertainment and relaxation" bestehen (*Blumler/McQuail,* 1968; *Blumler/Katz,* 1974). Die moderne „Pseudopolitik" kommt diesen Bedürfnissen diensteifrig entgegen und nimmt dabei selbst den drohenden Verlust politischer Seriosität und Ernsthaftigkeit in Kauf (*Bosshart,* 1979).

(3) Die künstliche Dramatik und Hektik moderner elektronischer Wahlkämpfe kumuliert im TV-Duell der Spitzenkandidaten, das mehr mit dem Endspiel eines Tennisturniers zu tun hat, als mit der argumentativen Konfrontation zweier Kanzlerkandidaten. Der Verlust der Diskursfähigkeit – ein bestimmendes Kennzeichen der elektronischen Mediengesellschaft – wird zum Höhepunkt des „demokratischen Lernprozesses" stilisiert und signalisiert allen kritischen Beobachtern die Verwandlung des Politikers zum Komödianten in der elektronischen Zirkusarena. Da die Situation keinen Diskurs zuläßt und die Protagonisten wissen, daß Showeffekte nicht nur erwartet werden, sondern über Sieg oder Niederlage bestimmen, fügen sich die Beteiligten in das Ritual der Selbstdarstellung und simulieren den Diskurs durch kunstvolles Aneinandervorbeireden (*Chaffee,* 1980).

(4) Der elektronische „Wahlkampfzirkus" lebt aber nicht nur von den komödiantischen Fertigkeiten seiner politischen Hauptakteure, sondern hat sich in den politischen TV-Spots eine eigenständige symbolische „Kunstform" geschaffen, die einer unverwechselbaren Dramaturgie gehorcht (*Joslyn,* 1980). Das technische Raffinement der elektronischen Werbespots schafft es, die erhebliche Komplexität des politischen Geschehens auf wenige optische Signale zu verkürzen und mit einigen Kameraeinstellungen nicht nur den symbolischen Kern der Politik zu treffen, sondern auch das Wahlverhalten unkritischer Adressaten zu beeinflussen, die die propagandistische „Pseudorealität" dann als „objektive" Wirklichkeit wahrnehmen (*Spero,* 1980).

(5) Die Regeln der „Pseudopolitik" beherrschen aber nicht nur das elektronische „Medienspektakel", sondern auch das konventionelle Arsenal der politischen Werbung. Die Kommerzialisierung der politischen Werbung, ihre Angleichung an die Semiotik der Konsumgüterwerbung und an die affektive „Reizsprache" der kommerziellen Werbung mag als intellektuelles Ärgernis erscheinen, verfolgt aber ein strategisches Kalkül. Die Botschaften der modernen politischen Werbung sind nicht an die Minorität informierter und kritischer Wähler adressiert, sondern richten sich bewußt an die Mehrheit der Desinteressierten und Apathischen, die gerade durch ihre Passivität leichter

beeinflußbar ist (*Rothschild,* 1978). Der „demokratische Lernprozeß“ degeneriert so zu einem Reiz-Reaktions-Schema und verstärkt mit jeder Kampagne die zunehmende Politikmüdigkeit des frustrierten Publikums (*Patterson,* 1980).

(6) Der Wahlkampfzirkus benötigt aber die wohlwollende Assistenz der Medien und Journalisten, die die Bühne aufbauen und für eine effektvolle Beleuchtung zu sorgen haben. Wenn es auch erste Anzeigen dafür gibt, daß die Journalisten, Moderatoren und Kameraleute von diesen Hilfsdiensten allmählich genug bekommen und spürbar frustriert sind (*Ostroff,* 1980), bleiben sie doch Gefangene der Sachzwänge des „politischen Starsystems“, das sie selbst geschaffen und medial perfektioniert haben (*Luger/Fabris,* 1981).

Politik als Ritual und Theater ist der Hintergrund des „videomalaise syndrome“ (*O'Keefe,* 1980), das die politische Kultur „elektronischer“ Gesellschaften tiefgreifend verändert hat und zur spürbaren Politikverdrossenheit und Politikmüdigkeit weiter Bevölkerungskreise entscheidend beigetragen hat. Ob der Siegeszug der „Pseudopolitik“ noch aufgehalten werden kann oder ob wir uns von den traditionellen Inhalten unserer „politischen Kultur“ endgültig verabschieden müssen, führt in den Bereich der Spekulation und kann gegenwärtig noch nicht beantwortet werden, wenn auch vieles auf das Entstehen einer völlig „neuen“ politischen Kultur hindeutet.

3.2.5 Die elektronische Kulturrevolution: von der Unwirklichkeit der Politik

Im Gegensatz zu den Vereinigten Staaten, in denen die Konsequenzen der „elektronischen Kulturrevolution“ durch das Medium Fernsehen bereits frühzeitig zum Gegenstand wissenschaftlicher Diskussionen und Analysen geworden sind, werden in Österreich erst zaghaft die gewaltigen Veränderungen der politischen Kultur und des politischen Prozesses zur Kenntnis genommen. Was *Marshall McLuhan* futuristisch über die elektronische Zukunft der politischen Kultur anmerkte, wird in Österreich erst allmählich als „neue“ Wirklichkeit der Politik wahr- und ernstgenommen; „Anstelle der Parteien haben wir jetzt das Bildsymbol, das umfassende Leitbild, anstelle eines politischen Standpunktes die umfassende politische Haltung, statt des Produkts den Prozeß.“ (*McLuhan,* 1970, S. 310).

Der erstaunliche „time lag“ in der Akzeptanz des politischen Kulturwandels (der in Österreich bereits Ende der sechziger Jahre stattgefunden hat) ist vereinfacht auf zwei Faktoren[5] zurückzuführen:

---

[5]) Erstaunlich ist auch die geringe Sensibilität gerade der deutschsprachigen Sozialwissenschaften für die „elektronische Kulturrevolution“. Mögliche Ursachen dafür lie-

(1) Die Verantwortlichen in den elektronischen Medien sind aus naheliegenden Gründen wenig an einer öffentlichen Diskussion des politischen „Machtfaktors“ Fernsehen interessiert. Im Bemühen, ihre Anstalt aus einer politischen Diskussion herauszuhalten, verschanzen sich die Fernsehverantwortlichen hinter den gesetzlichen Auflagen eines öffentlich-rechtlichen Unternehmens und versuchen dabei den Eindruck zu erwecken, als ob die gesetzliche Verpflichtung zur Objektivität das elektronische Macht- und Einflußpotential bereits ausreichend neutralisiere. Dabei wird mit einem spürbaren „understatement“ die Medienmacht verharmlost und mit einem gewaltigen Forschungsaufwand der empirische Nachweis geführt, daß das Medium keinen nennenswerte Einfluß besäße. In einer Mischung aus verständlicher Angst, noch stärker in die Mühlen der parteipolitischen Auseinandersetzung zu geraten und zum Teil aus Routine und redaktionellen Vorlieben, die man nur ungern überdenken oder gar ändern möchte, unterspielt das Medium seine gesellschaftliche Machtposition und kultiviert seine Rolle als „wertfreies“ Dienstleistungsunternehmen.

(2) Die Politiker und Parteien – als die unmittelbar Betroffenen der elektronischen „Kulturrevolution“ – haben die Veränderungen der politischen Kultur zunächst verdrängt oder nicht zur Kenntnis genommen. Solange die Versammlungslokale noch gut besucht waren, das Wählerpotential auf Zuruf mobilisierbar erschien und der nächste Wahlsieg zum Greifen nahe war, gab es für die Parteien wenig Grund, ihre öffentliche Selbstdarstellung zu ändern und Form und Stil ihrer Politik medialen Standards unterzuordnen. Nur wenige Politiker spürten frühzeitig die ungeahnten Einflußmöglichkeiten dieses neuen Mediums und bauten es in ihr – erfolgreiches – Kalkül ein. Unter allen Attributen, die dem amtierenden Bundeskanzler von der politischen Journalistik zugesprochen wurden, dürfte das Prädikat „Fernsehkanz-

gen unter anderem in: Generationsproblemen: die meisten Wissenschafter haben ihre politische Sozialisationsperiode noch in einer „fernsehlosen“ Zeit absolviert und beziehen nach wie vor den Großteil der eigenen politischen Information aus den Printmedien; Forschungslogischen Problemen: der Empirismus der Wirkungsforschung hat den Wirkungsbegriff auf die zur Verfügung stehenden Meßmethoden eingeengt und den kulturellen Kontext des Mediums aus den Augen verloren; Forschungsstrategischen Problemen: speziell in Österreich war die Politische-Kultur-Forschung beinahe ein Jahrzehnt lang mehr oder weniger auf den formalen Aspekt der politischen Kultur (Konkordanzdemokratie, Sozialpartnerschaft) beschränkt, zudem tendiert die Verbindung traditionell starker kulturpessimistischer Strömungen mit einem neuerwachten, geradezu „nostalgischen“ Interesse an bestimmten Phänomen der ausgehenden Donaumonarchie und der ersten Republik, zu einer Konzentration der Aufmerksamkeit auf die Vergangenheit der politischen Kultur.

ler" das einzig empirisch abgesicherte sein. Für zahlreiche andere Politiker aber blieb das Medium Fernsehen noch bis in die Mitte der siebziger Jahre ein „elektronisches Versammlungslokal", dessen einziger Vorteil die Reichweite und Anzahl der Adressaten war.

Das seltsame Mißverständnis dieser neuen Form medialer Selbstdarstellung wird von manchen Politikern sogar heute noch kultiviert bzw. hat seine Ursache in simplen Terminproblemen, die dazu führen, daß der durchschnittliche Politiker selbst kaum Zeit findet, Politik am Fernsehschirm zu konsumieren (*Radunski,* 1979). Erst in den letzten Jahren ist auch in Österreich das Problem der „television personality" zum zentralen Thema der Parteistrategen geworden und die Beherrschung der Eigengesetzlichkeiten dieses Mediums zum „mystischen" Geheimnis des politischen Erfolgs.

Die Rasanz und Dynamik des politischen Kulturwandels kann dabei ohne große Mühe an einer (trivialen) Statistik abgelesen werden, die über die Ausstattung der österreichischen Haushalte mit einem TV-Gerät Aufschluß gibt.

Tabelle 38:
Entwicklung des TV-Besitzes von 1965–1980

Jahr	1965	1967	1969	1971	1973	1975	1978	1980
Haushalte mit TV (in %)	30	43	55	70	82	85	92	91

Quelle: (*Diem,* 1980, S. 17)

Die wichtigste politische Informationssendung „Zeit im Bild" wird mittlerweile im Durchschnitt täglich von rund 2,6 Millionen Österreichern gesehen. Der Prozentsatz der österreichischen Wahlberechtigten, die täglich mit einer visuellen Aufbereitung des politischen Geschehens konfrontiert werden, hat sich in den letzten zehn Jahren nahezu verdoppelt.

Tabelle 39:
Reichweite von „Zeit im Bild" im Zeitverlauf

Rezeption ZIB	1971	1981
täglich	27	44
mehrmals in der Woche	35	36
seltener	16	13
(fast) nie	22	7

Quelle: Dr. Fessel + GfK, Politische Umfragen *(1971/81)*

Das Fernsehen ist aber nicht nur durch seine öffentlich-rechtliche Konstruktion ein „Monopolbetrieb", sondern besitzt mittlerweile auch ein politisches „Informationsmonopol", das durch die hohe Glaubwürdigkeit, die die televisionäre Berichterstattung in den Augen der Bevölkerung genießt, von anderen Informationsmedien nicht einmal mehr ansatzweise „durchbrochen" werden kann.

Tabelle 40:
Das politische „Informationsmonopol" des Fernsehens

	Fernsehen	Tageszeitung	Radio
Es informieren sich über das politische Geschehen in Österreich in erster Linie durch...	62	27	15
Es halten für politisch besonders glaubwürdig...	66	17	27

Quelle: Dr. Fessel + GfK, Politik und Kommunikation *(1981)*

Das politische „Informationsmonopol" des Fernsehens wird auch – entgegen der wohlmeinenden medientheoretischen „Schutzbehauptung", nach der die Druckmedien zu einer kognitiven Verdichtung und Relativierung der politischen Fernsehberichterstattung beitragen – nur von einer bestimmten Schicht der Bevölkerung durch das Lesen der innenpolitischen Berichterstattung in den Tageszeitungen ansatzweise „aufgelockert". Nur 26 Prozent der Wahlberechtigten lesen – nach eigenen Angaben – täglich die innenpolitische Berichterstattung in einer Tageszeitung. Es handelt sich dabei um einen Personenkreis, der bereits durch seine überdurchschnittlich qualifizierte Ausbildung, kommunikative Offenheit und Erfahrung bei der Verarbeitung von Informationen, gegenüber dem televisionären Einflußpotential hinreichend resistent sein sollte. Der Großteil der Wähler dagegen befriedigt

Tabelle 41:
Regelmäßige Leser der innenpolitischen Berichterstattung in Tageszeitungen

	Regelmäßige Leser (in %)
Wahlberechtigte (insgesamt)	26
Basale Ausbildung	16
Berufs- oder Fachschule	32
Matura/Akademiker	51

Quelle: Dr. Fessel + GfK, Politik und Kommunikation *(1981)*

sein politisches Interesse bei der abendlichen Konsumation der Sendung „Zeit im Bild" und gibt beim Studium der morgendlichen Tageszeitung den Sparten Lokales oder Sport den Vorzug vor der Politik – sofern diese im redaktionellen Angebot überhaupt noch nennenswert in Erscheinung tritt.

Das politische „Informationsmonopol" des Fernsehens scheint dabei noch weiter „ausbaufähig" zu sein. Im harten Konkurrenzkampf der Tageszeitungen um Leser und damit Inserenten, dürften sich die notwendigen Rationalisierungsmaßnahmen nicht nur in technologischen Umstrukturierungen auswirken, sondern auch in weiteren Einsparungen „unproduktiver" Sparten, wie der politischen Berichterstattung, ihren Niederschlag finden. So wird sich der restriktive Einfluß des Fernsehens auf das politische Informationsverhalten in nächster Zukunft eher verstärken und durch den ökonomischen Konkurrenzkampf am „freien" Medienmarkt ungewollt begünstigt werden.

Tabelle 42:
Der restriktive Einfluß des Fernsehens auf das politische Informationsverhalten

in Prozent	Personen, die ihre politischen Informationen in erster Linie... aus dem Fernsehen beziehen	aus Tageszeitungen beziehen
lesen nur sporadisch die innenpolitische Berichterstattung in einer Tageszeitung	54	15
lesen nie Informationsmaterial von politischen Parteien	63	49
lesen nie eine politische Zeitschrift oder Wochenzeitung	84	65

Quelle: Dr. Fessel + GfK, Politik und Kommunikation *(1981)*

Die mediale Information über die politische Wirklichkeit wird so für den Großteil der Bevölkerung immer mehr auf die tägliche Konsumation von „Zeit im Bild" reduziert, wo eine dramatische „Nachrichtenshow" im Sekundenraster abläuft. Rasche Ereignisabfolgen, zeitökonomische „Signalsetzung" und subtile Methoden der „optischen Kommentierung" (*Kepplinger,* 1980) führen dazu, daß eher oberflächliche Eindrücke, sozusagen ein Schein von Informiertheit, haften bleiben; zur Herstellung von übergreifenden Zusammenhängen und zur kognitiven Verarbeitung der Information kommt es im Regelfall gar nicht mehr.

Es gibt aber auch schon erste Anzeigen, daß die künstlich-sterile Aufgeregtheit des politischen TV-Rituals in ihrer dramatisierten

Tagesroutine zu einer „affektiven Erschöpfung" der Zuseher führt: „People are deluged, day after day, with important and trivial news, most of which is touted as ‚important'. The constant crisis atmosphere numbs the interest and creates jaded boredom." (*Graber,* 1980, S. 143). Diese Entwicklung, wie sie sich in Ansätzen bereits in den Vereinigten Staaten abzeichnet, würde den restriktiven Einfluß des Fernsehens bis zum absurden Finale steigern: Nach der optischen Verkürzung der politischen Wirklichkeit auf standardisierte Ereignisabläufe und der weitgehenden Austrocknung der „klassischen" politischen Informationskanäle (Zeitungen, Parteiinformationen und -veranstaltungen) wäre der letzte und konsequente Schritt demnach die Erzeugung von Langeweile und Desinteresse bei den Zusehern – mit der Folge gesteigerter Politikmüdigkeit und politischer Teilnahmslosigkeit. *Manheim* (1976) schließt hier mit der Frage: „Can Democracy Survive Television?"

Die politische Sozialisationsinstanz „Fernsehen" hat so die politische Kultur, insbesondere das „Alltagsverständnis" von Politik der „Fernsehgeneration" wesentlich beeinflußt (*Atkin/Gantz,* 1980)[6]. Als *Jürgen Habermas* (1962) in seiner – mittlerweile klassischen – Arbeit zum Strukturwandel der Öffentlichkeit über die „wahlperiodische Neuinszenierung einer politischen Öffentlichkeit" klagte, war das Ausmaß der „elektronischen Kulturrevolution" noch kaum abzusehen. Mittlerweile wird diese Öffentlichkeit allein in Österreich täglich für rund 2,6 Millionen Zuseher inszeniert, ohne daß den politischen Akteuren ihre Auswirkungen auf die politische Kultur allzu bewußt sein dürfte.

3.3 Parteien und sozialer Wandel

Das politische System Österreichs in der zweiten Republik hat über Jahrzehnte hinweg eine Sonderstellung unter den europäischen Demokratien eingenommen. Seine hohe partei- wie verbandspolitische Organisationsdichte, die teilweise Ausgliederung wirtschafts- und sozialpolitischer Entscheidungen aus dem Parlament und eine zwanzigjährige große Koalition haben es zunächst zum Muster- und Extrembeispiel einer Konkordanzdemokratie mit ausgeprägten korporatistischen Zügen gemacht; die „Ultrastabilität" des historischen Kompromisses zwischen den beiden großen Lagern ist dann – nach einem vier-

[6]) Weitergehende Aussagen über die politische Sozialisation der „Fernsehgeneration" sind allerdings nur selten genügend empirisch abgesichert, da umfassende Forschungsprogramme zum Einfluß der „TV-Wirklichkeit" auf das Entstehen politischer Werthaltungen und Einstellungsmustern erst ansatzweise in Angriff genommen werden (Zängle, 1978).

jährigen Zwischenspiel christdemokratischer Alleinregierung – durch eine nicht minder stabile Periode sozialdemokratischer Dominanz abgelöst worden.

Die inzwischen eingetretenen Veränderungen in Sozialstruktur und Wertesystem – selbst wenn sie im Regelfall verhältnismäßig gleichförmig und noch ohne deutliche Bruchstellen verlaufen sind – bleiben freilich auch in Österreich nicht ohne Auswirkungen auf das System politischer Interessenartikulation und Vertretung. Dies mag im ersten Moment verwundern, haben doch Faktoren wie Organisationsdichte, sozialpartnerschaftliche Konfliktregelung und hohe Wahlbeteiligung kaum abgenommen; in Teilbereichen sogar noch eine Verstärkung erfahren. Zu fragen bleibt freilich, inwiefern sich hinter der Stabilität der Formen nicht wesentliche Veränderungen in der Qualität politischer Handlungsfähigkeit und Folgebereitschaft verbergen.

3.3.1 Von der Lagerpartei zur Volkspartei

Einer der bedeutsamsten Aspekte des sozialen Wandels im letzten Jahrzehnt ist die sukzessive Auflösung traditioneller Bindung in sozialer wie in politisch-weltanschaulicher Hinsicht. Zum einen nehmen die alten Trägergruppen der beiden großen Lager (Bauern, Gewerbetreibende, Industriearbeiter) in absoluten Zahlen ab; neue soziale Schichten entstehen bzw. gewinnen an Stärke wie an Bedeutung. Neben den traditionellen Sozialgruppen etablieren sich die „neuen Mittelschichten“, die etwa 20 bis 25 Prozent der Bevölkerung umfassen, und zu denen in erster Linie ein Teil der Angestellten- und Beamtenschaft sowie „Aufsteiger“ aus dem Arbeitermilieu zählen (dazu *Dr. Fessel + GfK,* Sozialstruktur und Bewußtsein, 1979, *Dr. Fessel + GfK,* Neue Mittelschichten in Österreich, 1978, sowie *Plasser/Ulram,* 1981a).

Die alten soziostrukturellen Trennungslinien werden so unschärfer bzw. durch andere ersetzt: Etwa jeder fünfte Österreicher rechnet sich selbst zum „neuen Mittelstand“ bzw. zu den „neuen Mittelschichten“[7]; unter den Angestellten sind es an die 40 Prozent; von den Facharbeitern immerhin noch zweiundzwanzig und von den Arbeitern achtzehn Prozent (*Dr. Fessel + GfK,* Neue Mittelschichten, 1978). Die Parteibindung dieser Sozialgruppe ist dabei relativ schwach ausgeprägt: trotz eines überdurchschnittlichen Interesses an politischen

[7]) Die genannten Zahlen gelten im Falle des Vergleiches zwischen „neuem Mittelstand/neuen Mittelschichten“ und den klassischen Sozialgruppen. Fragt man nur nach der Zugehörigkeit zur Mittelschicht/zum Mittelstand, so ordnen sich zwischen zwei Drittel und drei Viertel der Befragten dieser Gruppe zu; Daten nach Dr. Fessel + GfK, Neue Mittelschichten in Österreich, 1978.

Angelegenheiten halten sie eher wenig von formaler Mitgliedschaft und konstanter Stimmabgabe für ein- und dieselbe Partei.

Zum anderen verblassen überhaupt die früheren, umfassenden, ideologisch, weltanschaulich oder religiös motivierten, gesellschaftlichen und politischen Deutungsmuster. Von dieser Entwicklung werden die Kirchen – insbesondere die katholische, der ja rein statistisch gesehen an die 85 Prozent der österreichischen Bevölkerung angehören – ebenso betroffen wie die politischen Subkulturen: Die „offiziellen" Moral- und Lebensvorstellungen der Amtskirche finden immer weniger praktische Resonanz, Lagermentalität wie -bindungen unterliegen einem ständigen Erosionsprozeß.

Dementsprechend orientieren sich politische Sympathie, Wahlverhalten und Parteimitgliedschaft in zunehmend geringerem Ausmaß am Gefühl der Zugehörigkeit zu einer bestimmten sozialen Klasse oder einer ideologischen „Gesinnungsgemeinschaft"[8]. Die angeblich „natürliche politische Heimat" dieser oder jener gesellschaftlichen Gruppe wird von politisch-bürokratischen Dienstleistungsunternehmen abgelöst, denen man sich aufgrund ihres werbemäßigen Images, ihrer Produktpalette oder auch nur zwecks kurzfristiger Interessenbefriedigung anvertraut: Faktoren wie die Persönlichkeit des Spitzenkandidaten, das allgemeine Erscheinungsbild einer Partei, die Einschät-

Tabelle 43:
Veränderungen in der Wählermotivation 1977–1981

in Prozent	1977	1979	1981
von *allen Wählern* sind			
kandidatenorientiert	40	46	48
parteiorientiert	54	50	47
von den *mobilen Wählern* sind			
kandidatenorientiert	41	46	51
parteiorientiert	54	51	45

Quelle: Dr. Fessel + GfK, Politische Umfragen *(1977, 1979, 1981)*

[8]) Die Situation stellt sich für die FPÖ aufgrund ihrer wesentlich geringeren Organisationsdichte, ihres starken Charakters als „Honoratiorenpartei" und ihres breiten – vom Rechtsradikalismus bis zu einzelnen linksliberalen Tendenzen reichenden – Spektrums anders dar. Die FPÖ als „etablierte Protestpartei" mit unsicherem Anhang ist zudem für ein hohes Ausmaß an politischem Opportunismus bzw. Pragmatismus geradezu prädestiniert, will sie die Funktion eines „Züngleins an der Waage" einnehmen. Wo dabei im einzelnen die Grenzen zwischen notwendiger Flexibilität und genereller politischer Unzuverlässigkeit wie reinem Opportunismus liegen, ist eine Frage, die in diesem Zusammenhang nicht beantwortet werden kann, die aber etwa im Zuge des AKH-Skandals und seiner Folgen für das Bild der Parteien in der Öffentlichkeit nicht unerhebliche Konsequenzen hat.

zung konkreter persönlicher Vor- und Nachteile treten in den Vordergrund. Die parteipolitische Entwicklung wird so – abseits aller Wahlerfolge der einen oder anderen Partei – von zwei konstanten Prozessen begleitet: die *Wählerschaft gewinnt an Flexibilität* und die *soziale Struktur der Wähler beider Großparteien gleicht sich* zusehends *an.*
Trotz nach wie vor vorhandener Wähler- und Mitglieder„stämme" geht die Tendenz in die Richtung von „Allerwelts"parteien bzw. „Catch-them-all-parties" (dazu kritisch *Horner,* 1981) – wie auch aus Tab. 44 abzulesen ist.

Beinahe noch gravierender als der Motivationswandel unter der Wählerschaft ist freilich die Veränderung in der Motivation und im Selbstverständnis der Parteimitglieder. Der ideologisch-politisch begründete Charakter der Mitgliedschaft geht zurück und wird auch nicht mehr durch die Sozialisationsfunktionen der Subkulturen gestützt, weil diese – soweit überhaupt noch vorhanden – ihrerseits an politischem Gehalt verlieren. Wie *Stirnemann* (1980) für die ÖVP festhält und wie parteiinterne (*Cap/Pelinka,* 1982) und -externe Beobachter in ähnlicher Weise für die SPÖ feststellen, nehmen offene innerparteiliche Diskussionen auf den unteren Organisationsebenen ebenso ab wie das „Leben in den Sektionen" zunehmend verödet. Versuchen seitens des Funktionärskorps, dieser Entwicklung durch eine verstärkte Einbindung der Mitglieder in soziale und kulturelle Veranstaltungen entgegenzuwirken, ist offensichtlich nur wenig Erfolg beschieden. Als gleichermaßen erfolglos erweisen sich aber auch diverse Anläufe einer „von oben" initiierten Programm- und Ideologiediskussion – trotz des starken publizistischen Trommelfeuers, mit dem sie insbesondere von den Parteimedien (die freilich laufend an Lesern verlieren) begleitet werden.

Was die Parteimitglieder mit „ihrer" Gemeinschaft verbindet ist also nur zu einem – und zwar zurückgehenden – Teil eine wie auch immer geartete politische Gesinnung, sondern immer mehr schlichtes soziales und wirtschaftliches Kalkül: angesichts der weitgehenden Durchdringung des öffentlichen und wirtschaftlichen Lebens durch die Parteien erscheint es dem Einzelnen angezeigt, sich rückzuversichern; pragmatische Kosten-Nutzen-Abwägungen, wenn man will: blanker politischer Opportunismus[9] stehen auf der Tagesordnung.

---

[9]) Was natürlich zum Teil eine realistische Reaktion auf den tatsächlichen Einfluß der Parteien auf die Vergabe von materiellen Vorteilen und Sozialchancen darstellt. Dennoch läßt sich eine erhebliche Tendenz zur „Überanpassung" nicht leugnen.

Tabelle 44:
Berufsmilieu der SPÖ- und ÖVP-Wähler

Berufsmilieu der ÖVP-Wähler

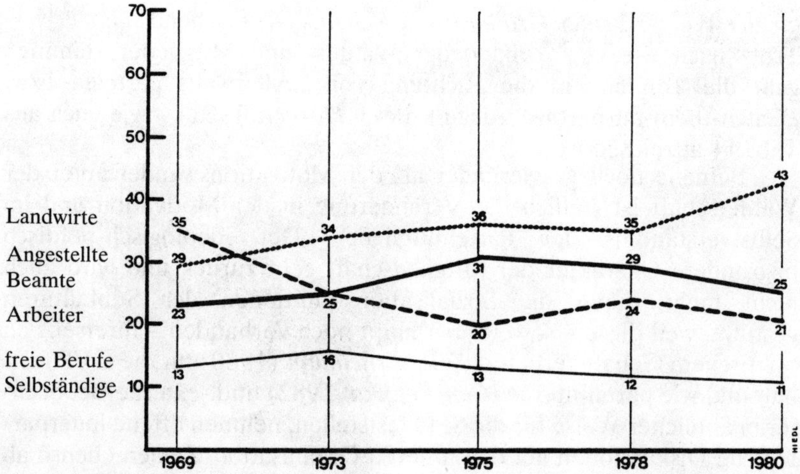

Berufsmilieu der SPÖ-Wähler

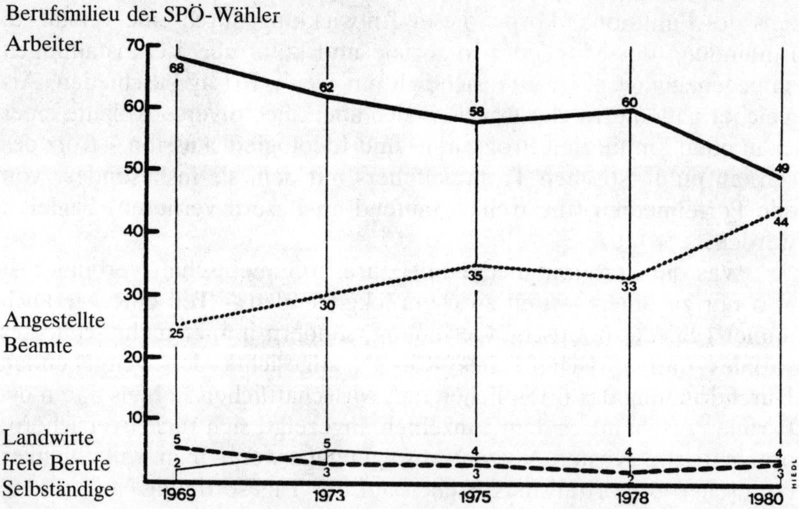

Quelle: Dr. Fessel + GfK, Politische Umfragen *(1969–1980)*

Tabelle 45:
Parteieintrittsmotivationen (Auswahl)

in Prozent	Gesamtbevölkerung über die anderen	Parteimitglieder über die anderen	Parteimitglieder über sich selbst
berufliche Vorteile	78,6	78,1	36,6
Wohnung bekommen	72,0	70,9	24,5
Familientradition	50,1	60,0	52,7
Verwirklichung eigener politischer Ideen	48,9	56,7	40,8
Verbundenheit mit weltanschaulicher Position	48,2	60,5	64,0

Quelle: Deiser/Winkler, 1981 (Mehrfachnennungen möglich)

Dementsprechend gering schätzt man die Mitarbeit in einer Partei als Mittel politischer Beteiligung und Interessendurchsetzung. Im Zentrum des Interesses stehen hier vielmehr verschiedene Formen direkter Demokratie bzw. Sonderinstitutionen wie der Ombudsmann oder die Massenmedien; für einzelne Gruppen – wie politische Apathische, Frauen und Jugendliche – läßt sich auch eine Präferenz für die Teilnahme an Bürgerinitiativen nachweisen (*Deiser/Winkler*, 1981, sowie *Deiser/Winkler*, 1981 – *Sonderauswertung*).

Tabelle 46:
Partizipationsformen im Urteil der Österreicher (Auswahl)

in Prozent	der Verweigerung	Bereitschaft	aktiven Teilnahme
1. Volksabstimmung teilnehmen	12,5	22,1	65,3
2. über politische Probleme sprechen	26,8	17,4	55,7
3. an Volksbefragung teilnehmen	27,3	42,9	29,8
4. ein Volksbegehren unterstützen	29,4	49,4	21,1
5. Unterschriften leisten	33,4	46,4	20,3
6. in Bürgerinitiative mitmachen	36,2	55,8	8,0
7. Ombudsmann aufsuchen	35,9	57,9	6,3
12. einen Politiker aufsuchen	48,4	23,4	12,3
18. einer politischen Partei beitreten	57,2	12,9	10,2
28. an Parteischulung teilnehmen	70,5	19,7	9,8
33. in Partei aktiv mitarbeiten	73,1	14,3	12,6
41. ein Amt in Partei übernehmen	83,2	9,8	7,0

Quelle: Deiser/Winkler, 1981, S. 22/23

3.3.2 Verkrustete Kommunikationswege und plebiszitärer Führungsstil

Etwas anders stellt sich die Situation für die unteren und mittleren Funktionärskader dar, deren Rekrutierung und Sozialisation – trotz gewisser Einschränkungen – nach wie vor in hohem Ausmaß über die traditionellen Institutionen der politischen Subkultur führt (*Konečny,* 1980; *Stirnemann,* 1981; *Pelinka,* 1974). Das Funktionärskorps weist so einen verhältnismäßig hohen Grad an weltanschaulich-lagerbezogener Bindung bzw. eine enge Verflechtung mit den beruflichen Interessenvertretungen und diversen Verwaltungsbürokratien auf. Fraglich ist dabei allerdings, inwieweit diese „Zwischenschicht" tatsächlich eine authentische Vermittlung von Wünschen und Bedürfnissen des (schweigenden) Fußvolkes zur davon abgehobenen Führungsschicht darstellt, oder ob sich hier nicht eine Gruppe mit starken politisch-sozialen Eigeninteressen bzw. als Vertreterin externer Verbandinteressen etabliert hat. Als Extrembeispiel für die letztere Entwicklung steht etwa die sozialistische Parteiorganisation der Bundeshauptstadt Wien, die durch ihre jahrzehntelange intensive Verbindung mit dem Verwaltungsapparat de facto weit eher zu einem Sprachrohr der Rathausbürokratie denn zu einer Vertreterin von Bevölkerungsinteressen oder zu einem politischen Kontrollorgan der Administration geworden ist (dazu genauer *Ulram,* 1978a).

Alles in allem kommt es zu einer Abkoppelung der Parteiführung von den Interessen, der Problemsicht und den Meinungen der Basis, sei es durch die „Verkrustung der Kommunikation von unten" (*Stirnemann,* 1980), durch die fortschreitende Zentralisierung der politischen Willensbildung (*Gerlich,* 1978a; *Steiner,* 1972) oder durch die ausgeprägten Sonderinteressen eines Teils der Funktionärskader.

Diese zunehmende Abnabelung der politischen Entscheidungsträger von der Bevölkerung wird schließlich durch einige autonome Entwicklungstendenzen (in) der politischen Elite selbst verstärkt. Hier ist einmal ihre starke Medienorientierung zu vermerken, die zu einem wesentlichen Bedeutungsanstieg der Journalisten als Vermittler und Filter von politischer Information und von politischem „Image" führt. Es bildet sich eine eigene politisch-journalistisch-administrative Subkultur – man könnte auch sagen: ein gegenseitiges Interessenkartell von Politikern, Journalisten und Spitzenvertretern aus Verwaltung und Interessenverbänden – heraus, deren Repräsentativität und tatsächlicher Basiskontakt aber durchaus fragwürdig erscheinen (siehe etwa *Ucakar/Gerlich* 1981 über das Informationsniveau der Parlamentsjournalisten). Eine weitere Verstärkung erfährt diese Tendenz zudem durch die endgültige Etablierung des Berufspolitikertums[10] (*Gerlich/Kramer,* 1969; *Pelinka,* 1979; *Gerlich,* 1978b), was seinerseits einen Verlust an konkreter sozialer Lebenserfahrung „derer da oben" und damit vielfach eine Abnahme von Sensibilität für die Probleme, Interessen und Ansichten von „denen dort unten" mit sich bringt[11].

Die politische Führung versucht natürlich, dieser Einschränkung an unmittelbarem Basiskontakt, an Information und an (früher) subkulturell vermittelter Legitimität entgegenzuwirken. Dies geschieht in der Regel auf zweierlei Wegen: Zum einen betont man plebiszitäre Formen der persönlichen Bestätigung und der Legitimation (zumeist konfliktträchtiger) politischer Entscheidungen; eine Vorgangsweise, die noch durch die stark personalisierende Berichterstattung der Massenmedien und die relativ breite Vorliebe der Bevölkerung für plebiszitäre Arten der direkten Demokratie (*Deiser/Winkler,* 1981) gefördert wird.

Zum anderen kommt es zum Aufbau von Stabsstellen bei den Parteizentralen sowie zur Verfestigung der Einflußzonen seitens der Verbandseliten (und ihrer machtpolitisch abgesicherten Expertisen[12]), der staatlichen und parastaatlichen Spitzenbürokratien und des politisch verankerten Managements – vor allem der öffentlichen Unternehmungen. Obwohl es auch unter ihnen „Anwälte" für unterprivilegierte Interessen, Vordenker künftiger Entwicklungen und Verständnis für die „neuen Werte" gibt, so liegt der Schwerpunkt ihres Problem- und Interessenhorizontes doch anderswo. Das gilt insbesondere für die großen Interessenverbände und ihre technokratischen Stäbe (Gewerkschaft, Kammern, Industriellenvereinigung und Agrarbürokratie), die relativ uneingeschränkt die Anliegen ihrer organisierten Großgruppen verfolgen. Hier dominieren eindeutig materielle Zielsetzungen sowie eine globale Orientierung an wirtschaftlichem Wachstum, technokratisch-administrativen Problemlösungsmustern und an der Erhaltung der eigenen Machtpositionen. Gerade die Verbände beziehen ja ihre –

---

[10]) Als beispielhaft kann hiefür die Zunahme der politischen Sekretärskarrieren, also die völlige Verschmelzung von beruflicher und politischer Laufbahn wie Erfahrungshorizonten angesehen werden.

[11]) Als Indikator dafür mag die weitverbreitete Verständnislosigkeit der Betroffenen zum Themenkomplex Politikereinkommen dienen.

[12]) Der steigende Stellenwert von „Experteninformation" – jedenfalls soferne diese Experten auch eine entsprechend „starke" und „interessierte" Institution hinter sich haben – ist natürlich auch eine Folge zunehmender Komplexität politischer Entscheidungen wie der starken bzw. oft noch wachsenden politischen Penetration von Wirtschaft und sozialem Leben. Im Gegensatz zur Verbandsexpertise scheint der Einfluß „unabhängiger" Experten und der Meinungsforschung in der öffentlichen Diskussion eher überschätzt zu werden. Diesen kommt vielfach eher die Funktion der Legitimierung an sich schon getroffener Entscheidungen bzw. der Imagebildung, der termingerechten Plazierung von Themen sowie der Planung von Wahlkämpfen zu (vgl. Ulram, 1979a).

im übrigen nach wie vor relativ unangefochtene (*Deiser/Winkler*, 1981) – Legitimation primär aus der Verfolgung materiell definierter Interessen im Wirtschafts- und Sozialbereich; ihre zentralistische und stark hierarchisierte Organisationsstruktur trägt das übrige dazu bei, ein versuchtes Vordringen von „postmateriellen“ Werten und Vertretern alternativer Interessen abzublocken[13].

3.3.3 Herausforderung oder Krise?

Offenkundig zeigen sich ebenso Gemeinsamkeiten wie gegenläufige Tendenzen in den Hauptlinien des sozialen Wandels und in der Entwicklung des Parteiensystems. Im Bereich des Wertesystems dominieren zwar nach wie vor – jedenfalls was die überwiegende Mehrheit der in den traditionellen Sektoren, aber auch der im Dienstleistungssektor Tätigen betrifft – materielle Zielsetzungen und eine starke Sicherheitsorientierung; sie werden jedoch zunehmend durch einen Bedeutungsanstieg der „kleinen Lebenswelt“ und bestimmter qualitativer Werte ergänzt. Es handelt sich also nicht um einen grundlegenden Wertwandel, sondern um eine Erweiterung des Wertespektrums und um die Ausprägung eines Wertepluralismus. Letzterer impliziert die Auflösung kohärenter „Weltbilder“ und ideologischer Deutungssysteme ebenso wie die Möglichkeit einer legitimen Koexistenz divergierender Wertvorstellungen – sei es zwischen sozialen Gruppen, sei es zwischen den verschiedenen Lebensphasen und -bereichen eines Individuums: an die Stelle einer umfassenden Lebensorientierung und einer (im Extremfall) lebenslangen Anhängerschaft an eine politische Kraft treten vermehrte Flexibilität im politischen Verhalten und ein Nebeneinander politischer wie sozialer Zielsetzungen; der einzelne kann durchaus zugleich für Einkommenssteigerungen und gesunde Umweltverhältnisse eintreten; für soziale Sicherheit und einen Rückzug des Staates aus seiner Privatsphäre; für Leistung im Berufsleben und Emotionalität im Familien- und Freundeskreis.

Dementsprechend verändern sich die Forderungen „der“ Gesellschaft an „die“ Politik und die Einschätzung der Leistungsfähigkeit von Staat und Parteien auch (nur) in bestimmten Problemfeldern. Der Stellenwert politischer Zielsetzungen untereinander wird verschoben,

---

[13]) Was nicht bedeuten soll, daß nicht auch für die großen Interessenverbände Probleme der Folgebereitschaft, der Handlungsfähigkeit, allgemein also Phänomene der Delegitimation existieren. Die Geschichte etwa der „Gewerkschaftler gegen Atomkraft“ zeigt aber, daß die Aufgaben der Verbände von ihren Mitgliedern doch primär in der Vertretung materieller Interessen gesehen werden. Zum Abblocken jeglicher neuer und „radikaler“ Werte durch formelle und informelle Machtstrukturen siehe insbesondere Bachrach/Baratz, 1970.

quantitativ-materielle Ziele werden durch solche eher qualitativ-immaterieller Natur teils ergänzt, teils geraten sie mit diesen in Konflikt. Die Wirtschaftspolitik einer Partei mag Zustimmung finden, obwohl man ihren Leistungen in Umweltfragen oder in der Schulpolitik zunehmend mit Skepsis gegenübersteht. Insgesamt kommt es zu einer Abnahme „politischer Selbstverständlichkeiten", zum Schwinden von traditionell-automatischer Folgebereitschaft der Basis gegenüber der politischen Führung, zu einem erhöhten Konfliktniveau, das aber durchaus nicht alle sozialen und politischen Bereiche erfassen muß.

Die heute (be)herrschenden Großparteien wiederum sind in ihrer organisatorischen Struktur wie in ihrem Selbstverständnis weitgehend einer Vertretung von vorwiegend wirtschaftlich verstandenen Gruppeninteressen und relativ geschlossenen ideologischen Deutungssystemen verhaftet (*Gerlich,* 1978a; *Pelinka,* 1975 und 1974; *Pelinka/Kadan,* 1979; *Bauer,* 1980). Während aber der „ideologische Kitt" im Zuge des allgemeinen sozio-kulturellen Säkularisierungsprozesses wesentlich an Bindungskraft verloren hat, bleibt die enge Bindung an die „klassischen" Sozialgruppen und deren materielle Interessenlagen erhalten. Mitunter wird sie sogar durch die tiefgreifende Verflechtung von Parteien und wirtschaftlichen Interessenvertretungen sowie durch die Ausbreitung eines „technokratischen" Bewußtseins bei den politischen und wirtschaftlichen Führungsgruppen noch verstärkt.

Hingegen verfügt die „neue Politik", verfügen die Vertreter „postmaterialistischer Werte" über keine vergleichbare institutionelle Repräsentanz – weder innerhalb der Parteien noch außerhalb. Das ist zum einen auf die bewußte Ablehnung etablierter Organisationsformen und kompromißorientierter Bargaining-Prozesse durch einen Teil der Alternativbewegung zurückzuführen. Diese Gruppen vertreten ihrem Selbstverständnis nach „nicht verhandelbare Erwerbsinteressen, sondern . . . Identitäten, fundamentale Bedürfnisse . . . oder universalistische Werte . . . , die nicht zur Disposition stehen oder stehen können . . ." „Politik ist (für sie) eine Schlacht um Wertsysteme, Weltanschauungen, Lebensformen, auf Sieg und Niederlage, sie wird als moralische Verpflichtung verstanden und nimmt die Form von Kreuzzügen an." (*Marin,* 1980, S. 162)[14]. Zum anderen ist es eine Folge der Trägheit und der Versteinerung der Parteiapparate, verstärkt durch die

---

[14]) Während sich diese Haltung etwa in der Bundesrepublik vielfach mit klaren ideologischen Positionen insbesondere „linker" Ausrichtung verbindet, gründet die österreichische Variante eher in einer Verbindung von universalistischen Werten (teilweise höchst unterschiedlicher Herkunft) und starker persönlicher Gegnerschaft zu den etablierten Parteien. Die linke Subkultur ist dagegen eher bedeutungslos oder – wo nicht – im Prinzip doch zumeist verhandlungsbereit; jedenfalls mit sozialistischen Vertretern des Establishments.

massive Abwehrhaltung etablierter Gruppen und Auffassungen in Parteien und Verbänden.

Insbesondere die Parteiführung, der heute innerhalb ihrer Organisation weitgehend innovatorische und prioritätensetzende Aufgaben zukommen würden, gerät aufgrund ihrer Abkapselung von der Basis, ihrer starken Abhängigkeit von technokratisch-verbandspolitischer Information und deren machtmäßige Abstützung in ein Dilemma. Selbst wenn sie sich der Bedeutung anderer Themen und Interessen annäherungsweise bewußt ist, agiert sie doch in großer Unsicherheit: Weder ist man sich über den realpolitischen Stellenwert alternativer Werte und Bewegungen im klaren – die Einschätzung schwankt hier von kurzfristiger „Modeerscheinung" bis zur „Politik der Zukunft" –, noch handelt es sich dabei um ein klar strukturiertes Bezugsfeld, auf das man zwecks bleibender politischer Unterstützung und stabiler Verhandlungspartner zurückgreifen könnte.

Die Haltung der politischen Eliten ist in diesem Bereich so stark von „Zufällen" geprägt, erweist sich als widersprüchlich, schwankend und sprunghaft. Typische Beispiele dafür finden sich etwa im jahrelangen Hin-und-Her der Volkspartei in der Atomfrage, im Gegensatz zwischen den Vorstellungen des sozialistischen Gesundheitsministers und seiner Parteikollegen in Wirtschaft und Gewerkschaft (mit oder ohne Ministersessel), in den Konflikten zwischen und unter Bundes- und Landespolitikern über die Schaffung regionaler Naturschutzzonen u. ä. Was hier zutage tritt, ist nicht nur ein bewußter Gegensatz zwischen „symbolischer" und „realer" Politikformulierung – obwohl es den ebenfalls gibt, etwa wenn die Wiener Kommunalverwaltung auf der einen Seite aufwendige „grüne" Werbekampagnen betreibt, auf der anderen Seite aber in keiner Weise von ihrer traditionellen Wohnbau- und Verkehrspolitik (Stichwort: Zubetonieren) abrückt; es ist auch ein Ausdruck echter Verunsicherung, der noch durch Interessengegensätze innerhalb der Führungsgruppen verschärft wird.

Uneinheitlich sind freilich auch die Reaktionen und Verhaltensweisen, vor allem aber die politischen Ansprüche und Urteile auf Seiten der Bevölkerung. Zum einen macht sich ein mehr oder weniger offenkundiges Unbehagen an der Allgegenwart der Parteien und am „(un)moralischen Gehalt" von Parteipolitik breit, – ergänzt durch konkrete Kritik und vereinzelte Protestaktionen; zum anderen kann jedoch von einer allgemeinen „Legitimationskrise" oder von „Unregierbarkeit" (*Hennis/Kielmannsegg/Matz,* 1977) keine Rede sein. Sieht man von einzelnen Problemzonen ab (Auftreten von gewerkschaftlichen Dissidenten im steirischen Industrieproblemgebiet, Ausbrechen von „Rechtsabweichlern" beim alten Mittelstand), so behält die Integrationskraft von Parteien und Interessenvertretungen nach wie vor ein erstaunliches Ausmaß.

3.4 Parteienverdrossenheit in Österreich

3.4.1 Formale Beteiligung – latentes Unbehagen

Gerade auf dem Feld der politischen Beteiligung erweckt die österreichische Parteienlandschaft zunächst den Eindruck ungebrochener Stabilität. Weder vermelden die Parteien einen drastischen Mitgliederschwund (die geringe Zahlungsmoral bei der Begleichung der Mitgliedsbeiträge hat schon Generationen von Parteikassieren und Finanzreferenten geplagt), noch sind ernsthafte Konkurrenten der etablierten Parteien derzeit in Sichtweite. Lokale Bürgerinitiativen als Ausdruck von Bürgerprotest werden vielfach parteipolitisch unterwandert und zeigen wenig Bereitschaft, die Grenzen sektoraler und kommunaler Politik zu überschreiten. Die Gründung neuer Parteien und Splittergruppen hat oft mehr mit der psychischen Struktur ihrer Proponenten zu tun als mit ernsthaften Fragmentierungstendenzen und beginnenden Erosionserscheinungen. Kommt es tatsächlich zur Kandi-

Tabelle 47:
Wahlbeteiligung im internationalen Vergleich

Wahljahr	Österreich (Nationalratswahl)	BRD (Bundestagswahl)	Schweiz (Nationalratswahl)	USA (Kongreßwahl)
1965	—	86,8	—	—
1966	93,8	—	—	45,4
1967	—	—	63,8	—
1968	—	—	—	—
1969	—	86,7	—	—
1970	91,8	—	—	43,5
1971	92,4	—	56,8	—
1972	—	91,1	—	—
1973	—	—	—	—
1974	—	—	—	36,3
1975	92,8	—	52,4	—
1976	—	90,7	—	—
1977	—	—	—	—
1978	—	—	—	36,0
1979	92,2	—	48,0	—
1980	—	88,6	—	—
Durchschnittliche Wahlbeteiligung	92,6	88,8	55,2	40,3

Quelle: Powell (1980) und eigene Recherchen

datur einer neuen Liste, die die traditionelle Machtposition einer etablierten Partei auch nur ansatzweise gefährdet, wird unter Aufbietung des vorhandenen diplomatischen Raffinements eine Kompromißlösung gesucht, die beide „Partner" zufrieden stellt und bei der niemand das „öffentliche" Gesicht verliert.

Aber auch von Seiten der Wähler sind oberflächlich keine Anzeichen zu erkennen, die das „goldene Zeitalter" des österreichischen Parteienstaates auch nur ansatzweise in Frage stellen. Die Wahlbeteiligungsraten – ein harter Indikator latenter Erosionsprozesse – schwanken seit Jahrzehnten bei bundesweiten Wahlen um ein bis zwei Prozent. Auch international liegt Österreich bei der Wahlbeteiligung im Spitzenfeld formal demokratischer Disziplin (*Powell,* 1980).

Ansätze von Protest und Indifferenz, wie sie in der zum Teil drastischen Zunahme der „Partei der Nichtwähler" bei Gemeinderats- und Landtagswahlen ihren Niederschlag finden, erreichen noch nicht die nationale Ebene und können daher als sektorales Versagen bestimmter Landesparteien interpretiert werden und auf personelle oder strukturelle Probleme von Teilbereichen der Parteienlandschaft zurückgeführt werden. So ist die Wahlbeteiligung ein wenig tauglicher Indikator, um dem politischen Unbehagen auf die Spur zu kommen. Selbst pessimistische Spekulationen, die für die bevorstehenden Nationalratswahlen besonders im Segment der Jungwähler einen drastischen Rückgang der Wahlbeteiligung prophezeien, dürften den Druck der sozialen Norm „Wahlbeteiligung" unterschätzen. Zumindest aus rezenten Umfragedaten ist ein signifikantes Ansteigen der Wahlenthaltung – selbst wenn man die Problematik solcher Interviewfragen in Rechnung stellt – nicht abzulesen.

Tabelle 48:
Wahlbeteiligungsabsicht der Erstwähler

in Prozent	18–19 J.	20–21 J.	22–24 J.
es werden ihre Stimme abgeben	90	96	94
es werden sich der Stimme enthalten	6	3	5
keine Angabe, unentschieden	4	1	1

Quelle: Dr. Fessel + GfK, Jugendstudie *(1981)*

Indikatoren, wie etwa die zunehmende Fluktuation der Wähler zwischen den Parteien und eine Abnahme der parteipolitischen Deklarationsbereitschaft im Kontext der Interviewsituation demoskopischer Umfragen (*Kirschhofer,* 1981), signalisieren zwar die erhöhte Mobilitätsbereitschaft der österreichischen Wähler; doch liegt auch der Prozentsatz der „floating vote" in Österreich signifikant unter dem internationalen Durchschnitt. Neben den „fluktuierenden" Wählern (party shifters) scheidet auch der „neue" Wechselwählertypus (ticket splitter), wie er in den unterschiedlichen Ergebnissen zwischen Landtags- und Nationalratswahlen zum Ausdruck kommt, als parteipolitischer „Krisenindikator" aus. Die oft erstaunlichen Differenzen zwischen den verschiedenen Wahlebenen wurzeln eher in einem historischen Spannungsfeld zwischen Tradition und Modernität und dürfen nicht als Ausdruck einer politischen Protesthaltung mißverstanden werden (*Plasser,* 1980).

Das latente Unbehagen im österreichischen Parteienstaat ist mit traditionellen Indikatoren nicht zu fassen. Wahlstatistiken, formaler Organisationsgrad, Mitgliederstatistiken u. ä. haben nur begrenzten Aussagewert und bekräftigen eher den Eindruck, daß es sich bei Österreich um den Paradefall eines extrem „übersteuerten" Parteiensystems handelt, das „parteifreie" Zonen nicht einmal im Freizeit- oder Sportbereich duldet. So versagen auch zahlreiche Theorien, die die Ursachen des Phänomens „Parteienverdrossenheit" international zu fassen suchen, angesichts der demonstrativen Stabilität des österreichischen Parteiensystems. Weder ist Österreich mit einer sichtbaren Abnahme der „Massenloyalität" konfrontiert, noch kann von einer generellen Verminderung der Fähigkeit, Massenloyalität zu erzeugen, ausgegangen werden, die im Normalfall politische Dekompositionsprozesse einleiten (*Narr/Offe,* 1975). Die Mobilisierungsfähigkeit der politischen Parteien ist – trotz steigender struktureller, organisatorischer und logistischer Probleme in den Parteiapparaten – weitgehend unangetastet und die Existenzberechtigung der Parteien wird nicht ernsthaft bezweifelt. Selbst bei den Angehörigen der kritischen studentischen „Protestgeneration" ist der „Antiparteieneffekt der Neuen Linken" (*Greven,* 1977) mittlerweile abgeklungen. Man hat den Marsch der institutionellen Anpassung angetreten und den Schwerpunkt des politischen Engagements wieder in die Parteien verlagert. Mit Ausnahme marginaler Randgruppen, die ihren „Antiparteieneffekt" weiter kultiviert haben, stoßen die etablierten Parteien bei der jüngeren, kritischen Intelligenz kaum auf nennenswerten Widerstand.

Für die Analyse der österreichischen Situation ergiebiger sind Theorien, die das latente Unbehagen an den politischen Parteien auf institutionelle Prozesse und Entwicklungen zurückführen. „Parties generally in democratic societies have become targets for those who are dissatisfied with the performance of political institutions." (*Epstein,* 1975, S.266). Es ist nicht auszuschließen, daß die historische institutionelle Versteinerung des politischen Systems, das relative Schattendasein des Parlaments, die arkanen Entscheidungs- und Bargainingprozesse bürokratischer Gremien, die hohe Abstraktion und metternich'sche Subtilität der österreichischen Politik einen bestimmten „kritischen" Wert überschritten haben und für aufmerksame Beobachter der innenpolitischen Szene einen anachronistischen und quasiirrealen Eindruck hinterlassen. Der Eindruck einer „unauthentischen Politik" bewirkt in logischer Konsequenz die „weitverbreiteten Gefühle des Ausgeschlossenseins, des Mißtrauens und des Ärgers" (*Etzioni,* 1975, S. 646), die das latente Unbehagen ausmachen und das politisch-kulturelle Klima unseres Landes prägen.

Die Transformation der österreichischen Parteien zu „Allerweltsparteien" (*Kirchheimer,* 1969), die fortschreitende Aushöhlung der Pluralität durch die Konvergenz der Parteien (*Pelinka,* 1976) und die institutionell erstarrten Strukturen oppositionellen Verhaltens (*Welan,* 1975), haben zu einer Einschränkung des politischen Handlungsspielraums geführt und den Eindruck der „Unauthentizität" des politischen Geschehens und politischer Handlungsabläufe verstärkt.

Es ist daher nicht verwunderlich, daß die Parteien – als die sichtbarsten und omnipräsenten Akteure der Politik – zur Zielscheibe des Unbehagens geworden sind und die Parteienverdrossenheit stellvertretend für eine tiefer sitzende latente Politikverdrossenheit fungiert. Dabei sind aber die Parteien nicht von ungefähr in den Brennpunkt des öffentlichen Unbehagens geraten. Die weitgehende Preisgabe ideologischer Grundsatzpositionen, das vordergründige Bemühen, durch die periodische Ausrufung sogenannter Grundsatzdiskussionen, die in der Regel als reine „Abgrenzungsdeklarationen" (*Lübbe,* 1977) ein rasches und unrühmliches publizistisches Ende finden, intellektuelles und visionäres Profil zu gewinnen, haben die ideelle Glaubwürdigkeit der Parteien stark beeinträchtigt. Dazu kommt eine immer sichtbarer werdende organisatorische Erstarrung des Parteilebens, die sich bereits an den Fassaden der Partei- und Sektionslokale ankündigt, die bei Außenstehenden einen prohibitiven bis anachronistischen Eindruck hervorrufen. Statt die parteiinternen Strukturen kritisch zu überdenken und rechtzeitig zu modernisieren, wurden Organisationsmodelle, die zum Großteil aus der Zwischenkriegszeit stammen, in die Wirklichkeit einer entwickelten und hochkomplexen Industriegesellschaft hinübergetragen und signalisieren nun die geringe Anpassungs- und Modernisierungsfähigkeit eines entscheidenden Sektors der Gesellschaft. „Their giant ossified structures, like those of dinosauriers, could no longer adapt to the pace of social change." (*Barber,* 1980, S. 12).

Zur latenten Entfremdung zwischen Parteien und Bürgern hat auch die zunehmende „Arroganz der Macht" der Parteikader beigetragen, die zu einer „neuen" elitär-professionellen Klasse von Parteiaktivisten geführt hat. „Die Parteiaktivisten haben sich verselbständigt. Sie sind zu einer gesonderten politischen Mittelklasse geworden, die im wesentlichen im eigenen Saft schmort. Die Wähler sind dieser Mittelklasse zunehmend gleichgültig geworden. Parteitagssiege sind wichtiger als Wahlsiege; und ohnehin lehrt die Erfahrung, daß die Wähler trotz allem zur Urne kommen." (*Dahrendorf,* 1981, S. 5). Die zunehmende Professionalisierung der Parteiarbeit hat auch den Parteialltag bürokratisiert und formalisiert. Hektische Sitzungen drohen in der „Hysterisierung von Ereignissen, in der Beschäftigung mit Phantomproblemen, mit Scheinalternativen und mit Sündenbocksuche leerzulaufen" (*Scheer,* 1979, S. 17). Die Parteiapparate gehorchen immer häufiger ihren esoterischen Spielregeln, die mit der Realität des Alltags in der Gesellschaft nur mehr sehr indirekt in Verbindung stehen. Dies könnte in Ansätzen zur Herausbildung zweier unvereinbar scheinender Kulturen führen: „Einer neuen ‚Bürgerkultur' auf der einen Seite stünde dann die mehr oder minder bewährte Funktionärs- und Technokratenkultur auf der anderen Seite gegenüber." (*Windhager,* 1981a, S. 6). Der Preis, den die politischen Parteien für ihren fortschreitenden Realitätsverlust entrichten müßten, wäre hoch anzusetzen und kann am Beispiel der prekären Situation der amerikanischen Parteien abgelesen werden.

Neben der sichtbaren Formalisierung und Bürokratisierung der politischen Parteien verstärkt auch die „Dominanz eines kurzfristigen Krisen- und Wahlmanagements" (*Lompe,* 1981, S. 17), das latente Unbehagen an der Politik und an den politischen Parteien.

Der wahltaktisch motivierte Verzicht auf eine erkennbare mittel- und langfristige Rationalität, die Hektik des täglichen Krisenmanagements und die Dominanz einer fragilen Korrektiv- und Alarmplanung, haben den Eindruck einer „provisorischen" Politik verstärkt, deren Horizont beim Schließen der Wahllokale ein abruptes Ende findet. Das Vermeiden klarer Aussagen, der lexikalische Leerformelcharakter sogenannter „Aktionsprogramme" verstärken das historische Vorurteil, daß sich die Politik nur an Wahlsiegen orientiere und an der Lösung bestehender Probleme einzig aus wahltaktischen Gründen interessiert sei. Das tatsächlich vorhandene Engagement, die Ernsthaftigkeit politischer Entscheidungsfindung, die Selbstbeschränkung verantwortungsvoller Politiker, auf vordergründig „populistische" Aussagen zu verzichten – wie sie in den großen politischen Lagern durchaus auch anzutreffen sind – werden der Öffentlichkeit nicht kommuniziert, da man anscheinend befürchtet, sie könnte als „Schwäche" ausgelegt werden. So verstärken die Parteien auch in ihrer Selbstdarstellung die bestehenden Vorurteile und trachten gegenseitig, die negativen Erwartungen der Öffentlichkeit noch zu übertreffen.

Negative Konsequenzen für die Zukunft der Parteien könnte ihr sichtbar schwaches Sensorium für neue Bedürfnisse und Themen mit sich bringen. Auch in der monolithischen Parteienlandschaft Österreichs finden sich erste Hinweise, daß „die Durchlässigkeit der etablierten Parteien für Wünsche, Interessen und Bestrebungen der Bürger bereits sosehr abgenommen hat, daß sich ein erheblicher Teil derselben nach neuen Instrumenten der staatlichen Willensbildung umzusehen beginnt" (*Czerny,* 1980, S. 2071). Wenn auch zum gegenwärtigen Zeitpunkt die politischen Parteien den Großteil der verstreuten und thematisch heterogenen Initiativen und Bürgerkomitees „unter Kontrolle" haben und die Entwicklung neuer Formen politischer Spontaneität – die in Österreich vergleichsweise nur begrenzte Handlungs- und Artikulationsspielräume vorfinden – teilweise noch mit Gelassenheit verfolgen, indizieren diese Bewegungen doch ein Nachlassen der Kohäsions- und Integrationskraft der etablierten Parteien. Die geringe Sensibilität für die „neuen" Themen der politischen Auseinandersetzung (*Miller/Levitin,* 1976) und ihre geringe Bereitschaft, sich mit außerökonomischen Bedürfnissen und Problemen auseinanderzusetzen, deuten einen ansatzweisen Verlust der zentralen „expressiven Funktionsfähigkeit" (*Sartori,* 1976) der Parteien an. Dies kann aber künftig zu neuen Zonen des Unbehagens führen, die mit traditionellen Instrumenten nicht mehr zu kanalisieren sein werden. (*Mayer/Tasch,* 1981).

3.4.2 Symptome der Parteienverdrossenheit

Angesichts der latenten Parteienfeindlichkeit in Österreich, die nicht erst durch die beachtliche Skandal- und Korruptionswelle der letzten Zeit entstanden ist, sondern ein traditionelles Charakteristikum der politischen Kultur in Österreich darstellt, ist eine empirische Bestandsaufnahme des parteipolitischen Unbehagens ein subtiles Unterfangen. Daten aus einmaligen Querschnittuntersuchungen gestatten keinen Rückschluß auf zeitliche Veränderungen; die wenigen zur Verfügung stehenden Zeitreihen decken nur relativ kurze Zeiträume ab und konzentrieren sich auf beschränkte Teilaspekte (*Mc Gaw/Watson,* 1976); Daten aus allerjüngsten Untersuchungen stehen im Kontext des „AKH-Syndroms" und mögen das vorhandene Unbehagen durch Ärger und situativen Affekt der Befragten überzeichnen. Trotzdem wurde aus dem vorliegenden Datenmaterial ein Satz von ausgewählten Indikatoren herausgegriffen, die die wichtigsten Symptome des politischen Unbehagens empirisch nachzeichnen und beleuchten sollen.

Ein erster genereller Indikator für die Dynamik der latenten Politik- und Parteienverdrossenheit in Österreich ist die Einschätzung der subjektiven politischen Einfluß- und Mitgestaltungsmöglichkeiten der österreichischen Wähler. In den letzten fünf Jahren ist das Gefühl der individuellen Macht- und Einflußlosigkeit weiter angestiegen und hat die resignative Grundstimmung, die sich als Apathie und Passivität der „schweigenden" Mehrheit niederschlägt, weiter verstärkt.

Tabelle 49:
Subjektiver Einfluß der Wähler auf das politische Geschehen

Einschätzung (in Prozent)	1976		1981	
sehr groß	17	50	10	40
eher groß	33		30	
eher gering	36	47	43	55
sehr gering	11		12	

Quelle: Dr. Fessel + GfK, Vorwahlen und Demokratie *(1976)*
Dr. Fessel + GfK, Parteienverdrossenheit *(1981)*

Das Gefühl der politischen Machtlosigkeit, der Eindruck eines hochkomplexen und hochabstrakten politischen Geschehens, das der Einzelne nicht mehr strukturieren bzw. nicht mehr beeinflussen kann, schaffen eine affektive Distanz zur Politik und können mit der Zeit eine zunehmende Indifferenz und Privatisierung bewirken, der auch intakte Parteiapparate nicht mehr gegensteuern können. Ähnlich kritisch verhält es sich bereits mit dem politischen „Selbstbewußtsein" (political efficacy) der Parteimitglieder. Entgegen der Annahme, daß Mitglieder einer politischen Partei ausgeprägtere Partizipations- und Betätigungschancen vorfinden, beurteilen Parteimitglieder die innerparteilichen Partizipationschancen gleichermaßen pessimistisch wie die Nichtmitglieder. Der „Bazillus" der Parteienverdrossenheit hat mittlerweile auch in die Reihen der Parteien Eingang gefunden und könnte die sichtbare Lethargie des Parteilebens in Österreich (mit)erklären.

Tabelle 50:
Kritik an den innerparteilichen Partizipationsmöglichkeiten

Der Einzelne ist in der Partei ohne Einfluß (in Prozent)	1978	1981
Parteimitglieder	56	57
Nichtmitglieder	56	59

Quelle: Dr. Fessel + GfK, Parteien und Demokratie *(1978)*
Dr. Fessel + GfK, Parteienverdrossenheit *(1981)*

Das verbreitete Gefühl der politischen Macht- und Einflußlosigkeit korreliert mit einer zynisch–opportunistischen Grundeinstellung zum individuellen „Nutzen" einer Parteimitgliedschaft, die nicht nur auf die Mitgliederrekrutierungspraktiken der Parteien ein seltsames Licht wirft, sondern auch die gesellschaftliche Dominanz der österreichischen Parteien relativiert. Denn überraschend ist nicht nur das

Ausmaß des parteipolitischen Opportunismus, sondern auch das „entwaffnende" Kalkül, mit dem selbst Parteimitglieder das Erwerben einer Parteimitgliedschaft beurteilen.

Tabelle 51:
Parteipolitischer Zynismus (egoistische Beitrittsmotivation)

in Prozent	Wahlberechtigte	Parteimitglieder	Nichtmitglieder
Parteibeitritt um zu einer Wohnung/Posten zu gelangen ist persönlich vorstellbar	28	31	27

Quelle: Dr. Fessel + GfK, Parteienverdrossenheit *(1981)*

Alarmierend ist aber vor allem das Ausmaß des parteipolitischen Zynismus unter den Angehörigen der jüngeren Generation, die rein biologisch das eigentliche „Nachwuchsreservoir" der etablierten Parteien darstellen. Sollte die folgende Tabelle – bei aller Problematik isolierter und standardisierter Fragestellungen – tatsächlich die „Zukunft des Parteienstaates" vorwegnehmen, ist aus ihr nicht nur das völlige Versagen der sogenannten „Jugendpolitik" abzulesen, sondern auch ein gravierendes Versagen der traditionellen politischen Sozialisationsinstanzen und nicht zuletzt der Praxis der Parteipolitik selbst.

Tabelle 52:
Parteipolitischer Zynismus nach Altersgruppen

in Prozent	bis 24 J.	25–39 J.	40–59 J.	60 J. u. älter
Parteibeitritt aus rein egoistischen Motiven persönlich vorstellbar	41	34	25	14

Quelle: Dr. Fessel + GfK, Parteienverdrossenheit *(1981)*

Die verbreitete opportunistische Grundeinstellung zu politischen Parteien, die durch die Rekrutierungspraktiken und das vordergründige Kalkül der Mitgliederwerbung noch gefördert und verstärkt wird, korreliert mit einer spürbaren „Neutralisierung" grundsatzpolitischer Differenzen und Unterscheidungsmerkmale. Wenn sich die zentralen Aussagen der politischen Parteien oft nur mehr in Nuancen voneinander unterscheiden, grundsatzpolitische Differenzen nur mehr von Experten und professionellen Beobachtern der politischen Szene wahrgenommen werden, entsteht für den Wähler der Eindruck eines parteipolitischen „Kartells", das ein genormtes Produkt in unterschiedlichen Verpackungen anbietet. Das vordergründige Ritual gegenseitiger

Angriffe und Beschuldigungen steht in einem erkennbaren Gegensatz zur stillschweigenden Übereinstimmung in zahlreichen wesentlichen Sachfragen. Der parteipolitische Konkurrenzkampf reduziert sich daher auf Fragen des Stils, der Propaganda und der Agitation und wirkt in seiner Hektik und Aufgeregtheit künstlich und wenig überzeugend.

Tabelle 53:
Differenzierung zwischen den politischen Parteien

Parteien unterscheiden sich voneinander (in Prozent)	Wahlberechtigte	Parteimitglieder	Nichtmitglieder
sehr stark	11	17	10
eher stark	29	36	27
eher wenig	44	38	47
sehr wenig	10	9	16

Quelle: Dr. Fessel + GfK, Parteienverdrossenheit *(1981)*

Der „Profilverlust" der politischen Parteien – eine logische Konsequenz des wahlpolitischen Kampfes um die strategische „Mitte-Position" und damit um das Terrain der politischen Unverbindlichkeit – verstärkt die latente Parteienverdrossenheit und Skepsis gegenüber der Parteipolitik, die als vordergründiges Taktieren und plumper „Wählerfang" empfunden wird. Die unterschiedlichen Grundsatzpositionen der Parteien erschließen sich zwar bei einer theoretischen Detailanalyse der Parteiprogramme (*Kadan/Pelinka,* 1979), sind aber in der täglichen Praxis und öffentlichen Selbstdarstellung der Parteien kaum mehr erkennbar. Dazu kommt der geringe Informationsstand der Bevölkerung über Programme und Konzepte der politischen Parteien, der besonders im Bereich der jüngeren Wähler ein offensichtliches Versagen der politischen Bildung signalisiert.

Tabelle 54:
Information über Programme und Konzepte der Parteien

	1976	1981
ausreichend informiert	57	54
uninformiert	43	46
	100%	100%

Quelle: Dr. Fessel + GfK, Vorwahlen und Demokratie *(1976)*
Dr. Fessel + GfK, Parteienverdrossenheit *(1981)*

Tabelle 55:
Information über Programme und Konzepte nach Altersgruppen

	bis 24 J.	24–39 J.	40–59 J.	60 J. u. älter
ausreichend informiert	38	55	61	58
uninformiert	62	45	39	42

Quelle: Dr. Fessel + GfK, Parteienverdrossenheit *(1981)*

Neben dem „Profilverlust" der politischen Parteien und einem spürbaren Unbehagen über die wahrgenommene Praxis der Parteipolitik und ihre rituelle Selbstdarstellung, hat die Skandal- und Korruptionswelle rund um den Neubau des Allgemeinen Krankenhauses (*Worm,* 1981) die Parteienverdrossenheit weiter verstärkt und die „historischen" Vorurteile gegenüber der Parteipolitik eindrucksvoll bestätigt. Das Verhalten der Parteien angesichts eines der größten und kostspieligsten Skandale der Zweiten Republik, das vordergründige Beschwören der „politischen Moral" vor dem Hintergrund gegenseitiger Verdächtigungen, haben in der Bevölkerung zu einer spürbaren Verärgerung über die politischen Parteien geführt und die latente Parteienverdrossenheit noch zusätzlich „aufgeladen".

Tabelle 56:
Ärger über die politischen Parteien

in Prozent	Wahlberechtigte (insgesamt)	Schulbildung Pflichtschule	Fachschule	Matura	Universität
Es haben sich in letzter Zeit über die Parteien geärgert	43	34	51	58	66

Quelle: Dr. Fessel + GfK, Parteienverdrossenheit *(1981)*

Auffallend ist die überdurchschnittliche Parteienverdrossenheit unter den Angehörigen der oberen Bildungsschichten, die das Verhalten der politischen Parteien aufmerksamer und kritischer verfolgen als der durchschnittliche Wähler. Die kritische Einstellung der oberen Bildungsschichten zur Praxis der Parteipolitik findet auch in anderen Indikatoren der Parteiverdrossenheit ihren Niederschlag und geht bereits weit über das konventionelle Unbehagen hinaus.

Während die latente Parteienverdrossenheit in erster Linie Ausdruck eines „stilistischen Unbehagens" ist, signalisiert das subjektive Gefühl des Politikversagens eine substantielle Kritik an den politischen Inhalten. Die Ausklammerung qualitativer Themenbereiche (z. B.:

Tabelle 57:
Subjektives Gefühl des Politikversagens

in Prozent	Wahl-berechtigte	Pflicht-schule	Fach-schule	Matura	Univer-sität
Es haben das Gefühl, daß die Politik oft in entscheidenden Fragen versagt	33	29	35	50	68

Quelle: Ifes, Wurzeln, Wesen und Chancen der „grünen" Bewegung *(1981)*

Umweltproblematik, Fragen der Lebensqualität, Werteproblematik etc.) aus der politischen Diskussion, die einseitige Orientierung an „expansiven" und wachstumsorientierten Zielkatalogen bewirken bei überdurchschnittlich sensibilierten Wählergruppen, die die Konsequenzen dieser einseitigen Ausrichtung der Politik zu erkennen glauben, ernste Zweifel an der Fähigkeit der etablierten Politik, die drängenden Zukunftsprobleme vertretbar lösen zu können. Das „inhaltliche Unbehagen" an der Politik der etablierten Parteien nähert sich in bestimmten Wählergruppen bereits ansatzweise einem „kritischen" Wert, bei dessen Überschreiten die latente Parteienverdrossenheit in eine manifeste Politikverdrossenheit umzuschlagen droht, die von den etablierten Parteien nur mehr mit großen Schwierigkeiten aufzufangen und zu kanalisieren sein dürfte. Wenn auch das realistische Potential einer neuen Partei, die sich dieser qualitativen Themen und Bedürfnisse vorrangig annimmt, nach übereinstimmenden Schätzungen derzeit maximal fünf Prozent bei Nationalratswahlen betragen dürfte, zeigen die folgenden Daten unter sensibilisierten Wählergruppen doch eine unerwartet hohe Akzeptanz für neue politische Angebote und eine Erweiterung des konventionellen Parteienspektrums.

Tabelle 58:
Akzeptanz einer neu gegründeten Partei

in Prozent	Wahl-berechtigte (insgesamt)	Schulbildung Pflicht-schule	Fach-schule	Matura/ Universität
Eine Erweiterung des Parteien-spektrums betrachten als grundsätzlich begrüßenswert	17	9	16	38

Quelle: Imas-Institut, Meinungslinien in Österreich *(1981)*

Die tendenzielle Zunahme des „inhaltlichen Unbehagens“ und der kritischen Einstellung zum konventionellen Politikangebot der etablierten Parteien signalisiert die folgende Datenreihe, die die Akzeptanz einer neu gegründeten Partei im Zeitvergleich dokumentiert:

Tabelle 59:
Akzeptanz einer neu gegründeten Partei im Zeitverlauf

	1976	1978	1981
würden eine neue Partei akzeptieren	10	12	17
sind mit bestehenden Parteien zufrieden	90	88	83

Quelle: Dr. Fessel + GfK und Imas-Institut, Politische Umfragen *(1976, 1978, 1981)*

Das bestehende Unbehagen am Stil und Inhalt der etablierten Parteipolitik erreicht ein alarmierendes Ausmaß, wenn man das vorhandene Protestpotential unter den Angehörigen der jüngeren Generation näher untersucht und die theoretische Bereitschaft zur Wahl einer „grünen“ Alternativbewegung erhebt, die sich inhaltlich den „neuen“ Themen der Politik (z. B.: Umweltschutz, sanfte Technologien, alternative Lebensstile etc.) annehmen könnte.

Tabelle 60a:
Bereitschaft Jugendlicher (16–24 Jahre) zur Wahl einer „grünen“ Alternativbewegung

	1980	1981
wäre persönlich vorstellbar	50	47
kommt nicht in Frage	46	50

Quelle: Dr. Fessel + GfK, Jugendstudie *(1980)* und *(1981)*

Abseits von der modischen Aktualität „grüner“ Alternativen und vom fiktiven Charakter solcher demoskopischer Fragestellungen, der bei der Interpretation zu berücksichtigen ist, deuten die vorliegenden Daten auf massives Unbehagen hin und signalisieren thematische Wünsche und Aspirationen, die im Politikangebot der etablierten Parteien zuwenig Berücksichtigung finden.

Tabelle 60b:
Wählbarkeit der „Grünen“

in Prozent	Österreichische Bevölkerung ab 16 Jahren August 1980	Oktober 1981
Ja, bestimmt wählen	3 } 13	4 } 20
Ja, vielleicht wählen	10	16
Nein, nicht wählen	46	60
Unentschieden	41	20
	100	100

Quelle: Imas, Politische Umfragen *(1980/81)*

Neben den Zonen des parteipolitischen Unbehagens, die auf qualitative Defizite im konventionellen Politikangebot zurückgehen, deuten sich noch andere Facetten der Parteienverdrossenheit an, die einen vordergründig „populistischen“ Charakter haben und dem klassischen Parteienprotest näher stehen als die „neuen“ Zonen der Parteienverdrossenheit. Hinter dem klassischen „populistischen“ Parteienprotest, der in Frankreich mit Poujade und in Dänemark mit Glistrup seine historischen Vorläufer hat, steht der Unmut über Steuern und Belastungen und der Protest gegen die Verbürokratisierung und administrative Reglementierung immer weiterer Lebensbereiche. Als „populistisches“ Unbehagen ist diese Form der Parteienverdrossenheit für das etablierte Parteiensystem langfristig weniger bedeutungsvoll, da die Existenz populistischer Bewegungen in der Regel nur kurzfristig ist und das etablierte Parteienspektrum nicht nachhaltig verändert. Im österreichischen Parteienstaat dürften populistische Protestbewegungen das Schicksal zahlreicher neuer Parteigründungen erleiden, die zumeist bereits mit der vereinsmäßigen Anmeldung ihren publizistischen Höhepunkt überschritten haben.

Tabelle 61:
Wählbarkeit einer eigenen Steuerprotestpartei

	Wahlberechtigte (in %)
Eine Steuerprotestpartei würden...	
sicher wählen	5
eventuell wählen	19
nicht wählen, aber für nützlich halten	35
ablehnen	35

Quelle: Arbeitsgemeinschaft Fessel/Ifes, Steuermentalität in Österreich *(1980)*

Trotz eines erkennbaren latenten Unbehagens und spürbarer Zonen der Parteienverdrossenheit befindet sich die österreichische Parteienlandschaft aber noch in einem „ultrastabilen" Gleichgewichtszustand. Die starke Präsenz der Parteien in allen wichtigen Lebensbereichen und das Fehlen alternativer Optionen haben die parteipolitischen Bindungen der Bevölkerung über die Jahre konstant gehalten.

Tabelle 62:
Parteibindung in Österreich und der BRD 1972–1980

Grad der Parteibindung (in Prozent)	1972	1976	1980
Österreich	67	63	68
Bundesrepublik Deutschland	67	68	71

Quelle: Gluchowski (1981), S. 22

Die spürbare „Verharzung" und „Versteinerung" des österreichischen Parteiensystems sind aber auch Indizien, daß das formale Gleichgewicht der österreichischen Parteienlandschaft in Wirklichkeit äußerst fragil und wenig belastbar sein dürfte. Im Gegensatz zu „multistabilen" Systemen, deren Stabilität auf mehreren „Gleichgewichtspunkten" beruht und die auf Veränderungen der Umweltbedingungen „dynamisch" durch Anpassung reagieren (*Klaus/Liebscher,* 1974), fehlt bei „ultrastabilen" Systemen die Lern- und Adaptionsfähigkeit. Ultrastabile Systeme haben in der Regel nur einen „Gleichgewichtspunkt", der sich beim österreichischen Parteiensystem auf die Erhaltung und Sicherung der materiellen Lebensbedingungen der Bevölkerung reduziert. Solange die Parteien ihre Funktion als „Träger der Wohlstandsgarantie" erfüllen, scheint auch der „ultrastabile" Gleichgewichtszustand ungefährdet zu sein. Die Reduktion der parteipolitischen Loyalität auf rein materielle Garantieleistungen findet auch im „Anforderungsprofil" der Bevölkerung an die Leistungen der Parteien ihren Niederschlag. Als wichtigstes Problem, um das sich die politischen Parteien annehmen sollen, nennen 60 Prozent – quer durch alle sozialen, beruflichen und politischen Gruppierungen – die Sicherung der Vollbeschäftigung. Daneben nehmen die Aufrechterhaltung der inneren Ordnung (Kriminalitätsbekämpfung), die Wahrung des sozialen Friedens und die Sicherung des Lebensstandards die zentralen Positionen in der Erwartungshaltung der Bevölkerung ein.

Wenn auch die Dominanz der „Garantiebereiche" (Sicherheit und materieller Wohlstand) ein relativ ungebrochenes Vertrauen in die Problemlösungskraft der Parteien in diesen Sektoren signalisiert, so verweisen die übrigen Problemschwerpunkte doch auf ein steigendes Unbehagen. Die Bedeutung der Steuerfrage (ein „klassisches" Motiv

Tabelle 63:
Anforderungsprofil an die politischen Parteien

(in Prozent)

1.	Sicherung der Vollbeschäftigung	60
2.	Milderung des Steuerdrucks	44
3.	Aufrechterhaltung der inneren Ordnung (Kriminalitätsbekämpfung)	41
4.	Kampf gegen Korruption und Privilegienwirtschaft	36
5.	Verbesserung des Umweltschutzes	35
6.	Wahrung des sozialen Friedens	35
7.	Sicherung des Lebensstandards der Bevölkerung	29
8.	Schaffung von mehr Mitsprachemöglichkeiten	24
9.	Beseitigung von bestehenden Ungerechtigkeiten in unserer Gesellschaft	22
10.	Problem Atomkraftwerk	21
11.	Sicherung der individuellen Freiheit	14
12.	Eintreten für moralische Werte	11
13.	Wettbewerb mit anderen Parteien, damit die Funktionsfähigkeit der Demokratie erhalten bleibt	9

Quelle: Dr. Fessel + GfK, Parteienverdrossenheit *(1981)*

für populistischen Parteienprotest) hat sich in den letzten Jahren nicht unwesentlich erhöht; im Umweltschutzbereich verbindet sich ein hohes Problembewußtsein mit massiver Skepsis in die Problemlösungsfähigkeit der Parteien; der Komplex „Korruption und Privilegienwirtschaft" endlich erweist sich als ständiger Nährboden für Parteienkritik und massive Verärgerung der Staatsbürger.

Steuerdruck und politische Korruption sind dementsprechend die

Tabelle 64:
Defizitbereiche der politischen Parteien

	Problembereich	Wahrnehmung eines Leistungsdefizits (in Prozent)
1.	Kampf gegen Korruption und Privilegienwirtschaft	79
2.	Milderung des Steuerdrucks	78
3.	Beseitigung von Ungerechtigkeiten in unserer Gesellschaft	70
4.	Schaffung von mehr Mitsprachemöglichkeiten	68
5.	Verbesserung des Umweltschutzes	65
6.	Problem Atomkraft	60
7.	Kriminalitätsbekämpfung	55
8.	Eintreten für moralische Werte	52
9.	Wettbewerb zwischen den Parteien	41
10.	Sicherung der Vollbeschäftigung	36
11.	Sicherung des Lebensstandards	36
12.	Wahrung des sozialen Friedens	31
13.	Sicherung der individuellen Freiheit	30

Quelle: Dr. Fessel + GfK, Parteienverdrossenheit *(1981)*

zentralen Ansatzpunkte für eine latente Parteienverdrossenheit, während die Zufriedenheit der Bevölkerung mit der „Garantieleistung" der politischen Parteien relativ hoch ist.

Die ausgeprägte materielle Orientierung der österreichischen Bevölkerung, ihr nahezu unstillbares Bedürfnis nach Sicherheit und materiellen Garantieleistungen halten das Parteiensystem in einem „ultrastabilen" Gleichgewichtszustand, da die Parteien diesen Forderungen noch weitgehend entsprechen können. Die „Ökonomisierung" der Politik bewirkt jedoch eine Stabilität, die aufgrund ihres starken materiellen Outputcharakters und der geringen emotionalen bzw. ideellen Verbundenheit eng an die Bewältigung der konkreten Aufgaben und Garantieleistungen gebunden ist. Ob sie Kriseneinflüssen von außen – die vor dem Hintergrund einer fragilen und angespannten Weltwirtschaftssituation keineswegs auszuschließen sind – im Ernstfall standzuhalten vermag, darf mit einem großen Fragezeichen versehen werden. Die deutliche emotionale Distanz der überwiegenden Mehrheit der Österreicher zu „ihrem" politischen System, das hohe Ausmaß an politischer Entfremdung, privatistischen Tendenzen und einer zynisch-opportunistischen Grundeinstellung zu den Repräsentanten und Institutionen des politischen Systems, belasten die Zukunft des österreichischen Parteienstaates jedenfalls mit einer schweren Hypothek.

3.5 Saurier in der Kreidezeit? – die Zukunft des Parteienstaates

Obwohl die unmittelbare Zukunft des österreichischen Parteienstaates nicht ernsthaft bedroht erscheint, ist sie doch langfristig keineswegs gesichert. Während aber in anderen Ländern auch bereits innerhalb der großen Parteien intensiv über eine mögliche Revitalisierung versteinerter Strukturen diskutiert wird und sich Strategiefragen mitunter zu ernsten Identitätsproblemen der Parteiführungen entwickeln (z. B. *Löwenthal,* 1981), hält die österreichische Politik im großen und ganzen an ihrem Routinebetrieb fest. Die Haltung der politischen Elite bietet so ein getreuliches Spiegelbild jenes „politischen Idyllismus", der auch das Politikverständnis weiter Bevölkerungskreise mitbestimmt und verengt:

> „Politischer Idyllismus ist ein politisches Einstellungsmuster, welches Probleme der parlamentarischen Demokratie und ihrer politischen Umwelt klischeehaft und realitätsgebrochen wahrnimmt, ohne dabei mit politischem Desinteresse oder mit Teilnahmslosigkeit identisch zu sein." (*Windhager,* 1981b, S. 20).

Die geringe Innovations- und Risikobereitschaft, die mit einer solchen Haltung untrennbar verbunden ist, begünstigt eine Abkapselung vor „unangenehmen“ Problemen und den Rückzug der politischen Führungsgruppen in eine Scheinwirklichkeit. Amerikanische Autoren haben dies den „Magnifier-Effekt“, den Vergrößerungseffekt genannt: „Es ist dies eine politische Haltung, die sich vormacht, daß die Mehrzahl der Wählerschaft aktiv an dem interessiert sei, was in Wahlkämpfen und in den folgenden parlamentarischen Debatten vor sich gehe. Daß dies ein demokratischer Mythos ist, hat sich längst erwiesen.“ (*Noack,* 1980, S. 226).

Wenngleich die Selbstüberschätzung der österreichischen Politiker, ihr funktionaler Sprachstil, der – oft zwischen dem leeren Pathos von Sonntagsreden und der Sprödheit von Aktenvermerken schwankend – vielfach die innere Leidenschaft des „Berufs zur Politik“ (*Max Weber*) verloren hat, im Detail durch die Wirkungsweise der elektronischen Massenmedien noch „überhöht“ und perfektioniert wird, wurzelt sie doch nicht zuletzt in der obrigkeitsstaatlichen Tradition unserer politischen Kultur: „Politische Kultur ist zu einem Gutteil bürokratische Kultur, Verwaltungskultur . . . Zur Hegemonie der Funktionäre des polit-ökonomischen Systems kommt die Hegemonie der Mandarine des administrativen Bereichs.“ (*Welan,* 1981, S. 95).

Diese Tendenz zur Selbstüberschätzung führt in Verbindung mit dem wachsenden Funktionsverlust der Parteiorganisationen als Mittler von Bevölkerungsinteressen, der zunehmenden Reduktion von Außenkontakten auf die Absolvierung von wahl- und parteipolitischen „Pflichtterminen“ und der permanenten Kreation eines medialen „Politspektakels“ zu einer spürbaren „Introvertiertheit“ des politischen Systems. Das politische System gerät in Gefahr, „das Interesse an sich selbst“ zum „Interesse der Politik an sich“ hinaufzustilisieren und beschleunigt so die „fortschreitende Entfremdung (zwischen, Anm. d. A.) der politisch-administrativen Elite und der Bevölkerungsmehrheit“ (*Klages,* 1981, S. 65).

Je mehr aber diese bürokratisch-mediale Scheinwirklichkeit die Realität zu überwuchern droht, umso geringer wird die Fähigkeit des politischen Systems auf Veränderungen in seiner ökonomischen, soziokulturellen und (außen)politischen Umwelt zureichend und innovativ reagieren zu können. Der Extremfall zeigt sich am Beispiel der Wiener Kommunalpolitik, wo eine spezifische Kombination von politischem Realitätsverlust und versteinerten politischen wie Verwaltungsstrukturen eine massive Abnahme von Folgebereitschaft auf Seiten (selbst) der (parteiorganisatorisch) erfaßten Basis und ernste Legitimitätseinbußen des politischen Systems als ganzem, wie der regierenden Sozialistischen Partei im besonderen bewirkt hat.

Dabei steigt das Anforderungsniveau an das politische System beträchtlich. Vor dem Hintergrund sinkender Wachstumsraten und einer Verknappung verfügbarer Ressourcen und Verteilungsspielräume werden auch die bisherigen Garantieversprechungen fragwürdig. Das Problem liegt dabei weniger in einer „absoluten Überforderung" des Wohlfahrtsstaates – also im Auseinanderklaffen von Ansprüchen und Leistungsfähigkeit (*Streiffeler,* 1975; *Hennis/Kielmansegg/Matz,* 1977, 1979) als in der Verbindung von wachsenden Anforderungen und „expansivem" Politikverständnis (*Luhmann,* 1981). Dieses expansive Politikverständnis – das in Österreich die politische Umsetzung des sozial-liberalen Konsenses wesentlich bestimmte – hat der staatlichen Politik eine Art Gesamtverantwortung für die Gesellschaft zugeschrieben und jede Problemlage als a) politikbedürftig und b) politisch lösbar definiert; wobei man die Lösungen vor allem in einem Zuwachs an staatlich-bürokratischen Regelungsmechanismen und interventionistischen Maßnahmen gesehen hat.

Genau dieses Problemlösungsmuster wird nun aber selbst zum Problem: Zum einen erweisen sich eben nicht alle Probleme als politisch-administrativ „lösbar", zum anderen stoßen Art und Kosten der Intervention auf immer größere Widerstände. Überdies richten sich die Bedürfnisse und Ansprüche relevanter Bevölkerungsgruppen zunehmend auf Bereiche, die – wie Umweltpolitik, soziale Gerechtigkeit und qualitative Werte – vom politischen System bislang vernachlässigt und auch (interessen)organisatorisch kaum erfaßt worden sind.

Der österreichische Parteienstaat gleicht so in mancher Hinsicht jenen urzeitlichen Echsen, die unter den klimatischen Verhältnissen einer bestimmten Epoche zur dominanten Spezies aufgestiegen sind und es auch zu einem beeindruckenden Riesenwuchs gebracht haben, denen aber dafür die Anpassung an geänderte Umweltbedingungen umso schwerer fällt. Noch beherrschen sie kraft ihrer Masse die Szene, zu ihren Füßen huschen jedoch schon die kleinen und wendigen Vorläufer der Säugetiere umher.

Dementsprechend wird die Zukunft des Parteienstaates mit hoher Wahrscheinlichkeit nicht durch defensive Lethargie, sondern nur durch Innovations- und Risikobereitschaft gesichert werden können. Nicht in zahlenmäßigem Wachstum und besserer Panzerung (etwa durch Disziplinierungsversuche und die Bildung von Machterhaltungskartellen), sondern in „Abspecken" und Flexibilität liegt seine Überlebenshoffnung.

Dies bedeutet zunächst die Hinwendung zu einem „restriktiven" Politikverständnis, bei dem sich die politischen Akteure der Grenzen ihrer Möglichkeiten bewußt werden und diese auch zu akzeptieren lernen. Eine derartige Strategie der Selbstbeschränkung bietet nicht nur die Chance, die lähmende Selbstüberforderung des politischen Systems zu beseitigen, sondern auch die tieferen Ursachen des politischen Unbehagens rechtzeitig und grundsätzlich zu bekämpfen: „Der Versuch könnte sich lohnen, die Äußerungsformen der Politik von Verbesserungseifer mit resignativen Untertönen auf Realitätsdiagnose mit Distanz zum eigenen Geschäft umzustellen.“ (*Luhmann,* 1981, S. 153).

Ein Teilrückzug aus bestimmten sozialen, kulturellen und wirtschaftlichen Bereichen sowie der Verzicht auf eine ständige mediale Präsenz um ihrer selbst willen würde den Parteien die Möglichkeit geben, ihre intellektuellen, personellen und organisatorischen Ressourcen wie Anstrengungen auf substanzielle politische Fragen zu konzentrieren, anstatt sie in inhaltsleerem und letztlich folgenlosem politischen Aktionismus zu vergeuden. Auf diese Weise würde ihr Engagement dann dort, wo es wirklich zum Tragen kommt, vieles an Glaubwürdigkeit und Mitarbeitsbereitschaft (zurück)gewinnen; wie auch der permanente Zwang zur Rücksichtnahme auf die überall verankerten Funktionäre und Gesinnungsfreunde weitgehend entfallen dürfte. Wobei dieser Versuch – sein Gelingen vorausgesetzt – den introvertierten und überforderten Parteienstaat wieder zu einem offenen, vitalen und kreativen demokratischen Gemeinwesen machen könnte, in dem den politischen Organisationen die Funktion der Interessenvertretung und Initiativsetzung und nicht die der überbordenden Regulierung und detaillierten „politischen Kleinkrämerei“ zukommt.

Analoges gilt für Organisationsstrukturen und Mitgliedschaften. Das traditionelle Streben nach lückenloser parteipolitischer Durchorganisation aller gesellschaftlichen Sphären und nach möglichst totaler Erfassung aller dort Tätigen führt in letzter Konsequenz ja nicht zu mehr politischer Handlungsfähigkeit, sondern nur zum Anwachsen von Opportunismus und zur Verärgerung der Zwangsbeglückten. Natürlich können historisch gewachsene Massenparteien nicht über Nacht zu „Mitarbeiterparteien neuen Typus' “ werden, die Tendenz der Entwicklung sollte aber doch in Richtung auf eine stark reduzierte Mitglieder- und Funktionärsbasis und auf eine Öffnung gegenüber nicht oder nur zeitweise parteilich engagierten und initiativen Bürgern gehen. Gerade das wachsende Bedürfnis immer breiterer Bevölkerungskreise nach Mitsprache und eigenständiger Gestaltung ihrer Lebens- und Arbeitsverhältnisse darf nicht als Anlaß für parteipolitische Vereinnahmungsversuche mißverstanden, sondern müßte als Auftrag zur „Hilfe zur Selbsthilfe“ angesehen werden.

An der Spitze der inhaltlich-politischen Prioritäten schließlich stehen die Bewältigung des Übergangs zu einer Phase reduzierten wirtschaftlichen Wachstums, die finanzielle wie organisatorische Reform des sozialbürokratischen Wohlfahrtsstaates, vor allem aber die Suche nach einem neuen politischen Konsens: Zentrales Thema dieses Konsenses, der vielleicht auch einen neuen Abschnitt in der politischen Kultur unseres Landes einleiten könnte, ist ein glaubwürdiger und einigermaßen praktikabler Interessenausgleich zwischen dem Streben nach materieller Sicherheit und sozialem Ausgleich auf der einen sowie der Bewahrung einer gesunden und menschenfreundlichen Umwelt auf der anderen Seite. Dies wird zumindest am Anfang durchaus zu Friktionen selbst innerhalb der politischen Institutionen führen – etwa zur Ausbildung von „grünen Flügeln" in den Parteien und zu dementsprechenden internen Auseinandersetzungen, von Fall zu Fall auch zur Abspaltung von konsensunfähigen oder -unwilligen Gruppen; die Alternative hiezu besteht freilich in einem spürbaren Anstieg des gesamtgesellschaftlichen Konfliktniveaus und in vermehrten (wohl auch gewaltsame Formen annehmenden) Konfrontationen zwischen der etablierten Politik und alternativen Gruppen, die dann auf immer stärkeren Zulauf insbesondere von seiten der Jugend und der Bildungsschicht rechnen können. Ein Konflikt auf dieser Ebene dürfte wohl aber das Ende einer bisher stabilen politischen Kultur mit sich bringen.

4. DIE JUGEND IM PARTEIENSTAAT

4.1 Österreich – politische Kultur ohne Jugend?

Wer die politische Kultur der zweiten österreichischen Republik in ihrer historischen Entwicklung betrachtet, der stößt bald auf ein charakteristisches Ablaufschema: Unter dem Druck äußerer oder innerer Herausforderungen kommt es von Zeit zu Zeit zu grundlegenden politischen „Innovationsschüben" (Sozialpartnerschaft, große Koalition, nationale Identitätsfindung nach 1945; sozial-liberaler Konsens, sozialistische Alleinregierungen, „Medialisierung" der Politik nach 1970), welche eine Anpassung des politischen Systems an seine veränderte außenpolitische, wirtschaftliche oder sozio-kulturelle Umwelt ermöglichen. Die Veränderungen betreffen auch die politische Kultur, wo sie zu Wandlungsprozessen in den politisch relevanten Wertorientierungen bzw. zur Umstrukturierung von Handlungsnormen wie Verhaltensmustern führen.

Dieser langfristigen Innovationsfähigkeit steht freilich eine zumindest mittelfristige Tendenz zur politischen Stagnation gegenüber: haben sich institutionelle Reformen und neue Konsensstrukturen einmal etabliert, so entwickeln sie ein ausgeprägtes Beharrungsvermögen; graduelle Anpassungen an veränderte Umweltbedingungen werden nur unter großen Friktionen und zumeist mit erheblichen Zeitverzögerungen (nach)vollzogen.

Ein derartiges Entwicklungsmodell ist nun gerade für das Verhältnis von Jugend und Politik nicht unproblematisch. Die überwiegende Mehrheit der Jugendlichen sieht sich ja mit einem politischen System konfrontiert, das zwar materielle Ansprüche und individuelle politische Aufstiegsmöglichkeiten vielfach zu befriedigen versteht, gleichzeitig aber einen starken Anpassungsdruck mit geringer Änderungsbereitschaft verbindet. Es entsteht eine spezifisch „jugendlose" politische Kultur: wer sich den dominanten Werten und Verfahrensweisen unterordnet, wird leicht integriert, unterliegt aber einem schnellen politischen „Alterungsprozeß"; wer dazu nicht bereit oder nicht in der Lage ist, findet sich bald in der Rolle eines störenden Außenseiters wieder. „Jungbleiben" im politischen Sinn, also ständige Veränderungsbereitschaft und aktiver Veränderungswillen – besonders wenn sie sich auch in unkonventionellem Verhalten niederschlagen – endet so im Regelfall mit der freiwilligen oder erzwungenen Abnabelung vom relevanten politischen Geschehen.

4.1.1 Von der Konfrontation zur Erfolgsgeneration

Ein gehöriges Ausmaß an gegenseitigem Mißtrauen und an Konfrontation zwischen Jugend und etablierter Politik zieht sich durch einen Gutteil der jüngeren österreichischen Geschichte. Die letzten Jahrzehnte der Donaumonarchie, aber auch die kurzen Jahre der Ersten Republik sind nicht zuletzt durch beinahe ständige Gegensätze und Auseinandersetzungen zwischen Staatsmacht und (politisch engagierter) Jugend gekennzeichnet. Dem wachsenden Nationalismus gerade seiner jungen „Untertanen" weiß das habsburgische Herrscherhaus – verkörpert durch einen Kaiser, der schon als „Vierziger . . . auf den ersten Blick beinahe so aus(sah), wie der Achtziger noch aussehen sollte" (*Herre,* 1958, zit. nach *Heer,* 1981, S. 262) – keine positiven Ziele entgegenzusetzen. Die christlichsozialen Regierungen der Zwischenkriegsjahre, vor allem aber die Vertreter des autoritären Regimes nach 1934 sehen sich (selbst dort wo sie in die Offensive gehen) eigentlich in einen ständigen Abwehrkampf gegen Nationalsozialismus und Sozialdemokratie verwickelt. Der Drang zum Überleben führt in die Repression; zum Aufbau einer eigenständigen politischen Identität, zur Integration wenigstens der Mehrheit der Jugend reicht es auch hier nicht.

„Die Geringschätzung der Jugend, in die sich eine geheime Angst vor ihrem revolutionären Potential mit hochmütiger Ablehnung ‚junger Leute' mischte, hat der franzisko-josephinische Staat den ‚Konservativen', den Christlichsozialen und noch führenden Männern des ‚Christlichen Ständestaates' in der Ersten Republik und bürgerlich-konservativen Politikern in der Zweiten Republik vererbt." (*Heer,* 1981, S. 262)

Das tödliche Fanal setzen schließlich die Nationalsozialisten: selbst zunächst unter anderem durch eine Woge fehlgeleiteter jugendlicher Begeisterung an die Macht gespült, führen sie in der Endphase ihrer Herrschaft einen Krieg gegen die eigene Jugend: das „letzte Aufgebot" muß noch knapp vor dem Endsieg der Alliierten seinen Vätern in den sinnlosen „Heldentod" folgen (siehe etwa den Film „Die Brücke" von *B. Wicki*).

Es verwundert nicht, daß die Erfahrungen dieser Periode eine *(politik)skeptische Generation*[1] heranwachsen lassen, die ihr Lebensziel eher im Privaten und im wirtschaftlichen Aufbau suchen. Eine Tendenz, die noch durch die Haltung der etablierten Parteipolitiker verstärkt wird: bei allen Verdiensten um die Wiederherstellung des Landes und bei aller Gegensätzlichkeit im politischen Detail weiß man sich doch im Streben grundsätzlich einig, die „unbequemen Mahner" aus der Widerstandsbewegung und der Emigration rasch im politischen Abseits verschwinden zu lassen. Die politische Rolle der Jungen ist klar definiert: Nachwuchs für den Parteienstaat und zwar innerhalb der bestehenden Großorganisationen und Spielregeln. Den vielleicht größten Beitrag zur „Entjugendlichung" der Politik liefert aber das Bildungssystem: nicht nur ist Politik an der Schule offiziell verpönt und wird vielfach auch per Schulordnung disziplinär verfolgt; die Jugend wird auch einem Lehrkörper ausgeliefert, der zu einem Gutteil – freiwillig oder unfreiwillig – in seiner Beamtenlaufbahn fünf verschiedenen Regimen Treue gelobt hat. Die Konsequenz aus dieser Lebensgeschichte lautet für viele: Politik ist ein schmutziges Geschäft, von dem man besser „die Finger lassen" soll; die Vergangenheit ist kein Lehrstück, sondern (jedenfalls soferne sie noch jünger ist) tunlichst zu vermeiden – für zigtausende Schüler endete der Geschichtsunterricht noch in den sechziger Jahren mit dem Ersten Weltkrieg.

Findet die Mehrheit der Jugendlichen ihre Lebensinteressen primär in der Privatsphäre und in den Ansätzen der sich nun langsam abzeichnenden „Wohlstandsgesellschaft", so verläuft die politische Sozialisation des aktiven Teils fast ausschließlich über die traditionellen kirchlichen und Parteiorganisationen. Es ist die Blütezeit der Roten Falken und der Katholischen Jugend, der diversen Studenten„parteien", Parteijugendlichen und der Kartellverbände (mit „C" und mit „K"). Selbst die gegen Ende der sechziger Jahre zunehmenden gesellschaftskritischen Töne kommen zunächst noch aus eben diesen Organisationen; die Aktivisten der Mittelschüler- und Studentenbewegung von 1968 haben ihre politische „Karriere" zumeist in der Katholischen Jugend, beim Verband Sozialistischer Mittelschüler und beim VSStÖ begonnen.

Parteien und Bildungsinstitutionen werden denn auch von den Studentenunruhen – die im übrigen weit schwächer sind als in den meisten anderen westlichen Ländern und nur einen weit geringeren Teil der Hochschüler erfassen – relativ unvorbereitet getroffen. Die Reaktion ist eine Mischung aus Hilflosigkeit (vor allem von seiten der Schule und der Universität) und Reformversuchen mit teilweiser Repression (von seiten der Parteien und der Exekutive). Die Integrationskraft ins-

---

[1]) Eine detaillierte Periodisierung findet sich bei Hochgerner (1981). Wie auch in anderen Bereichen existiert freilich ein gravierender Mangel an wissenschaftlich fundiertem Material zur Situation der Jugend in den ersten beiden Nachkriegsjahrzehnten.

besondere der „linken Reichshälfte" erweist sich dabei als hoch – im Endeffekt finden sich viele intellektuelle Wortführer der 68er-Revolte wenige Jahre später in diversen Forschungs- und Bildungsinstitutionen wieder: auf diese Weise wird ihre potentielle innerparteiliche Sprengkraft in der SPÖ größtenteils entschärft (tatsächlich kommt es zu keiner den deutschen „Jusos" vergleichbaren Flügelbildung); zugleich stellen sie ein parteinahes bis integriertes intellektuelles Potential für die mittleren Positionen im Bildungs- und Forschungsbereich dar. Für die Volkspartei sind die Folgen weit unerfreulicher: zwar vermag auch sie einen Teil ihrer „kritischen Geister" zu binden, der Großteil der politisch aktiven wie inaktiven Jugend wandert aber doch zu den „Reformsozialisten" ab.

Der gesellschaftskritische Anstoß der Studentenbewegung[2] wirkt noch in die erste Hälfte der siebziger Jahre hinein, in einzelnen Fragen werden auch Teile der Lehrlinge erfaßt. 1977 orten *Kramer/Kramer* (1977; Datenbasis 1973) eine recht hohe Bereitschaft zu unkonventionellen Partizipationsformen (Demonstrationen); *Rosenmayr* (1980; Datenbasis 1974) stellt bei einer (im europäischen Vergleich freilich kleinen) Gruppe Jugendlicher Ansätze eines „postmateriellen Bewußtseins" fest. Dennoch gilt auch für diese Periode, daß

„stellt man die harmonisierenden Vorstellungen der Jugendlichen vom ‚sozialen Frieden' und die Erwartungen über individuellen Aufstieg der aus den konkreten Erfahrungen der Jugendlichen resultierenden Unzufriedenheit mit Schul- und Berufsausbildung gegenüber, so scheint allerdings in Österreich die emanzipatorische Seite dieses Widerspruches noch nicht weit entwickelt zu sein."
und: „Dieser oppositionellen Bewegung stehen eingespielte Mechanismen und Techniken der Konfliktabschwächung und Repression entgegen . . . Momente spontaner politischer Aktion, die es den Betroffenen – hier den Jugendlichen – ermöglichen würden, ihre Interessen autonom zu artikulieren und an der Lösung der Probleme selbst mitzuwirken, werden weitgehend unterdrückt." (*Kramer/Kramer,* 1977, S. 564 und S. 565)

Weitergesteckte Erwartungen – insbesondere Vorstellungen, daß die „Verschärfung gesellschaftlicher Widersprüche" in verstärktem Ausmaß auch auf die jüngere Generation durchschlagen würde – erfüllen sich freilich nicht. Im Gegenteil: Werbewirtschaft und politische Parteien verstehen es zunächst, eine Art *polit-kommerziellen Jugendkults* zu propagieren, der Elemente unkonventionellen Verhaltens mit denen der allgemeinen Jugendkultur verbindet. So wie in den Werbespots der Konsumgüterindustrie zeitweise die (je nach Geschmack)

[2]) Die – in Österreich nie besonders starke – Studentenbewegung selbst unterliegt aber schnell einer extremen Zersplitterung in kleine – einander befehdende und von internen Krisen geschüttelte – Gruppen.

milch- oder whiskytrinkende Erfolgsgeneration dominiert, betritt in der Politik der smarte Jungpolitiker – nach Möglichkeit mit leicht revolutionärer bis unkonventioneller Vergangenheit – das öffentliche Parkett. Die Jugendlichkeit dieses Typus' ist allerdings vielfach eine künstlich-sterile: mitunter bis ins Extrem an die vorherrschenden gesellschaftlichen und kulturellen Stereotype angepaßt, ähneln sie einander quer durch die Parteien wie eineiige Zwillinge mit unterschiedlich gefärbter Modefrisur. Da sie ihre Politkarriere zudem meist schon in den sechziger Jahren begonnen haben, kommen sie nun langsam ins (politische wie biologische) Alter. Ihre symbolische Leitfigur, der Finanzminister und stellvertretende Parteivorsitzende der SPÖ – noch 1973 der (unter der Jugend) beliebteste Politiker (*IMAS,* 1973) und gemeinsam mit dem Bundeskanzler von einigen wenn auch wenigen Jugendlichen als Vorbild anerkannt – erweist sich überdies als etwas „zu smart": Aufgrund seiner sehr ausgeprägten Verbindung von politischem und ökonomischem Erfolgsstreben gerät er in das Schußfeld innerparteilicher und oppositioneller Kritik; im Konflikt zwischen politischem (Zieh-)Vater und Sohn siegt schließlich das Alter – der ehemalige „Kronprinz" wird zum Ausstieg aus dem politischen und zum Einstieg in das Bankgeschäft veranlaßt. Über all dem thront die mit zunehmendem Alter immer mehr Schutz und Geborgenheit einflößende (Groß)Vaterpersönlichkeit des Bundeskanzlers, der langsam aber sicher in die Rolle eines zweiten Kaiser *Franz Joseph* hineinwächst.

Ein *erster Einbruch* in die scheinbar so unpolitische Konsumidylle der „Erfolgsgeneration" erfolgt 1976. Im Anschluß an ein Jugendfestival, das zunächst als unkonventionelles Ergänzungsprogramm zu den Wiener Festwochen programmiert war, besetzt eine Gruppe von Jugendlichen das Gelände des ehemaligen Schlachthofes St. Marx. Diese „ARENA-Bewegung" wird zum Anziehungspunkt nicht nur zehntausender junger Menschen, Neugieriger, ausländischer Besucher, politischer Agitatoren, Sozialarbeiter und jugendlicher Randgruppen, für etwa ein Jahr lang etabliert sie sich auch als ein Stück alternativer Kultur und Lebensweise; ein soziales und kulturelles Experiment in ständiger Bewegung, interner Diskussion und Auseinandersetzung mit der Außenwelt. Die sozialistische Stadtverwaltung zeigt sich davon freilich eher unangenehm berührt – zum einen ist das Gelände für ein Textilgroßhandelszentrum vorgesehen, zum anderen hatte man sich die kulturpolitische Aktivität der Jugend so aktiv auch wiederum nicht vorgestellt. Es kommt zu monatelangen, zähen Aushandlungsprozessen, an deren Ende die gewaltlose Räumung des Geländes und das Versprechen eines selbstverwalteten Jugendzentrums an einem anderen Ort stehen. Inzwischen ist der ursprüngliche Schwung der ARENA aber weitgehend erlahmt, insbesondere zerfällt ihr spezifisches soziales Beziehungs- und Kommunikationsgeflecht, das Jugendliche unterschiedlichster sozialer Herkunft, politischer wie unpolitischer Orientierung und persönlicher Problemsituation auf einer Stelle zumindest miteinander koexistieren ließ.

Die *ausgehenden siebziger Jahre* bringen ein *neuerliches Absinken der politischen Aktivitäten Jugendlicher* und eine verstärkte Auseinanderentwicklung verschiedener Jugendkulturen: das Spektrum reicht von den „Poppers" der Wiener Nobelviertel, bis zu den (zumeist den kommunalen Wohnbau-Steinwüsten entstammenden) „Punks" und „Rockern"; erste Ansätze einer – wenngleich zahlenmäßig geringfügigen – Alternativkultur machen sich bemerkbar.

4.1.2 Postmaterialismus, Zukunftsangst und ökologischer Protest

Inzwischen hat sich die (west)europäische Jugendszene grundlegend verändert. In Ländern wie der Bundesrepublik, den Niederlanden oder der Schweiz ist eine „neue Jugendbewegung" entstanden, die – sei es als ökologische oder Anti-Atombewegung, sei es als Friedensbewegung – vielfach in eine offene Konfrontation mit dem etablierten politischen System tritt, bzw. sich teilweise in der Form von alternativen Subkulturen gegenüber der Gesamtgesellschaft abzugrenzen sucht.

Diese Entwicklung ist verschiedentlich als Folge eines umfassenden Wertwandels interpretiert worden (*Inglehart,* 1979a, b, c): Die Erfahrung langeandauernden ökonomischen Wachstums und weitgehender materieller Sicherheit und Bedürfnisbefriedigung führe bei der jungen Generation zur Entwicklung „postmaterialistischer" Werte, in deren Zentrum qualitative Bedürfnisse, Partizipationsforderungen und die Umweltfrage stünden. Zweifelsohne stellt die Theorie des Postmaterialismus einen wesentlichen forschungsstrategischen Fortschritt gegenüber konservativen und kultur-pessimistischen Spekulationen über einen angeblichen „Werteverfall" (*Noelle-Neumann,* 1978) dar, und hat sich insbesondere für die empirische Forschung als fruchtbar erwiesen (*Barnes/Kaase,* 1979; *Rosenmayr,* 1980). Ihre theoretische Fundierung und begriffliche Unschärfe (*Lehner,* 1979; *Plasser/Ulram,* 1981) bringt aber beträchtliche Probleme mit sich, wie sie auch zur kausalen Erklärung der internationalen Jugendbewegung nur sehr abstrakte Antworten gegeben hat.

Verbreitete materielle Sicherheit, die Expansion des Bildungssystems, vermehrter Zugang zu höheren Bildungschancen und Lehrplan- wie Schulorganisationsreformen, die die Alltagspraxis in den Ausbildungsinstitutionen verändern, haben sicherlich zum Entstehen „postmaterialistischer" Bewußtseinsinhalte beigetragen. Dies gilt vor allem für maßgebliche Gruppen in der höheren Bildungsschicht. So ortet etwa *Küchler* (1981) im aktiven Kern der Ökologie- und Friedensbewegung in der Bundesrepublik geradezu die Herausbildung einer politischen und sozio-kulturellen Gegenelite.

Tabelle 65:
Materialismus versus Postmaterialismus nach Schulbildung

in Prozent	Bevölkerung (insgesamt)	Schulbildung basale Ausbildung	mittlere Ausbildung	höhere Ausbildung
Materialisten	78	81	77	65
Postmaterialisten	22	19	23	35
	100	100	100	100

Quelle: Dr. Fessel + GfK, Politische Umfrage *(1981)*

Für die Mehrheit der Jugendlichen darf das Vordringen von qualitativen Bedürfnissen und Ansprüchen aber nicht als tendenzielle Verzichtserklärung auf die Annehmlichkeiten eines auch materiell hochentwickelten Lebensstandards interpretiert werden. Nicht das materielle Zielniveau hat sich gewandelt, sondern der Gratifikationswert der materiellen Güter (*Brunmayr,* 1981). Gewandelt hat sich die Einstellung zu den unerwünschten Konsequenzen des Wachstums, die als Zerstörung der natürlichen Lebenswelt, als Verlust sozialer Orientierung und menschlicher Geborgenheit bei den Jugendlichen eine neue und tiefgehende Betroffenheit erzeugen, der die Gesamtgesellschaft ratlos und selbst überfordert gegenübersteht.

Tabelle 66:
Materialistische und postmaterialistische Wertprioritäten

in Prozent	Zielhierarchie (1. Rangplatz) Gesamtbevölkerung	unter 24jährige
Materialistische Wertprioritäten:		
Die Ordnung in unserem Land aufrechterhalten	53	38
Die Inflation wirksam bekämpfen	22	16
Postmaterialistische Wertprioritäten:		
Die Freiheit des Einzelnen schützen	17	25
Mehr Möglichkeiten zur Mitsprache bei politischen Entscheidungen schaffen	6	17

Quelle: Dr. Fessel + GfK, Politische Umfrage *(1981)*

Die Zunahme „postmaterialistischer" Orientierungen und Bedürfnisse ist so keine radikale Abkehr von traditionellen Werten, sondern eine qualitative, auch auf Sinnfragen bezogene Ergänzung des Wertespektrums (*additiver Wertwandel*). Eine Entwicklung, die in Österreich allerdings erst in Ansätzen spürbar und verhaltensrelevant zu werden scheint.

Darüber hinaus sieht sich die „unberechenbare Generation" (*Gehmacher,* 1981) veränderten sozio-ökonomischen und politischen Bedingungen gegenüber, die das Ihre zur Steigerung von jugendlicher Unruhe beitragen:

(1) Die pessimistischen Zukunftserwartungen, die starke Verunsicherung der Jugendlichen über ihre zukünftigen Chancen am Arbeitsmarkt, die in einer diffusen Zukunftsangst ihren Niederschlag finden, bilden den aktuellen und psychologischen Hintergrund für jugendlichen Protest, Flucht in alternative Subkulturen (die den Einzelnen vom gesellschaftlichen Leistungsdruck befreien), Apathie, Resignation bzw. neurotische „Überanpassung" an die Leistungserfordernisse einer Industriegesellschaft, die die bittere Erfahrung macht, daß ihre Produktions- und Verteilungsressourcen immer knapper werden. Es darf nicht verwundern, wenn die existentielle Verunsicherung gerade unter den Jugendlichen überdurchschnittlich ausgeprägt ist. Die „unruhigen" Jugendlichen von heute sind in einer Gesellschaft aufgewachsen, die Lebensstandard, gesicherte berufliche Karriere und garantierte Wachstumsraten zu „sozialen Rechten" erklärt hat und die gegenwärtig vor dem Dilemma steht, diese Garantieversprechen nicht mehr einhalten zu können.

(2) Neben der „Wachstumsenttäuschung", die die Gesellschaft zwangsweise den heranwachsenden Generationen bescheren wird müssen, konfrontiert sie diese Jugend mit den negativen Folgeerscheinungen vergangener Wachstumsillusionen. Die Zerstörung der natürlichen Umweltbedingungen war solange politisch problemlos zu vertreten, als die Verantwortlichen gleichzeitig auf den materiellen Nutzen für die Bevölkerung hinweisen und als „Entschädigung" für die sukzessive Zerstörung der natürlichen Umwelt eine weitere Steigerung des materiellen Lebensstandards in Aussicht stellen konnten. Mittlerweile beginnen derartige „Tauschgeschäfte" immer fragwürdiger zu werden und das Anwachsen des „ökologischen Protests" unter der jüngeren Generation deutet darauf hin, daß man in Zukunft mit Lebenschancen nicht mehr „wie mit Glasperlen" tauschen und handeln können wird.

(3) Anlaß zu vermehrter „Unruhe" bietet auch die angespannte Weltsituation und das Brüchigwerden von früher gleichsam selbstverständlichen Interpretations- und Bewältigungsmustern für internationale Probleme. Wenn auch die Friedensbewegung bei uns erst in ihren Anfängen steht und aufgrund der Sonderstellung eines neutralen Staa-

tes weniger unmittelbare politische Anknüpfungspunkte findet, so bildet sich doch unter der Oberfläche der österreichischen Wohlstandsgesellschaft ein neues „Angstpotential" heraus.

Tabelle 67:
Weltpolitische Ängste der Bevölkerung (1981)

in Prozent	Bevölkerung (insgesamt)	Jugendliche 14- bis 19jährige
In den nächsten Jahren wird es wieder zu einem „kalten" Krieg zwischen den Supermächten kommen	23	26
In den nächsten Jahren wird es zu kleinen militärischen Konflikten zwischen den Supermächten kommen	20	25
In den nächsten Jahren kommt es zu einem „großen" Krieg zwischen den Supermächten	11	19

Quelle: Dr. Fessel + GfK, Demokratische Partizipation in der Außenpolitik *(1981)*

In der neuen Jugendbewegung wirkt also eine Vielzahl von Motiven, Ängsten und Sehnsüchten (dazu *Eidgenössische Kommission,* 1980; *Mast,* 1980; *Haller,* 1981), die das Lebensgefühl und die Wertorientierungen der Jugend in den westlichen Industriegesellschaften prägen. Gerade diese Heterogenität der Ursachen läßt vermuten, daß sich hinter den spektakulären Auftritten einer aktionistischen Minderheit – die von den Massenmedien fälschlicherweise oft als „die Jugend" dargestellt und vermarktet wird – weitgehende Zonen eines „stillen Unbehagens" verbergen. Manches davon ist auch in Österreich anzutreffen und belastet zusätzlich die – ohnehin schon traditionell etwas problematische – Position der Jugend im Parteienstaat.

4.1.3 Jugend und Politik: skeptische Distanz

Die Ambivalenz der Jugend, wie sie in der Einstellung zur sozialen und kulturellen Entwicklung zum Tragen kommt, zeigt sich auch in ihrem Verhältnis zur Politik. Die österreichische Jugend am Beginn der achtziger Jahre macht auf den ersten Blick den Eindruck einer „braven Generation"[3]: Tendenzen zu politischem Radikalismus sind äußerst

[3]) Hochgerner (1981) interpretiert die Ergebnisse unserer Jugendstudie (Piskaty et al., 1981) als versuchten Nachweis von „Apolitie" und „Desinteresse" der Jugend. Dies ist nicht unsere Ansicht. Wohl aber sehen wir ein weitgehendes Desinteresse der Jugend an einer bestimmten, nämlich ausschließlich medial vermittelten, von den politischen Parteien und ihren Vorfeldorganisationen getragenen, und von den konkreten Lebensinteressen vielfach abgehobenen Politik.

schwach ausgeprägt – ganze zwei Prozent sehen ihre politische Position an den Extremen des politischen Spektrums angesiedelt –, der Grad an politischer Übereinstimmung mit den Eltern ist (selbst im Vergleich zu den siebziger Jahren, dazu *IMAS,* 1973; *Gehmacher,* 1981) verhältnismäßig hoch.

Tabelle 68a:
Politische Übereinstimmung mit den Eltern

in Prozent		
Es sind mit den Eltern bei politischen Fragen einer Meinung:	meistens:	36
	manchmal:	36
	eher selten:	16
	fast nie:	7

Tabelle 68b:
Parteipräferenz von Jugendlichen und Vätern

	Vater steht nahe der			
in Prozent	SPÖ	ÖVP	FPÖ	keine Angabe
Jugendliche finden am sympathischsten die:				
SPÖ	67	14	1	18
ÖVP	5	82	1	12
andere/unklar	4	16	9	71 (.. 100%)

Quelle: Dr. Fessel + GfK, Jugend und Politik *(1980)*

Gleichzeitig findet sich aber auch ein – wenngleich zunächst noch eher diffuses und mitunter geradezu unpolitisches – Unbehagen am Parteienstaat und einigen seiner zentralen Institutionen. Dies zeigt sich unter anderem in steigender Verunsicherung und zunehmender Entfremdung vom etablierten politischen Geschehen.

Die heutige Jugend hat ihre politische Sozialisation fast ausschließlich in der Ära des sozial-liberalen Konsenses erfahren; ein Gutteil seiner zentralen Wertmuster – wie ausgeprägtes Sicherheitsdenken, individuelle Aufstiegsorientierung und starkes Vertrauen in die materielle Leistungsfähigkeit von Staat und Parteien – findet auch in ihr positiven Widerhall. Zugleich verspürt aber gerade die junge Generation die Anzeichen eines Brüchigwerdens dieses Konsenses; erlebt sie die zunehmende Stagnation, Versteinerung und Alterung einer ursprünglich als Reformbewegung angetretenen zehnjährigen sozialistischen Alleinregierung. Die gesellschaftliche und wirtschaftliche Entwicklung wird – auch wenn man zunächst nicht unmittelbar davon betroffen ist – als tendenziell bedrohend, jedenfalls aber als unsicher empfunden (Angst vor ökonomischen Krisen, Arbeitslosigkeit, [Atom-] Technologie, politischen Unruhen und Terror); für den politisch aktiven Teil schlägt überdies noch der Verlust früherer Identifikationsmöglichkeiten (wie sie etwa die Befreiungsbewegungen in der Dritten Welt für die 68er Generation darstellten) negativ zu Buche[4].

Diese Jugendlichen sind in ihrer politischen Erfahrungswelt aber auch Kinder der „Fernsehgesellschaft". Schon von den ersten Kindheitsjahren an erweist sich das elektronische Medium als „die" politische Informationsquelle; die Rolle der Eltern erscheint demgegenüber eingeschränkt, jene des Freundeskreises weitgehend zurückgedrängt[5].

Gleichzeitig nimmt die (politische) Integrationsfähigkeit von Parteien und parteigebundenen Jugendorganisationen ab: die politischen Jugendorganisationen etwa sind nur jedem zweiten bekannt; man

Tabelle 69:
Politische Information von Kindern

in Prozent	alle Kinder, davon	6–7 Jahre	8–9 Jahre	10–11 Jahre	12–14 Jahre
sieht sich manchmal „Zeit im Bild" an	72	50	72	73	85
Eltern reden manchmal über Politik oder Politiker	45	32	41	48	53
redet manchmal mit Freunden/innen über Politik oder Politiker	13	2	5	11	26

(Differenz auf 100 Prozent jeweils „nein" bzw. „keine" Angabe)

Quelle: Dr. Fessel + GfK, Jugend und Politik *(1980)*

[4]) Zu den Folgen dieser „Außenereignisse" für die politische Kultur eines neutralen (und von der Rezession ebenfalls nur schwächer erfaßten) anderen mitteleuropäischen Kleinstaates siehe Meier-Dallach, 1978, 1980.

[5]) Den hier nicht erfaßten Printmedien – insbesondere den beiden größten österreichischen Tageszeitungen – kommt eine ähnliche, obschon schwächere Wirkung zu. Für die Jugendlichen (ab 14 Jahren) ist das Fernsehen zudem der wesentlich bedeutendere Träger politischer Information und Vermittler politischer Sinndeutung (Dr. Fessel + GfK, Jugend und Politik, 1980).

bescheinigt ihnen zwar gutgemeintes Bemühen, in den seltensten Fällen aber ein erfolgreiches Eintreten für die Interessen der Jugendlichen. Noch geringer sind die persönlichen Kontakte zwischen Jugendlichen und (Partei)Politik – und wo sie dennoch stattfinden, können sie nur wenige für ein weiteres parteipolitisches Engagement motivieren.

Gerade diese Trennung von persönlicher Erfahrungswelt und (einer immer mehr nur noch medial vermittelten „offiziellen") Politik verstärkt nun den Eindruck der Inauthentizität und Realitätsferne des politischen Geschehens. Politik wird so etwas, das abseits der täglichen und als bedeutsam empfundenen Lebenszusammenhänge „abläuft"; zu einer Art von Bühnenspektakel; man sieht ihr vielleicht (mitunter) interessiert zu, fühlt sich aber eigentlich nicht davon betroffen.

Die Beschäftigung mit Politik spielt denn auch im Vergleich zu anderen Bereichen – wie schulisches oder berufliches Erfolgsstreben, Pflege von Freundschaften, diverse Hobbies und soziales Engagement – eine deutlich nachgeordnete Rolle unter den Interessen der Jugendlichen. Man hält Politik zwar für einigermaßen bedeutsam, sucht sie aber so weit wie möglich von der Privatsphäre fernzuhalten; nur jeder zehnte kann sich für die Zukunft eine aktive Mitwirkung in der Politik vorstellen oder gibt an, „sehr stark" an Politik interessiert zu sein. Eine ähnliche Abstufung zeigt sich auch beim „Naheverhältnis" zum politischen System: Zwar steht nur eine kleine Minderheit der demokratischen Ordnung völlig gleichgültig gegenüber; daß der Wahlsieg der einen oder anderen Partei Auswirkungen auf das eigene Leben haben könnte, verneint aber fast die Hälfte[6].

Fehlt es also vielfach an konkretem Interesse, so findet man hingegen eine relativ hohe Bereitschaft zugunsten eines rein zweckrationa-

Tabelle 70:
Politischer Opportunismus nach Altersgruppen

in Prozent	alle Befragten davon:	bis 24 Jahre	25–39 Jahre	40–59 Jahre	60 Jahre und älter
kann sich vorstellen, einer Partei um persönlicher Vorteile willen beizutreten	28	41	34	25	14
kann es sich nicht vorstellen	69	56	64	73	82

Quelle: Dr. Fessel + GfK, Parteienverdrossenheit *(1981)*

[6]) Eine ausführliche Darstellung und Kommentierung der Studie „Jugend und Politik" findet sich im nächsten Kapitel. Alle hier zitierten Daten beziehen sich – so nicht ausdrücklich anders angegeben – auf diese Studie.

len bis geradezu opportunistischen Verhaltens gegenüber den Parteien. Nicht nur, daß die jüngeren Jahrgänge tendenziell „anpassungsbereiter" sind als ihre Väter (respektive Mütter), der explizite „Politzynismus" ist gerade bei Studenten besonders ausgeprägt.

Diese skeptisch-distanzierte, im (zahlreichen) Extremfall zur Ausnutzung der – freilich objektiv vorhandenen – Schwächen des Parteiensystems bereite Haltung schlägt sich auch in der Einschätzung der Politiker nieder. Daß die Volksvertreter die Unwahrheit sagen, bzw. vermeintliche Konflikte der Öffentlichkeit gegenüber nur vortäuschen, zählt zum Standardrepertoire des jugendlichen Politiker-Bildes; eine starke Mehrheit vermutet überdies im Streben nach Macht und persönlichem Vorteil die hauptsächliche Triebfeder politischen Engagements.

Die Kritik an der fehlenden Glaubwürdigkeit der Politiker verbindet sich aber nicht automatisch mit einer Geringschätzung ihrer Leistung: Verständnis für „die kleinen Leute", redliches Bemühen um die Wähler und eine im großen und ganzen erfolgreiche Bewältigung ihrer Aufgaben gesteht man ihnen durchaus zu. Analoges gilt für die Parteien: Glauben vier von zehn Jugendlichen, daß sie bestimmte Anliegen und Probleme vernachlässigen, so wird dies noch von mehr als der Hälfte verneint.

Obwohl sich das hier skizzierte Verhältnis zur Politik in letzter Konsequenz durch alle Gruppen zieht, so zeigen sich im einzelnen doch recht unterschiedliche Schwerpunktsetzungen: Im Regelfall sind Jugendliche mit höherem Bildungsgrad bzw. Kinder aus Angestellten- und Beamtenfamilien nicht nur politisch interessierter, sondern auch deutlich kritischer eingestellt als ihre Alterskollegen aus den unteren sozialen Schichten; gleichermaßen nehmen Interesse und Skepsis an den Qualitäten von Politikern und Parteien mit steigendem Alter zu.

Der recht hohe Grad an Zufriedenheit mit den materiellen Leistungen des politischen Systems erklärt sich nicht zuletzt aus dem Anforderungsprofil an die politischen Institutionen: wie bei den Erwachsenen stehen die Sicherheit von Arbeit und Einkommen sowie die Bewahrung von Gesetz und Ordnung eindeutig an der Spitze. Unzufriedenheit hingegen äußert man in den Bereichen Jugendpolitik, soziale Gerechtigkeit und Umweltschutz. Mit der sozialen Gerechtigkeit im Sozialstaat Österreich ist es nach Ansicht seiner jungen Staatsbürger ohnehin eher schlecht bestellt: soziale Benachteiligungen, vor allem aber ungerechtfertigte Gruppenprivilegien werden weitgehend als existent und auch als kritikwürdig empfunden – beinahe jeder dritte Jugendliche (also mehr als doppelt so viele wie bei den Erwachsenen) sieht denn auch in der Verminderung von sozialer Ungleichheit eine zentrale Aufgabe der öffentlichen Hand.

Fragen der Demokratie und Mitbestimmung nehmen einen weit geringeren Stellenwert ein. Bürokratiekritik, Partizipationsforderun-

Tabelle 71:
Einstellung zur sozialen Gerechtigkeit

in Prozent	ja	nein
Existenz von ungerechtfertigter sozialer Benachteiligung	47	50
Existenz von ungerechtfertigter sozialer Bevorzugung	59	39
Verminderung von Ungleichheit als wichtige bzw. unwichtige Aufgabe des Staates	29	38

Quelle: Dr. Fessel + GfK, Jugend und Politik *(1980)*

gen und Zweifel an der generellen Leistungsfähigkeit der staatlichen Institutionen bleiben weitgehend die Domäne der studentischen Bildungsschicht.

In den „klassischen" Politikfeldern gibt es somit – trotz weitverbreiteten Desinteresses, skeptischer Distanz und fehlender Bereitschaft, sich „mit der Politik einzulassen" – kaum Anzeichen für eine echte Bruchlinie zwischen Jugend und Parteien (oder Politikern). Wo, wie im Falle der sozialen (Un-)Gerechtigkeit, Versagen und Versäumnisse offenkundig werden, gerät die Kritik nicht zur fundamentalen Herausforderung an die politischen Institutionen, sondern eher zur Aufforderung, diese „Mißstände" zu beseitigen. Aber auch die meisten neuen, „postmateriellen" Wert- und Lebensorientierungen fungieren weniger als Abgrenzungspunkte gegenüber der traditionellen Politik, denn als Anreicherung und Ergänzung des politisch relevanten Wertespektrums oder werden als „unpolitisch" der persönlichen Lebensführung zugeordnet.

Etwas anders stellt sich die Situation allerdings bei der Umweltproblematik dar. Der Wunsch nach einer gesunden, sauberen Umwelt kann sich nicht nur als einzige nicht-materielle Zielsetzung neben dem massiven Sicherheitsbedürfnis und dem kaum geringeren Wohlstandsstreben behaupten, er wird auch zum eigentlichen Kristallisationspunkt von Unbehagen und potentiell dissidenter politischer Handlungsbereitschaft. Umweltschutz und Atomkraftgegnerschaft finden eine breite Gefolgschaft unter den Jugendlichen: 44 Prozent lehnen die Inbetriebnahme des Kernkraftwerkes in Zwentendorf ab, etwa jeder vierte hält die Ziele der „grünen Alternativbewegung" für teilweise versuchenswert oder stimmt mit ihnen größtenteils überein.

Stärker noch als die Erwachsenen verbindet die Jugend ein hohes Problembewußtsein in Umweltfragen mit einer ausgeprägten Skepsis bezüglich der Fähigkeit der etablierten Politik, dieses Problem zu lösen. Daß diese Kombination eines Tages auch wahlpolitische Konsequenzen haben könnte, zeigt sich nicht zuletzt in der prinzipiellen

Bereitschaft bei einem Fünftel der Jugendlichen, unter Umständen auch einmal eine „grüne Partei" zu wählen.

Tabelle 72:
Umweltbewußtsein und politische Handlungsbereitschaft

in Prozent	16–19 Jahre*)	20–24 Jahre*)	14–24 Jahre**)
empfinden Umweltschutz als persönlich „sehr wichtig"	61	57	—
Politik bewältigt Fragen von Umweltschutz und Lebensqualität schlecht oder ungenügend	51	38	—
Wahl einer Umweltschutzpartei bei Nationalratswahlen vorstellbar	—	—	21

Quellen: *) *IfES,* Wurzeln, Wesen und Chancen der „grünen" Bewegung (1981)
**) *Dr. Fessel + GfK,* Jugend und Politik *(1981)*

Für die Zukunft des Verhältnisses von Jugend und Politik in Österreich wird es also von entscheidender Bedeutung sein, ob und inwieweit es den Parteien gelingt, nicht nur ein akzeptables Politikangebot im Umweltbereich zu formulieren, sondern die Jugendlichen auch daran aktiv zu beteiligen. Hier besteht ein hohes Potential an politischem Interesse und Engagementbereitschaft, das heute in seiner Stoßrichtung noch nicht festgelegt ist.

4.2 Das politische Bewußtsein der österreichischen Jugend – eine empirische Untersuchung

Nicht zuletzt unter dem Eindruck der „Jugendrevolte" in Zürich und der permanenten Auseinandersetzungen zwischen Staatsmacht und (zumeist jugendlichen) Anhängern der „Alternativbewegung" in der Bundesrepublik Deutschland hat die „Jugendfrage" auch in Österreich einen sprunghaften Anstieg an Aufmerksamkeit erfahren. Während im Zentrum der wissenschaftlichen Publikationen insbesondere die Analyse des „Wertwandels" steht (*Gehmacher,* 1981b; *Brunmayr,* 1981, 1978), widmen die Massenmedien ihr vordringliches – mitunter geradezu „krampfhaft" anmutendes – Interesse dem Konfliktpotential der Jugend: mehr oder weniger offen ausgesprochen steht dabei die Frage im Raum, ob es auch in Österreich zu „Zuständen wie bei unseren Nachbarn" kommen wird.

Die vorliegende Studie[7] konzentriert sich demgegenüber auf den Bereich der (vermutlich) politikrelevanten Einstellungen der Jugend. Auf dem Hintergrund unserer Analyse und Dokumentation der politischen Kultur und der Veränderungen im österreichischen Parteiensystem soll das politische Bewußtsein der Jugend insbesondere im Hinblick auf längerfristig wirkende Einstellungen, Werthaltungen und Verhaltensnormen untersucht werden. Diese mögen – aufgrund von Lebenserfahrungen, einschneidenden Ereignissen und neuen Problemen – später nicht unwesentliche Modifikationen erfahren. Anzunehmen ist aber doch, daß das politische Bewußtsein der erwachsenen Staatsbürger von morgen zu einem Gutteil im Verhältnis von Jugend und Politik von heute wurzeln wird.

Betrachtet man „die Jugend" als eine zwar eigenständige, dennoch aber stark vom Übergang von der Kindheit in das Erwachsenenalter[8] geprägte Phase im Leben eines Menschen, so wird die ambivalente Position deutlich, die Politik überhaupt (nur) im Interessenfeld der Jugendlichen einnehmen kann und muß. Der junge Mensch muß in diesem Lebensabschnitt eine Fülle von Aufgaben bewältigen – von der Integration in ein stark formalisiertes höheres Bildungssystem oder vom Eintritt ins Berufsleben angefangen, bis zur Formung seines Geschlechtslebens und dem Aufbau von freundschaftlichen wie sexuellen (Partner-)Beziehungen. Die Gesellschaft gesteht ihm dabei zwar einen gewissen Freiraum zu, gerade die relative Verantwortungslosig-

---

[7]) Die Untersuchung umfaßt zwei Teilstudien:

a) eine Reihe von Gruppendiskussionen mit etwa 100 – jeweils nach ihrer Schulbildung unterschiedenen – Jugendlichen. Zielsetzung dieser Diskussionen war es, Informationen über das Politikverständnis der Jugendlichen, vor allem aber auch zur Erarbeitung einer für beide Seiten – Sozialwissenschafter wie Jugendliche – akzeptablen und verständlichen Sprache zu erhalten.

b) eine repräsentative Umfrage unter 1100 Jugendlichen im Alter von 14 bis 24 Jahren, die Ende Mai bis Ende Juni 1980 im gesamten österreichischen Bundesgebiet durchgeführt wurde (Sampling Methode: Stratified Multistage Clustered Random Sample). Zusätzlich wurde die Meinung von 1000 Sechs- bis Vierzehnjährigen zu einigen Wissens- und Informationsfragen erhoben.

Die Studie ist vom Jubiläumsfonds der österreichischen Nationalbank finanziert und vom Dr. Fessel + GfK-Institut durchgeführt worden; beteiligt waren neben den beiden Autoren des vorliegenden Buches auch G. Piskaty und F. Spitzenberger. Dem vorliegenden Kapitel liegen vor allem die Ergebnisse der empirischen Befragung der Vierzehn- bis Vierundzwanzigjährigen zugrunde.

[8]) Gehmacher (1981b) sieht hier freilich eine ambivalente Entwicklung: zum einen wird diese Übergangsphase in den entwickelten Gesellschaften immer weiter ausgedehnt, zum anderen verliert der Erwachsenenstatus selbst an klaren Konturen. Handlungs- und Erfahrungsmöglichkeiten der Jugend nehmen zu; Eigenverantwortung, Selbstbestimmung und „Lebenserfahrung" im klassischen Sinn der Erwachsenen nehmen hingegen ab; die Ausdehnung der Freizeit ermöglicht zudem auch den Erwachsenen ein Mehr an spielerischem Verhalten.

keit, die Akzeptanz „spielerischer Erprobung" von Sozialverhalten ist aber ihrerseits wieder Quelle von neuen Ungewißheiten und Unsicherheit. Dazu gesellt sich noch eine gewisse Abschirmung und Filterung (zumindest) der (in Ausbildung stehenden) Jugendlichen von den unmittelbaren Auswirkungen politischer (und teilweise auch administrativer) Maßnahmen.

Darüber hinaus hängt der Stellenwert von Politik im Leben der Jugendlichen von einer Reihe weiterer Faktoren ab; dazu zählen unter anderem

- die allgemeine Rolle, die der Jugend in der jeweiligen politischen Kultur zugeschrieben wird;
- der Grad an Integration der Jugendlichen in das politische System und die Existenz bzw. Nicht-Existenz konkreter Konfliktbereiche;
- spezifische Faktoren der politischen Sozialisation wie das allgemeine politische „Meinungsklima", die Wirkung von Außenereignissen und die Dominanz der elektronischen Massenmedien bei der Vermittlung des „Bildes von Politik" (vgl. dazu die Ausführungen im vorigen Kapitel);
- das Ausmaß an „Politisierung"[9] anderer – die Lebensinteressen junger Menschen direkter berührender – Bereiche. Dieselbe ist in Österreich vergleichsweise gering ausgeprägt: radikaler Veränderungswille und grundsätzliche Infragestellung der jeweils dominanten sozio-kulturellen Werte wie Verhaltensweisen fand und findet sich kaum in nennenswertem Umfang. Der Wandel vollzieht sich hier eher graduell und wird nur in beschränktem Ausmaß als politisches Problem perzipiert; das Bildungssystem hat auf die Herausforderung der (in Österreich nur schwach zum Tragen gekommenen) Studentenrevolte von 1968 eher im Sinne technokratischer Reformen reagiert, schwere Erschütterungen lassen sich jedoch nicht nachweisen; Arbeits- und Berufsleben schließlich sind (vielleicht noch stärker als der politische Bereich) von sozialpartnerschaftlichen Konsensstrukturen überlagert, Auseinandersetzungen auf dieser Ebene vollziehen sich in stark ritualisierter Form und praktisch ausschließlich in quantitativen Termini von „mehr" und „weniger".

---

[9]) „Politisierung" wird hier im Sinne einer bewußten (u. U. auch konflikthaften) Auseinandersetzung um Wertordnung und Ressourcenverteilung innerhalb von gesellschaftlichen Subsystemen verstanden – etwa als Thematisierung der Machtverhältnisse zwischen den Geschlechtern oder im Bildungssystem – und nicht (wie im österreichischen Sprachgebrauch üblich) als parteipolitische Penetration und Zuteilung von Arbeits- und Lebensbereichen. Man denke in diesem Zusammenhang nur an die Bedeutung alternativer Lebensformen in der Bundesrepublik oder an die (zumindest laut-)starke Politisierung der Geschlechterbeziehungen in Italien, wo die feministische Bewegung bereits bei Jugendlichen im Schulalter einen zahlenmäßig relevanten Anhang findet (literarisch dazu Rocco e Antonia, 1976).

4.3 „Auf Distanz gehen!“ – Politik im Interessenfeld der Jugendlichen

Das *politische Interesse* der Jugendlichen liegt im Durchschnitt etwas unter jenem der Erwachsenen, steigt aber mit zunehmendem Alter stark an: der Prozentsatz „sehr“ oder „eher“ stark politisch Interessierter verdoppelt sich im Laufe der Jahre, gleichzeitig sinkt der Anteil der völlig Desinteressierten auf ein knappes Drittel bei den Mitt-Zwanzigern ab. Folgt man den Untersuchungsergebnissen von *Deiser/Winkler* (1981), so weisen die 19- bis 25-jährigen sogar ein leichtes „Interessenplus“ gegenüber der älteren Generation auf.

Tabelle 73:
Interesse an Politik nach Lebensalter

in Prozent	Jugendliche im Alter von 14–15	16–17	18–19	20–21	22–24	alle Jugendlichen
sehr stark/eher stark	14	20	25	25	30	23
eher wenig	40	39	37	37	40	39
sehr wenig/überhaupt nicht	46	41	38	37	30	38
						(100%)

Quelle: Dr. Fessel + GfK, Jugend und Politik *(1980)*

Unter den Mädchen ist die Gruppe der Desinteressierten deutlich höher, ohne daß damit auch eine Geringschätzung der *Bedeutung von Politik* einhergehen würde. Ein Phänomen, das offensichtlich auf unterschiedliche Erziehungsvoraussetzungen und auf ein unterschiedliches Freizeit- (oder besser: Nicht-Arbeits- und Nicht-Schulzeit-)Verhalten verweist.

Tabelle 74:
Politisches Interesse und Beschäftigung mit Politik nach dem Geschlecht

in Prozent	männliche Jugendliche	weibliche Jugendliche
politisches Interesse sehr stark/eher stark	28	19
Beschäftigung mit Politik sehr wichtig/eher wichtig	43	41

Quelle: Dr. Fessel + GfK, Jugend und Politik *(1980)*

Generell sind vier von zehn Jugendlichen der Ansicht, daß die Beschäftigung mit Politik für ihr Leben von Bedeutung ist. Wie beim politischen Interesse schlagen auch hier zunehmendes Alter, höhere

Schulbildung und die Herkunft aus gehobeneren Sozialschichten „fördernd“ zu Buche.

Tabelle 75:
Politisches Interesse und Beschäftigung mit Politik nach Schulbildung und sozialer Herkunft

in Prozent	nach Schulbildung*)					nach sozialer Herkunft**)				
	Hauptschule	Fachschule/BHS	AHS	Universität	alle Jugendlichen	Selbständige	Landwirte	Arbeiter	Angestellte	Beamte
sehr stark/eher stark politisch interessiert	11	23	29	64	23	27	22	19	28	31
Beschäftigung mit Politik sehr wichtig/eher wichtig	37	44	49	76	42	46	38	38	50	48

*) nur Jugendliche im Ausbildungsstadium
**) alle Jugendlichen (Berufsmilieu des Vaters)

Quelle: Dr. Fessel + GfK, Jugend und Politik *(1980)*

Tabelle 76:
Politik im Interessenfeld

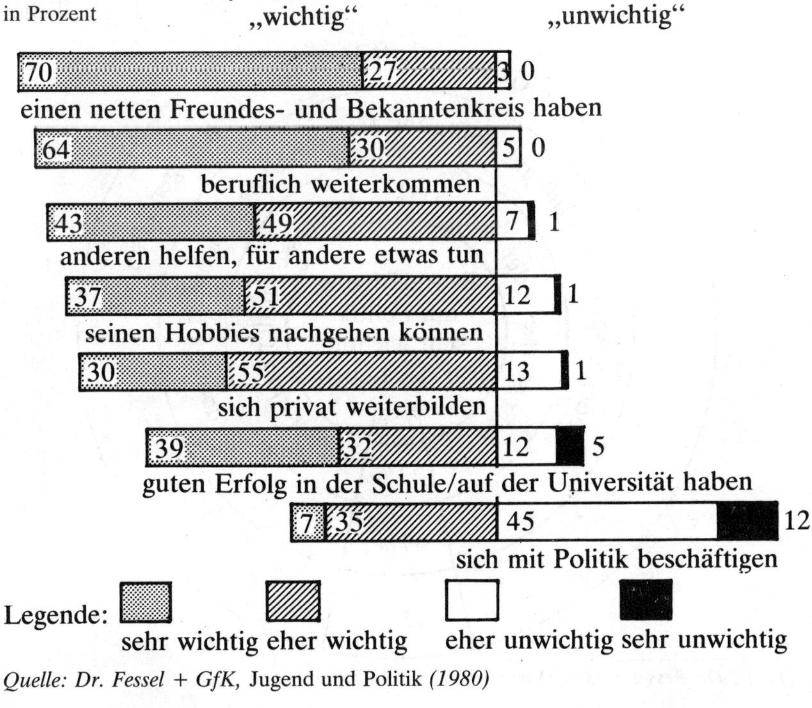

Quelle: Dr. Fessel + GfK, Jugend und Politik *(1980)*

Im Vergleich zu anderen Interessen und Betätigungsfeldern nimmt die Beschäftigung mit Politik freilich eine deutlich nachgeordnete Rolle ein: hier stehen andere Dinge im Vordergrund – und das gilt (bei allen bildungs- und schichtspezifischen Unterschieden) für praktisch alle jungen Menschen. Dementsprechend gering ist auch die Bedeutung von Politik im persönlichen Bereich: für etwa zwei Drittel (63 Prozent) spielt *Politik im Freundeskreis* keine Rolle; lediglich Studenten öffnen ihr Privatleben teilweise auch „öffentlichen Angelegenheiten".

Fragt man nach den Erwartungen für die Zukunft, so überwiegt der Wunsch nach dem Tragen von *Verantwortung für die Gemeinschaft* (75 Prozent) gegenüber dem Streben nach *politischer Einflußnahme* (47 Prozent). Hier deutet sich auch eine unterschiedliche moralische Wertung an: „öffentliches Engagement" in überschaubaren, der konkreten Erfahrung zugänglichen Bereichen wird bevorzugt; „Politik" erweckt den Eindruck der „Bürgerferne", der Unpersönlichkeit, nicht zuletzt auch der „Unsauberkeit".

Dafür spricht auch, daß man dem politischen Geschehen zwar Wichtigkeit bescheinigt und (eher) abstraktes Interesse entgegen-

Tabelle 77:
Grade politischen Interesses — in Prozent aller Jugendlichen

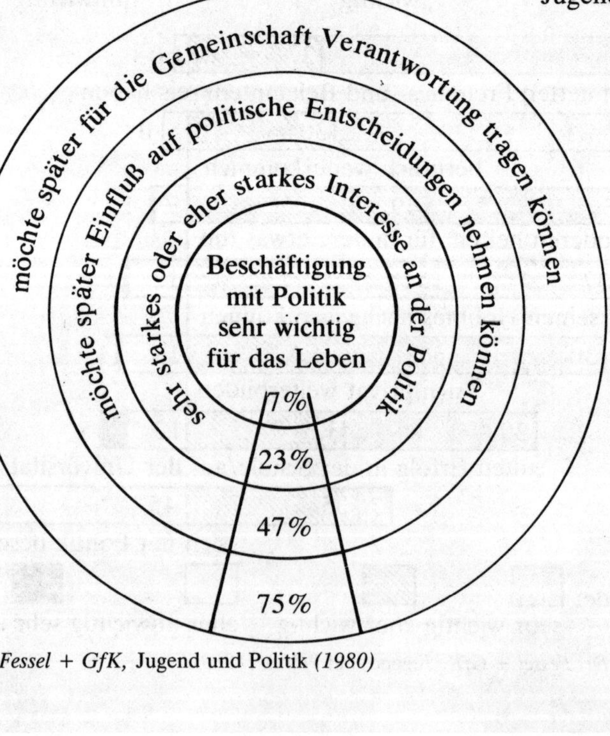

Quelle: Dr. Fessel + GfK, Jugend und Politik *(1980)*

bringt, es aber gleichzeitig vom privaten Leben fernhalten möchte. Anders ausgedrückt: je mehr man sich dem persönlichen Bereich nähert, desto dünner wird die „hohe Luft der Politik“.

Es nimmt daher nicht wunder, daß die Bereitschaft zu einer späteren politischen Tätigkeit nicht sehr verbreitet ist; nur jeder zehnte möchte *in der Zukunft aktiv in der Politik mitwirken.* Nach wie vor dominiert dabei der Wunsch nach parteipolitischer Aktivität; Jugendliche aus dem ländlichen Raum möchten darüber hinaus auch am politischen Geschehen in ihrer Heimatgemeinde Anteil nehmen können.

Ähnlich wie mit dem politischen Interesse steht es mit dem „emotionalen“ Naheverhältnis zur Politik. Auch hier lassen sich gleichsam *„Härtegrade“ von Distanz* gegenüber dem politischen System nachzeichnen: ein „harter Kern“ von etwa einem Zehntel der Jugendlichen bezeugt völlige Absenz – ihnen ist es im Grunde gleichgültig, ob sie in einer Demokratie leben oder nicht; ein schwaches Viertel möchte jedenfalls mit Politik nichts zu tun haben. Immerhin noch fast jeder zweite vertritt die Ansicht, daß es auf sein Leben keinen Einfluß hat, welche Partei in Österreich gerade an der Regierung ist.

Tabelle 78:
Härtegrade politischer Distanz
in Prozent aller Jugendlichen

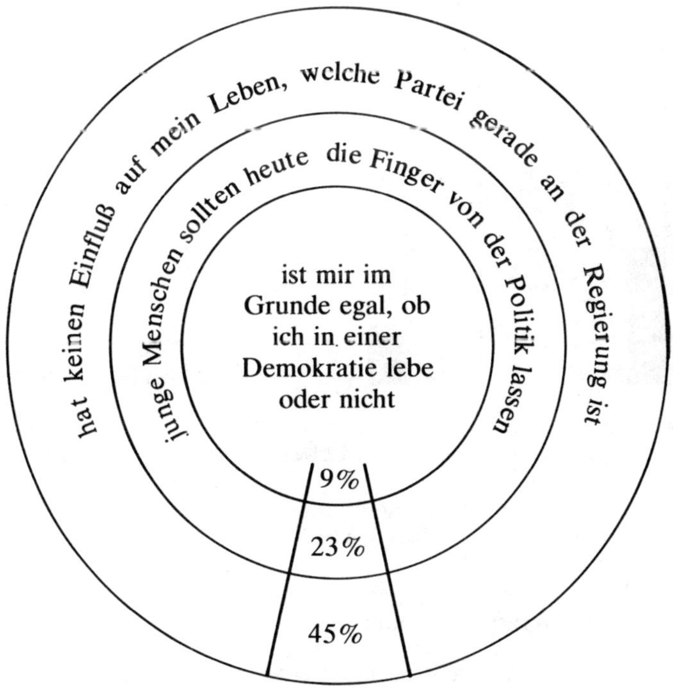

Quelle: Dr. Fessel + GfK, Jugend und Politik *(1980)*

Das größte Ausmaß an politischer Distanz findet sich dabei in den unteren Bildungsgruppen und bei den politisch Desinteressierten; ebenso bei jungen Arbeitern und bei Jugendlichen aus Bauern-, Selbständigen- und Arbeiterfamilien. Studenten sowie Jugendliche aus Angestellten- und Beamtenmilieu stehen der Politik hingegen am wenigsten gleichgültig gegenüber (vgl. dazu *Tab. B1* im Anhang).

Tabelle 79:
Politische Distanz nach politischem Interesse
in Prozent

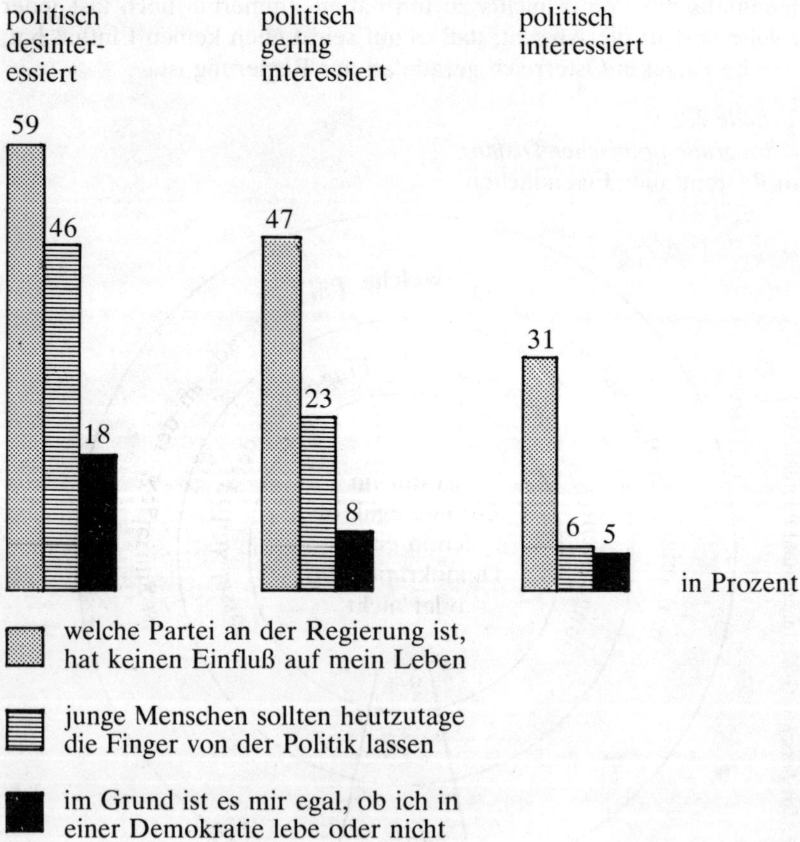

Quelle: Dr. Fessel + GfK, Jugend und Politik *(1980)*

4.4 „Arrangieren statt Demonstrieren!“ – Radikalismus und Opportunismus

Desinteresse und Distanz zum etablierten Politikbetrieb dürfen freilich nicht mit einer prinzipiellen Ablehnung des bestehenden politischen Systems gleichgesetzt werden: im Gegenteil – *Radikalismus* (ob von rechts oder von links) ist bei der österreichischen Jugend heute *nicht gefragt.* Der Drang zur Mitte ist bei den Jugendlichen kaum weniger ausgeprägt als bei den älteren Generationen; ganze zwei Prozent plazieren sich selbst an den Rändern des politischen (rechts-links) Spektrums[10]:

Lediglich die Jungakademiker zeigen eine stärkere Tendenz zur politischen Polarisierung, doch auch bei ihnen bilden „die Radikalen“ eine verschwindende Minderheit: 40 Prozent sehen sich als „linksstehend“, die „Mitte“ wird mit 37 Prozent nur mehr zweitstärkste Studentenfraktion vor den weit abgeschlagenen „Rechten“ (16 Prozent).

Ein Befund, der in seinen Grundzügen auch durch die Ergebnisse der Hochschülerschaftswahlen bestätigt wird: soferne sie überhaupt zur Wahl gehen, ziehen es die Studenten vor, ihre politische Position recht eindeutig zu deklarieren.

Studenten und Jungakademiker sind auch praktisch die einzige Gruppe, die zu einer stärkeren Betonung unkonventioneller Beteili-

[10]) Die Verteilung der Jugendlichen auf dem „rechts-links“-Kontinuum ist in den siebziger Jahren zwar gewissen Schwankungen unterworfen, doch zeigt sich auch hier eine Stabilisierung in der „breiten Mitte“. Zudem nehmen die Unterschiede zwischen Jugendlichen und Erwachsenen in den letzten Jahren tendenziell ab.

Tabelle 108:
Ideologische Selbstverortung 1973–1980

	links	Mitte	rechts	k. A.
Jugend 1973 (14–29 J.)	8	55	20	17
Jugend 1976 (14–29 J.)	19	39	20	22
Jugend 1980a (14–24 J.)	14	53	19	14
Jugend 1980b (15–24 J.)	10	56	16	–
Gesamtbevölkerung 1973	16	44	23	17
Gesamtbevölkerung 1976	19	40	26	15
Gesamtbevölkerung 1979	12	59	19	9
Gesamtbevölkerung 1980b	13	52	18	–

Quellen: 1973, 1976 *Dr. Fessel + GfK,* Politische Umfragen
1979 *Dr. Fessel + GfK,* Sozialstruktur und Bewußtsein
1980a *Dr. Fessel + GfK,* Jugend und Politik
1980b *Gehmacher* 1981b (IfES-Daten)

Tabelle 80:
Politische Selbstverortung nach Bildungsgrad
in Prozent

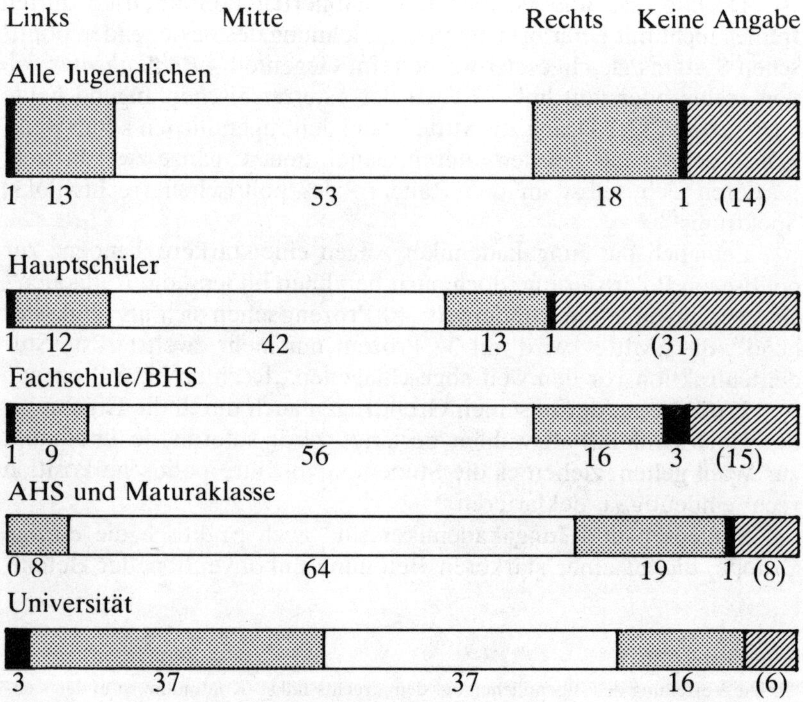

Quelle: Dr. Fessel + GfK, Jugend und Politik *(1980)*

gung – wie Bürgerinitiativen und Demonstrationen – neigt. In den traditionellen Teilnahmeformen unterscheiden sie sich hingegen kaum von den übrigen Jugendlichen, sieht man einmal vom geringen Interesse für Wahl- und Parteiveranstaltungen ab.

„Unkonventionell", freilich mit anderer Stoßrichtung und durchaus in der Tradition österreichischen Politikverständnisses verankert[11], ist auch der *Ruf nach dem „starken Mann"*, in den immerhin jeder Fünfte einstimmt. Die Bereitschaft, politischen Problemen auf solcherart „handfeste Weise" zu Leibe zu rücken, ist vor allem bei Jugendlichen mit niedrigem Bildungsgrad, unter den Angehörigen wenig qualifizierter Berufe und bei Kindern aus dem Arbeiter- und Bauernmilieu stärker verankert. Wenig Beifall findet eine „Politik der

[11]) Die geringen Fallzahlen (praktisch alle Untergruppen umfassen weniger als fünfzig Personen) lassen hier nur sehr schwer sinnvolle Interpretationen zu.

Tabelle 81:
Ergebnisse der Hochschülerschaftswahlen (Zentralausschuß) 1971–1981

in Prozent der abgegebenen gültigen Stimmen	1971	1974	1975	1977	1979	1981
ANR – Aktion Neue Rechte	—	—	—	—	—	1,9
RFS – Ring Freiheitlicher Studenten	25,1	21,7	15,0	8,5	6,9	4,1
JES – Junge Europ. Studenteninitiative	—	—	7,0	10,3	14,0	16,4
Rechts	25,1	21,7	22,0	18,8	20,9	22,4
Fraktion Theologie	—	2,0	1,6	3,2	3,1	1,9
FORUM/Studentenforum/Streeruwitz	—	1,9	5,5	2,5	6,6	20,1
ÖSU – Österreichische Studentenunion	53,7	43,1	36,1	48,6	38,3	23,2
DSU – Demokratische Studentenunion	—	—	5,8	—	—	—
AKTION	8,6	2,8	—	—	—	—
Mitte	62,3	49,8	49,0	54,3	47,0	45,2
Aktion Kritischer Theologen	—	—	0,6	—	—	—
VSStÖ – Verband Sozialistischer Studenten Österreichs	10,6	13,7	17,3	17,3	18,1	19,5
VDS/KSV/LKH/GRM/Offensiv Links etc.	2,1	11,2	9,7	9,5	8,8	8,4
Links	12,7	24,9	27,6	26,8	26,9	27,9
Sonstige	—	3,5	1,4	—	2,8	4,8

Quelle: Eigene Berechnungen (prozentuelle Zuordnung) nach Oberleitner, 1981; ergänzt um die Hochschülerschaftswahlen von 1981

Tabelle 82:
Aktive Teilnahme an Politik (Auswahl)

in Prozent	Besuch von Wahl- oder Parteiveranstaltung	Mitglied einer politischen Jugendorganisation	Mitglied einer politischen Partei	Teilnahme an einer Unterschriftenaktion	Teilnahme an einer Demonstration	Teilnahme an einer Bürgerinitiative
alle Jugendlichen	51	40	16	17	12	8
Studenten und absolv. Akademiker	32	43	15	28	28	35

Basis: Jugendliche, die bereits Kontakt zur Politik gehabt haben; insgesamt 206 Jugendliche oder 19 Prozent der Grundgesamtheit

Quelle: Dr. Fessel + GfK, Jugend und Politik *(1980)*

starken Hand" hingegen unter vielen jungen Anhängern der Sozialistischen Partei, deren demokratisches Bewußtsein so dem mancher Parteifunktionäre überlegen sein dürfte[12].

Tabelle 83:
Autoritarismuspotential bei Jugendlichen

in Prozent der zustimmenden Antworten		nach Schulbildung*)				nach Parteipräferenz		
	alle Jugendlichen	Hauptschule	Fachschule/BHS	AHS	Universität	SPÖ	ÖVP	andere/unklar
es ist mir im Grund egal, ob ich in einer Demokratie lebe	9	15	4	4	—	5	10	15
in Österreich fehlt ein starker Mann, der einmal richtig Ordnung schafft	22	26	14	14	4	14	32	22

*) *Basis:* nur Jugendliche in Ausbildungsphase; Prozentsatz jeweils der zustimmenden Antworten

Quelle: Dr. Fessel + GfK, Jugend und Politik *(1980)*

Gleichfalls bedenklich – und ebenso wie das ansatzweise „Rumoren im autoritären Untergrund" ein traditioneller Bestandteil der heimischen politischen Kultur – ist die Art der Identifikation bzw. Nicht-Identifikation mit dem politischen System. Ein Fünftel bis ein Drittel der Jungösterreicher (nach anderen Studien noch mehr, vgl. dazu *Dr. Fessel + GfK,* Parteienverdrossenheit, 1981) weist ein ausgesprochen opportunistisches Verhältnis zur Parteiendemokratie auf. Sie sehen die politischen Parteien primär als Vehikel zum beruflichen Aufstieg und zur Beschaffung materieller Vorteile wie Wohnung oder Dienstposten.

Diese rein instrumentelle Sichtweise der Parteien dürfte allerdings auf durchaus realen Grundlagen fußen. Jedenfalls steigt die *Bereitschaft zu opportunistischem Verhalten* bzw. die Meinung, daß ein Parteieintritt materielle Nutzen stiften könnte, bei jenen deutlich an, die sich (vermutlich) in Situationen verstärkter existenzieller Abhängigkeit bzw. größeren Bedarfes an Hilfe befinden – also einerseits Jugendliche aus dem Arbeiter- und Beamtenmilieu, andererseits Jungverheiratete

[12]) So forderte etwa Josef Hesoun, Präsident der niederösterreichischen Arbeiterkammer und sozialistischer Spitzenfunktionär der Bau- und Holzarbeitergewerkschaft, die einzelnen Anhänger grüner Gruppen „von Mann zu Mann zu stellen", da dieselben angeblich für die schlechte Auftragslage in der Bauwirtschaft mitverantwortlich sein sollen (Kurier, 13. 11. 1981).

und junge Arbeiter. Eine gegenläufige Tendenz zeigt sich hingegen bei der Frage, ob eine Parteimitgliedschaft für berufliches Fortkommen notwendig ist: wer bereits im Berufsleben steht, hat offenbar die Erfahrung gemacht, daß zumindest in der Privatwirtschaft eine Karriere auch ohne Parteibuch möglich ist. Daß gerade Kinder aus Beamtenfamilien die (berufliche) Notwendigkeit einer offiziellen politischen Selbstdeklaration besonders hoch einschätzen (vgl. Tab. B2 im Anhang) rundet das Bild nur noch ab – gehören doch ihre Eltern zu jenen Österreichern, die parteipolitische Interventionen im Beruf am direktesten verspüren dürften.

Tabelle 84:
Politischer Opportunismus Jugendlicher

in Prozent		nach Schulbildung				nach Berufstätigkeit		
	alle Jugendlichen	Hauptschule	Fachschule/BHS	AHS	Universität	Lehrlinge	Arbeiter	Angestellte
Parteimitgliedschaft für beruflichen Erfolg notwendig	19	26	23	21	46	21	14	11
Möglichkeit, eine Wohnung zu bekommen als einziger Grund für Parteieintritt	21	24	14	12	18	12	29	18
Parteieintritt wegen erhoffter Vorteile (Stelle, Wohnung) denkbar	35	37	35	28	39	29	39	31

Quelle: Dr. Fessel + GfK, Jugend und Politik *(1980)*

Auffallend ist der ausgeprägte *Politzynismus* unter den Studenten, wobei offenbleiben muß, ob er aus ihrer allgemein skeptischeren Einstellung zur Parteipolitik, oder aus einer gewissen Karriereorientierung zugunsten einer Laufbahn im öffentlichen und halböffentlichen Bereich resultiert.

Zweifellos reflektiert diese Haltung zu einem Gutteil die bestehende soziale und politische Wirklichkeit, in der es – sei es für die Zuteilung einer Sozialwohnung, sei es für die Erreichung einer bestimmten Position – eben vielfach nicht gleichgültig ist, ob und welches Parteibuch der Bewerber aufzuweisen vermag. Zugleich zeigt sich aber auch – und das gerade bei den Jüngeren[13] und Gebildeteren –

[13]) Deiser/Winkler (1981) orten hingegen bei Jugendlichen ein etwas geringeres Ausmaß an Opportunismusbereitschaft; dieses Resultat widerspricht freilich den Ergebnissen sowohl unserer Studie von 1980 (Jugend und Politik) wie auch jenen der Umfrage zur Parteienverdrossenheit (1981).

eine nicht unproblematische *Tendenz zur Überanpassung* selbst an offenkundige Fehlentwicklungen des Parteienstaates.

4.5 „Staatliches Service ist erwünscht . . .!" – die politischen Institutionen

Das *pragmatische Verständnis der politischen Institutionen* – wie es sich bereits im Extremfall einer stark instrumentellen Sichtweise und Nutzung der Parteimitgliedschaft andeutet – kommt auch beim Staatsverständnis zum Tragen. Der Staat wird von vier Fünfteln der Jugendlichen mit der Regierung identifiziert, konstituiert sich also vorwiegend als Träger öffentlicher Verwaltung und Dienstleistungen.

Tabelle 85:
Institutionelles Staatsverständnis I
Institutionen, die den Staat verkörpern; Mehrfachnennungen möglich

in Prozent	
1. Regierung	81
2. Parlament	54
3. Politische Parteien	48
4. Ämter und Behörden	29
5. Justiz	22
6. Gewerkschaft	20
7. Kammern	7

Quelle: Dr. Fessel + GfK, Jugend und Politik *(1980)*

Gegenüber der Regierung als Schaltzentrale politischer Machtausübung treten die Gremien demokratischer Willensbildung – Parlament und Parteien – in den Hintergrund. Dies gilt in noch weit stärkerem Ausmaß für die vorparlamentarischen, gesellschaftlich organisierten Interessen wie Gewerkschaft und Kammern, die aufgrund ihrer faktischen (ÖGB) oder rechtlichen und faktischen (Kammern) Machtposition ebenfalls wesentlichen Einfluß auf politische Entscheidungen nehmen können; die Sozialpartner wirken also eher im Stillen.

Der *Staat* wird dabei in erster Linie als *„Sicherheitsgarant"* wahrgenommen, wobei man ihm durchaus auch ein gewisses Bemühen um sozialen Ausgleich und um soziale Gerechtigkeit zuerkennt.

Kritische Wertungen bleiben hingegen weitgehend aus: ein Drittel der Jugendlichen ordnet den staatlichen Institutionen sogar den Begriff „Freiheit" zu, während der wesentlich negativer besetzte „Bürokratie"-Begriff am unteren Ende der Liste rangiert; „Bevormundung",

Tabelle 86:
Institutionelles Staatsverständnis II
in Prozent, Mehrfachnennungen möglich

1.	Soziale Sicherheit	67
2.	Gerechtigkeit	36
3.	Freiheit	34
4.	Ordnung	33
5.	Verfassung	31
6.	Wirtschaftslenkung	29
7.	Steuerbelastung	21
8.	persönlicher Schutz	19
9.	Bürokratie	15
10.	Bevormundung	4
11.	Anonymität	3
11.	Gleichmacherei	3
12.	Untertan	2

Quelle: Dr. Fessel + GfK, Jugend und Politik *(1980)*

„Anonymität" und „Untertan" werden kaum mit dem Staat verbunden; am ehesten gerät noch die „Steuerbelastung" ins Schußfeld der Kritik.

Diese *weitgehend affirmative Haltung* weist darauf hin, daß die negativen Aspekte staatlichen Verwaltungshandelns – wie sie sowohl von liberaler und konservativer Seite, aber auch von der „neuen Linken" thematisiert worden sind – bei den Jugendlichen auf wenig Resonanz stoßen. Dies kann einerseits durch einen gewissen Mangel an konkreter Erfahrung erklärt werden – wo mit zunehmendem Alter auch der „Griff des Finanzamts auf die Brieftasche" und die Auswirkungen bürokratischer Prozeduren am eigenen Leib verspürt werden, steigt auch das dementsprechende „Gespür" deutlich an; andererseits macht es deutlich, daß für die unteren Bildungs- und Sozialgruppen nach wie vor die Sicherungsfunktion der öffentlichen Hand zentrale Bedeutung besitzt und die negativen Auswirkungen staatlicher Interventionen weniger ins Gewicht fallen. Skepsis am Gerechtigkeitspostulat wie Bürokratiekritik bleiben weitgehend auf die Bildungsschicht beschränkt.

Daß diese Sicht der politischen Institutionen im großen und ganzen auch mit den Anforderungen der Jugendlichen an den Staat übereinstimmt, belegt die Frage nach den Staatsfunktionen: Arbeitsplatz- und Einkommenssicherung sowie die Aufrechterhaltung von Gesetz

Tabelle 87a:
Affine Begriffe zu „Staat“ nach Alter (Auswahl)

in Prozent	14–15 Jahre	16–17 Jahre	18–19 Jahre	20–21 Jahre	22–24 Jahre*)
Steuerbelastung	16	17	17	22	29
Bürokratie	13	13	12	18	19
	———	———	———	———	——→
	←——	———	———	———	———
Gerechtigkeit	45	40	39	33	27

Tabelle 87b:
Affine Begriffe zu „Staat“ nach Schulbildung (Auswahl)

in Prozent	Hauptschule	Fachschule/ BHS	AHS	Universität**)
Bürokratie	10	13	20	49
	———	———	———	——→
	←——	———	———	———
Gerechtigkeit	48	38	26	14
Soziale Sicherheit	67	66	59	37

*) alle Jugendlichen **) nur Jugendliche in Ausbildungsphase

Quelle: Dr. Fessel + GfK, Jugend und Politik *(1980)*

und Ordnung sind hier unangefochtene Spitzenreiter. Risikobereitschaft zählt jedenfalls nicht zu den hervorragenden Eigenschaften einer Generation, die sich in ihrer garantistischen Grundhaltung so gut wie gar nicht von ihren Lehrern und Eltern unterscheidet.

Tabelle 88:
Wichtigste Staatsfunktionen

in Prozent	Erste und zweite Nennung: Jugend	Erste und zweite Nennung: Erwachsene	Letzte oder keine Nennung: Jugend	Letzte oder keine Nennung: Erwachsene
Sicherung von Arbeit u. Einkommen	75	86	8	14
Sicherung von Gesetz und Ordnung	73	71	10	29
Verminderung von Ungleichheit	29	13	38	87
Schutz des einzelnen vor sozialen Härtefällen	24	39	41	61

Quellen: Dr. Fessel + GfK, Jugend und Politik *(1980)*
Dr. Fessel + GfK, Sozialstruktur und Bewußtsein *(1979)*

Auf der anderen Seite kann diese grundsätzliche Verhaftung in den sozialen und ökonomischen Status-quo nicht als völlige Ablehnung sozialer Änderungen interpretiert werden. Der *Wunsch nach sozialer Gerechtigkeit* ist durchaus vorhanden, die Verminderung von Ungleichheit zwischen den Menschen fordern mehr als doppelt so viele Jugendliche wie Erwachsene.

Schutzfunktionen und Garantismus, sozusagen die Verbindung von liberalem Nachtwächterstaat und sozialem Leistungs- und Interventionsstaat, stehen bei allen Jugendlichen im Vordergrund der Erwartungen. Für die unteren Sozial- und Bildungsschichten geht es primär um die Absicherung der materiellen Position und um kollektive Sicherungssysteme; für Mittelschüler und (vor allem) Studenten – die in ihrer Mehrzahl aus materiell einigermaßen abgesicherten Familien stammen, wenn sie nicht überhaupt Kinder „besserer Leute“ sind – kommen dagegen gesellschaftspolitische Überlegungen und der Wunsch nach individueller Hilfestellung stärker zum Tragen. Überspitzt formuliert, könnte man sagen: „Je mehr man an Bildung erworben oder mitbekommen hat, desto eher wünscht man sich mehr Gleichheit“; sowie: „je linker, umso egalitärer!“

Tabelle 89:
Staatsfunktionen nach Bildung und Ideologie

in Prozent (jeweils erste und zweite Nennung)	alle Jugendlichen	nach Schulbildung*): Hauptschule	Fachschule/BHS	AHS	Universität	nach politischer Selbstdefinition**): „links“	„Mitte“	„rechts“
Sicherung von Arbeit und Einkommen	75	74	84	61	47	66	76	77
Sicherung von Gesetz und Ordnung	73	82	65	66	57	59	74	80
Verminderung von Ungleichheit	29	30	28	39	47	39	28	22
Schutz des einzelnen vor sozialen Härtefällen	24	15	20	25	43	37	23	25

*) nur Jugendliche in Ausbildungsphase
**) alle Jugendlichen

Quelle: Dr. Fessel + GfK, Jugend und Politik *(1980)*

Befürchtungen, daß der ausgeprägten Sicherheits- und Serviceorientierung in bezug auf das politische System auch ein Rückgang *individueller Leistungsbereitschaft* entspricht, finden hingegen keine Bestätigung: lediglich jeder zehnte Jungösterreicher möchte „vom

Staat erhalten werden", wenn es ihn „einmal nicht mehr freut, arbeiten zu gehen"; neunzig Prozent lehnen die individuelle Flucht aus dem Arbeitsleid durch die Ausnützung der Allgemeinheit ab.

4.6 „. . . doch das Angebot läßt zu wünschen übrig!" – das Urteil über Politiker und Parteien

Wenn die Jugendlichen Politik in erster Linie als notwendige Dienstleistung mit einigen idealistischen Komponenten betrachten, dabei aber weder ein übermäßiges Interesse am konkreten politischen Geschehen noch eine sonderliche Bereitschaft zum Mittun zeigen, so läßt dies bestimmte Rückschlüsse auf ihre Einschätzung der Qualität des politischen Geschehens und seiner Akteure zu. Man braucht sie zwar, ist von ihnen aber nicht gerade fasziniert.

4.6.1 Die Politiker: unsympathisch, aber gutwillig

Die vorherrschende *Meinung über die Volksvertreter* erweist sich denn auch als *zweideutig:* Auf der einen Seite sieht man sie als *Opportunisten,* die auch vor Lügen und systematischer Täuschung der Öffentlichkeit nicht zurückschrecken, und sich untereinander nach dem Prinzip „eine Krähe hackt der anderen kein Auge aus" verhalten. Ein Bild, das noch durch den Befund abgerundet wird, daß „die Politiker" – ungeachtet ihrer Selbstdarstellung als selbstlose Vertreter des öffentlichen Interesses und periodisch wiederkehrender Beschwörungen der politischen Moral – vor allem „an die Macht" bzw. „an den eigenen Vorteil" denken.

Andererseits führt die mangelnde Glaubwürdigkeit der Politiker *nicht automatisch* zu einer *Geringschätzung ihrer Leistung:* nur ein Drittel der Jugendlichen spricht ihnen redliches Bemühen und Verständnis für die Anliegen der „kleinen Leute" ab; eine überwältigende Mehrheit bescheinigt ihnen sogar, „ihre Sache im großen und ganzen recht gut zu machen".

Obwohl unter dem unmittelbaren Eindruck des AKH-Skandals stehend, äußert doch nur jeder Dritte einen globalen Korruptionsvorwurf. Ein Urteil, das sich allerdings mit zunehmendem Alter verschlechtert – während nur eine kleine Minderheit unter den Teenagern an der „reinen Weste" der Politiker zweifelt, ist es bei den Twens schon jeder Zweite.

Insgesamt haben die Jugendlichen eine etwas bessere Meinung

Tabelle 90:
Das Image der österreichischen Politiker bei der Jugend
in Prozent

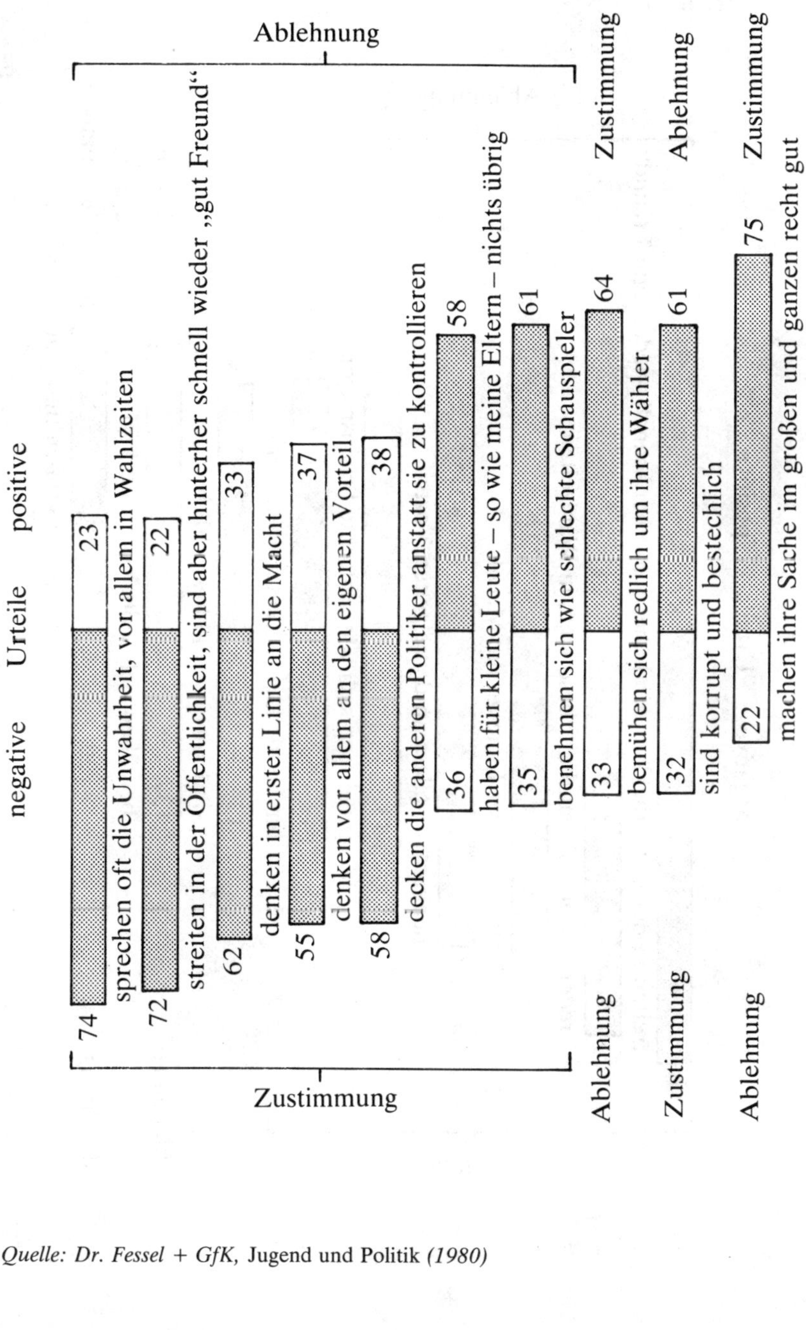

Quelle: Dr. Fessel + GfK, Jugend und Politik *(1980)*

Tabelle 91:
Das Image der österreichischen Politiker bei den Erwachsenen
in Prozent

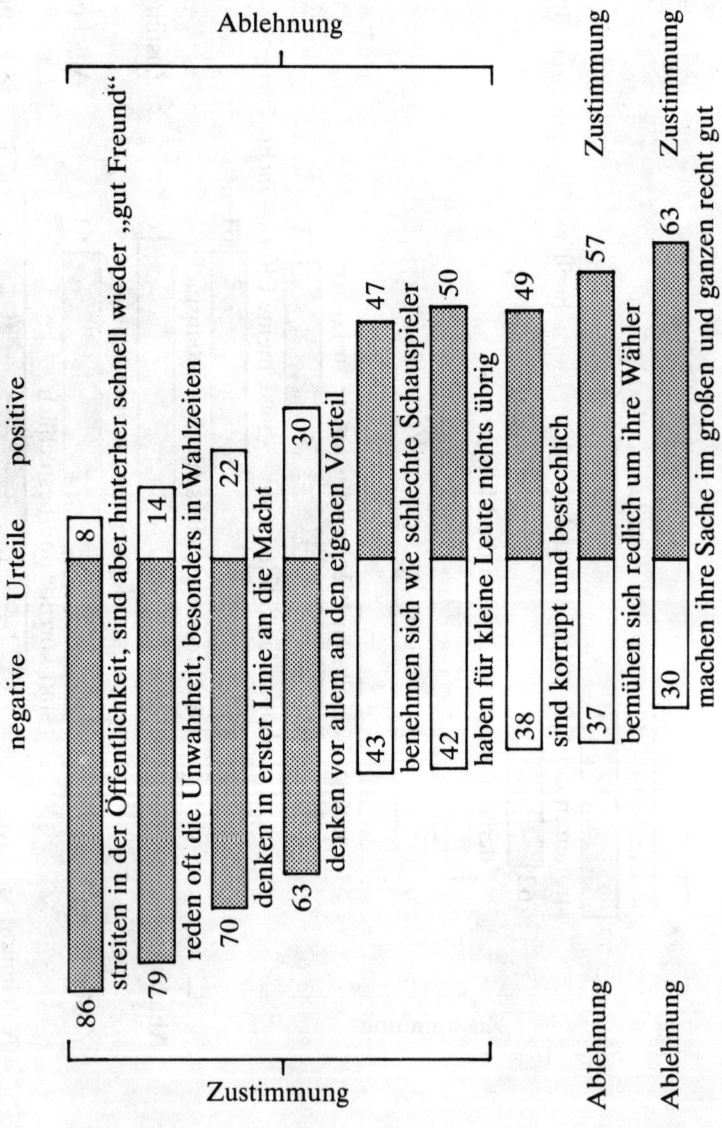

Quelle: Dr. Fessel + GfK, Parteienverdrossenheit *(1981)*

von „ihren“ Volksvertretern als die Erwachsenen. Dies gilt freilich nicht für alle Gruppen: je gebildeter man ist, desto skeptischer wird die Einstellung. Vor allem beim Leistungsimage zeigen sich deutliche Unterschiede in der Zufriedenheit der Hauptschüler auf der einen, der Mittelschüler und Studenten auf der anderen Seite. Daß Politiker für die „kleinen Leute“ nichts übrig haben, glaubt allerdings auch jeder zweite Jungarbeiter.

Tabelle 92:
Image der Politiker (ausgewählte Fragen)

in Prozent		nach Schulbildung				nach Berufstätigkeit		
	alle Jugendlichen	Hauptschule	Fachschule/BHS	AHS	Universität	Lehrling	Arbeiter	Angestellte
Politiker...								
streiten in der Öffentlichkeit, sind aber hinterher schnell wieder „gut Freund“	72	59	60	72	82	69	71	83
benehmen sich wie schlechte Schauspieler	35	27	36	39	40	30	36	38
sind redlich um ihre Wähler bemüht (Ablehnung)	33	13	30	39	49	30	30	42
machen ihre Sache im großen und ganzen recht gut (Ablehnung)	22	11	16	22	38	17	24	27
haben für kleine Leute – so wie meine Eltern nichts übrig	36	31	27	26	31	31	49	38

Quelle: Dr. Fessel + GfK, Jugend und Politik *(1980)*

4.6.2 Die Parteien: leistungsfähig mit Einschränkungen

Eine positive Einschätzung wird auch der *materiellen Leistungsfähigkeit* des politischen Systems im allgemeinen (*Barnes/Kaase,* 1979) und *der Parteien* im besonderen zuteil. Obgleich hier die Zweifel bereits zunehmen: immerhin vier von zehn Jugendlichen pflichten der Ansicht bei, daß bestimmte Anliegen und Probleme von den Parteien zu wenig oder gar nicht berücksichtigt werden.

Die Kritik am politischen Output des Parteienstaates wächst dabei mit zunehmendem Bildungsniveau und mit steigendem politischem Interesse. Auf der anderen Seite stechen junge Arbeiter (37 Prozent Unzufriedenheit) als besonders zufriedene Gruppe ins Auge (vgl. auch Tab. B3 im Anhang).

Tabelle 93:
Problemberücksichtigungskapazität der Parteien

in Prozent	alle Jugendlichen	Haupt-schule	Fachschule/ BHS	AHS	Univer-sität
zureichend	57	65	62	54	42
unzureichend	41	30	36	45	55
	(. . 100%)				

Quelle: Dr. Fessel +GfK, Jugend und Politik *(1980)*

An die Spitze der unzureichend bis gar *nicht bewältigten Probleme* reihen die Jugendlichen soziale Fragen, gefolgt vom Problemkomplex Umweltschutz-Energie-Atomkraft und speziellen Anliegen der Jugend. Die Situation der Bauern, verschiedene Wirtschaftsthemen sowie Fragen der Demokratie und der sozialen Gerechtigkeit im engeren Sinn nehmen eine gewisse Mittelstellung ein; am Schluß der Liste findet sich (nicht unerwartet) die Altersversorgung. Etwa jeder vierte Kritiker vermag keinen konkreten Grund für seine Unzufriedenheit anzugeben.

Tabelle 94:
Mangelhaft oder ungelöste Probleme

in Prozent, Mehrfachnennungen (offene Frage)	
1. Soziales, aktuelle Rechtsfragen	27
2. Umwelt und Energie/Atomkraft	20
3. Jugend und Freizeit	17
4. Einkommen, Steuern, Preise	11
5. Wirtschaftliche und soziale Situation der Bauern	9
6. Arbeitsplätze	7
Wohnungsbau, Wohnsituation	7
Wirtschaft, Finanzen, Kontrolle	7
Demokratie, Gerechtigkeit	7
7. Altersversorgung	5
Sonstige Probleme	17
Keine Angaben	24

Quelle: Dr. Fessel + GfK, Jugend und Politik *(1980)*

Jugendprobleme werden vor allem von Mittelschülern und Studenten gesehen; letztere monieren auch in hohem Ausmaß Versäumnisse in Umweltfragen und an Demokratie. Andererseits nimmt die akademische Jugend kaum einkommens- oder arbeitsmarktpolitisches Versagen wahr – Themen, die wiederum bei den davon vermutlich am meisten betroffenen Jungarbeitern und Hauptschülern stärker ins Gewicht fallen. Am stillsten von allen sind die Lehrlinge – sie erweisen sich als weitgehend artikulationsschwache Gruppe, die ihre Problemsicht (soweit vorhanden) meist nur in einem diffusen Unbehagen zu äußern vermag (vgl. Tab. B4 im Anhang).

Insbesondere die *soziale Gerechtigkeit* läßt im „Sozialstaat" Österreich nach Ansicht seiner jungen Staatsbürger einiges zu wünschen übrig: beinahe jeder zweite glaubt, daß es in seiner Heimat Gruppen gibt, die zuwenig bekommen oder denen sogar fundamentale Rechte vorenthalten werden; sechs von zehn Jugendlichen meinen sogar, eine ungerechtfertigte Bevorzugung bestimmter Personenkreise feststellen zu können.

Beide Meinungen stehen in engem Zusammenhang – wer von der Existenz privilegierter Gruppen überzeugt ist, nimmt auch Unterprivilegierung wahr. Wer hingegen das Vorhandensein von ungerechtfertigter sozialer Bevorzugung verneint, hat auch keinen Anlaß, ungerechtfertigte Benachteiligung zu sehen.

Tabelle 95:
Privilegierung – Unterprivilegierung

in Prozent	alle Jugendlichen	Privilegierung vorhanden	Privilegierung nicht vorhanden	keine Antwort
Privilegierung vorhanden	47	66	20	19
Privilegierung nicht vorhanden	50	31	79	14
keine Antwort	4	3	1	67
	(. . 100%)	(. . 100%)	(. . 100%)	(. . 100%)

Lesehilfe: von jenen Jugendlichen, die meinen, daß es in Österreich ungerechtfertigt bevorzugte Gruppen gibt, glauben 66 Prozent, daß es auch ungerechtfertigt benachteiligte Gruppen gibt; 31 Prozent sind nicht dieser Ansicht, etc.

Quelle: Dr. Fessel + GfK, Jugend und Politik *(1980)*

Höhere Bildung – mit Ausnahme der Studenten – und politisches Interesse schärfen den Blick für soziale Ungerechtigkeit. Interessanterweise orten aber auch jene Jugendlichen, die der Volkspartei nahestehen, mehr Defizite an sozialer Gerechtigkeit als ihre sozialistischen Altersgenossen (vgl. Tab. B5 im Anhang).

Das Verständnis von *Unterprivilegierung* orientiert sich vor allem an den klassischen Sozialgruppen – als benachteiligt betrachtet man vor allem Arbeiter und Bauern; erst in zweiter Linie folgen die Angehörigen ethnischer Minderheiten und Gastarbeiter, ferner alte Menschen und nicht näher definierte sozial schwache Gruppen. Eine globale Benachteiligung von Frauen oder Jugendlichen erscheint hingegen nur wenigen einsichtig.

Tabelle 96:
Unterprivilegierte Gruppen
in Prozent

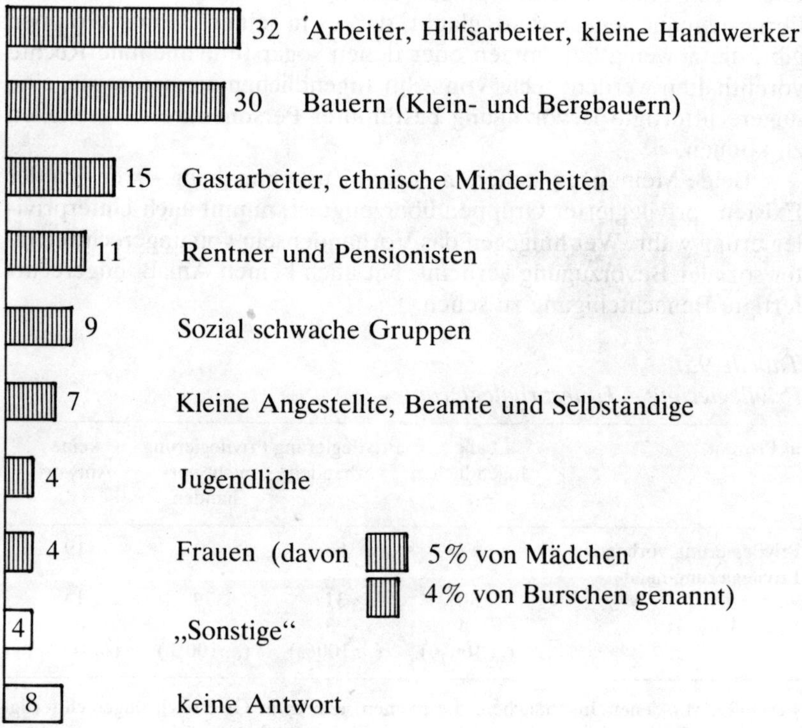

Basis: Jugendliche, die soziale Benachteiligung wahrnehmen, insgesamt 515 Befragte oder 47 Prozent

Quelle: Dr. Fessel + GfK, Jugend und Politik *(1980)*

Demgegenüber reflektiert die Zuschreibung von ungerechtfertigter sozialer *Bevorzugung* ein recht diffuses Bild gesellschaftlicher Hierarchisierung: eindeutige Spitzenreiter sind zwar die Politiker, die übrigen Nennungen verteilen sich aber relativ gleichmäßig auf „die Oberschicht", Freiberufler (in erster Linie Ärzte), Beamte, Unternehmer und Manager. Abgesehen vom Niederschlag der medialen Privilegiendiskussion (Politiker, Primarärzte, Beamte) zeigt sich hier eine dichotome Sichtweise der Gesellschaft, wo eine kleine privilegierte Schicht der breiten Masse der Bevölkerung gegenübersteht.

Tabelle 97:
Privilegierte Gruppen
in Prozent

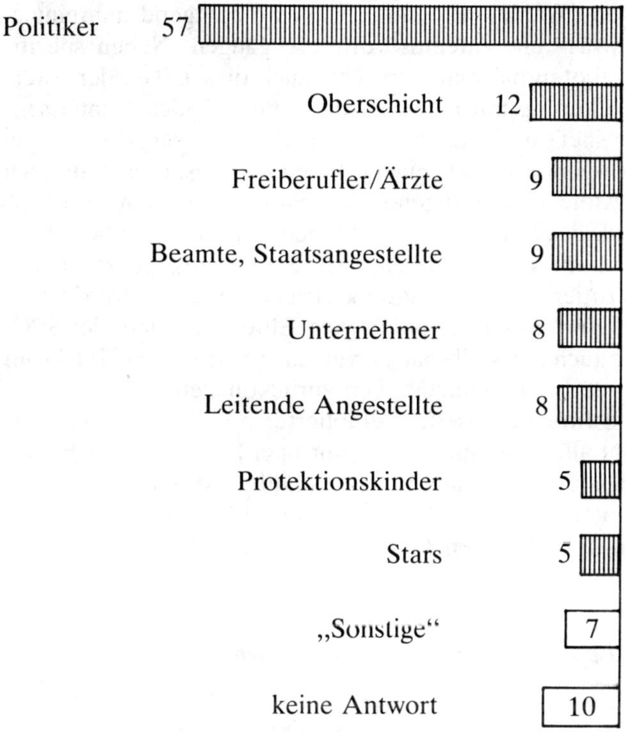

Basis: Jugendliche, die soziale Bevorzugung wahrnehmen, insgesamt 649 Befragte oder 59 Prozent

Quelle: Dr. Fessel + GfK, Jugend und Politik *(1980)*

Tabelle 98:
Gesellschaftsbild nach Altersgruppen

in Prozent	Gesamt	davon unter 24 Jahre	24–34 Jahre	35–44 Jahre	45–59 Jahre	über 60 Jahre
Elite-Volk	45	50	46	45	43	43
Mittelstand	27	34	29	24	24	29
Pluralismus	26	15	24	30	30	22
	(. . 100%)					

Quelle: Dr. Fessel + GfK, Sozialstruktur und Bewußtsein *(1979)*

4.6.3 Die (politischen) Jugendorganisationen: schwach auf der Brust!

Natürlich sind auch die Parteien an einem derart großen und zukunftsträchtigen (Wähler-)Potential, wie es die Jugend nun einmal darstellt, nicht wort- und tatenlos vorübergegangen. Neben spezifischen Politikangeboten hat man versucht, auch diesen Teil der österreichischen Bevölkerung mit einem dichten und möglichst umfassenden Organisationsnetz zu überziehen. Parteien, Interessenvertretungen und Kirchen verfügen so über je eigene Jugendorganisationen, die sich sowohl um die Anliegen der Jugendlichen annehmen als auch dieselben für die Politik der Mutterpartei gewinnen und sie in die bestehenden Institutionen integrieren sollen. Als Sonderaufgabe stellt sich zudem die Rekrutierung (verbands-)politischer Nachwuchskräfte; – tatsächlich kann ein Gutteil der politischen Elite (vor allem der SPÖ, zunehmend aber auch der Volkspartei, vgl. dazu *Stirnemann,* 1981) auf eine entsprechende Funktionärstätigkeit zurückblicken.

Der erhoffte Integrationseffekt etablierter politischer Jugendvertretungen beginnt allerdings immer fragwürdiger zu werden. Nicht nur, daß sie in den meisten Fällen langfristig rückläufige Mitgliederzahlen in Kauf nehmen müssen, auch ihr *Bekanntheitsgrad* hält sich durchaus *in Grenzen* und hat in den letzten Jahren sogar leicht abgenommen.

Tabelle 99:
Bekanntheitsgrad politischer Jugendorganisationen

in Prozent	1980	1976
ja	46	53
nein	51	46

Quellen: Dr. Fessel + GfK, Jugend und Politik *(1980)*
Dr. Fessel + GfK, Jugendstudie 1976 *(1976)*

Diese Entwicklung geht zunächst vorwiegend auf Kosten der „linken Reichshälfte“, wo lediglich die Sozialistische Jugend auf ein nennenswertes Echo stößt (sie ist etwa jedem achten Jugendlichen bekannt); die Junge ÖVP ist immerhin noch jedem Vierten ein Begriff[14]. Wobei die Angaben überdies mit einer gewissen Skepsis zu betrachten sind, da etwa ein Fünftel der angeblich „Informierten“ auch

[14]) Auf einen gewissen Bekanntheitsgrad kommen in der Folge noch die Gewerkschaftsjugend, diverse katholische Jugendorganisationen und die Junge Generation in der SPÖ (welche teilweise offenbar fälschlich als „Junge SPÖ“ bezeichnet wird); alle anderen Organisationen rangieren unter „ferner liefen“.

eine – in Wirklichkeit nicht existierende – „Junge SPÖ" zu kennen vermeint.

Die Schwierigkeiten der Parteijugendlichen, bis zu ihrer „Basis" durchzudringen, dürfte nicht nur in mangelnder Information und ungenügender Selbstdarstellung liegen. Offenbar *befriedigt auch das Angebot nur zum Teil.* Obwohl die meisten Jugendlichen durchaus spezielle jugendpolitische Anliegen sehen – genannt werden vor allem Freizeitgestaltung, Mitbestimmung, Schul- und Lehrstellenfragen, Wohnungsprobleme und Geldangelegenheiten –, so erwarten sie sich im Regelfall doch andere Leistungen von den Jugendorganisationen.

Tabelle 100:
Anforderungsprofil an politische Jugendorganisationen

in Prozent, Mehrfachnennungen möglich	alle Jugendlichen	davon Studenten
jungen Menschen bei der Bewältigung ihrer Lebensprobleme helfen	75	56
jungen Menschen sinnvolle und interessante Ziele und Tätigkeitsbereiche anbieten, mit denen sie sich identifizieren können	68	70
sich um bessere und mehr Freizeiteinrichtungen kümmern	54	34
spezifische, politische Anliegen Jugendlicher vertreten	46	58
sich um eine Förderung des Sportes bemühen	45	8
die Anliegen der Umweltschutzbewegung, der Alternativgruppen in die Partei einbringen	45	56
junge Leute in die Politik einführen	40	33
zu tagespolitischen Fragen Stellung beziehen	34	56
politische Bildungsarbeit betreiben	24	51
verhindern, daß die Partei zu konservativ wird	22	21
den Nachwuchs für Politiker heranbilden	19	16

Quelle: Dr. Fessel + GfK, Jugend und Politik *(1980)*

Im *Vordergrund der Wünsche* Jugendlicher stehen somit konkrete Lebenshilfe und Antworten auf die „Sinnfrage" – und zwar sogar noch vor der Freizeitgestaltung; auf genuin politische Aufgabensetzungen scheint man (Studenten teilweise ausgenommen) größtenteils verzichten zu können.

Doch selbst im politischen Bereich wird der *Parteijugend* nicht gerade eine erfolgreiche *Interessenvertretung* bescheinigt. Bei allen Differenzen im Detail überwiegt global ein negativer Eindruck: insgesamt sind zwischen der Hälfte und zwei Drittel der Jugendlichen, die schon einmal von der „Jungen ÖVP" oder der „Jungen Generation in der SPÖ" gehört haben, von deren Wirken nicht überzeugt – ganz gleich, ob es sich dabei um die Vertretung von Jugendinteressen gegenüber der Gesamtpartei, die Durchsetzungsfähigkeit „der Jungen“ gegen „die Alten“, das Bemühen um eine ideologische Neuorientierung der Mutterpartei(en) oder um sonstige politische Anliegen handelt. Lediglich vom Vorwurf, reine Stimmenfängerei zu betreiben, spricht man die politischen Jugendorganisationen weitgehend frei.

Tabelle 101:
Beurteilung parteipolitischer Jugendorganisationen (Auswahl)

in Prozent	Junge ÖVP	Junge Generation in der SPÖ	keine von beiden
vertritt die Interessen der Jugend nachdrücklich gegenüber der Gesamtpartei	20	24	61
spielt eine bedeutende Rolle in der Partei	11	20	73
versucht nur, junge Leute für die Partei zu werben	19	21	67

Quelle: Dr. Fessel + GfK, Jugend und Politik *(1980),* Frage 39

Basis: Jugendliche, die von der „Jungen ÖVP“ oder der „Jungen Generation in der SPÖ“ schon einmal gehört oder gelesen haben.

4.7 „Grün, aber nicht rot!“ – die Alternativen

Weitverbreitetes Desinteresse an der offiziellen Parteipolitik, ein negatives Bild von den „moralischen Qualitäten“ der Politiker, und konkrete Kritik an der Leistungsfähigkeit der Parteien im Bereich des Umweltschutzes leiten zur Frage nach möglichen politischen Alternativen über. Dies umso mehr, als es heute auch in Österreich Anzeichen für eine Auseinandersetzung zwischen (zumindest kleinen) Gruppen in der Jugend und den Repräsentanten des politischen Systems gibt.

Angesichts des stark ausgeprägten Dranges zur politischen „Mitte“ und der Skepsis gegenüber den „alten“ politischen Formeln – worüber auch gelegentliche Auseinandersetzungen zwischen linken und rechten Extremgruppen auf Universitätsboden, Ansätze zur Reideologisierung unter den Studenten und die häufigen Beschwörungen der „marxistischen Urahnen“ von Seiten einiger sozialistischer Jugendführer nicht hinwegtäuschen können – wird man die Alternative freilich kaum an den Rändern des „rechts-links“-Spektrums suchen dürfen. Sie hat sich denn auch auf einer anderen Ebene angesiedelt: die neuen Alternativen sind grün eingefärbt.

In der Tat ist die „grüne Alternativbewegung" beinahe jedem zweiten Jugendlichen bekannt; an Bürgerinitiativen bzw. Protestaktionen (Demonstrationen) wollen acht bzw. zwölf Prozent schon mindestens einmal teilgenommen haben. Der *Bekanntheitsgrad der „Grünen"* steigt dabei deutlich mit zunehmendem Alter an, ebenso mit höherer Bildung und wachsendem politischem Interesse. Männliche Jugendliche sind etwas besser informiert als Mädchen (46 Prozent : 39 Prozent); Großstadtbewohner fast doppelt so gut wie ihre Altersgenossen aus dem ländlichen Raum (63 Prozent gegenüber 33 Prozent).

Tabelle 102:
Bekanntheit der „grünen Alternativbewegung"

in Prozent		nach Schulbildung				nach Berufstätigkeit			
	alle Jugendlichen	Hauptschule	Fachschule/BHS	AHS	Universität	Lehrlinge	Arbeiter	Angestellte	Schüler : Berufstätige gesamt
ja, gehört oder gelesen	43	20	50	66	98	26	33	55	52 : 37
nein, nichts gehört oder gelesen	57	80	50	34	2	74	67	56	48 : 63
	(. . 100%)								

Quelle: Dr. Fessel + GfK, Jugend und Politik *(1980)*

Über die *Ziele der „Grünen"* wissen etwa zwei Drittel aller jener, die von dieser Bewegung schon gehört haben, Bescheid. Umweltschutz steht dabei eindeutig im Vordergrund, recht bekannt ist auch die Atomgegnerschaft. Demgegenüber sind sonstige politische Zielsetzungen und die Forderung nach alternativen Lebensformen nur einer kleinen Minderheit ein Begriff. De facto gibt es nur unter den Studenten eine nennenswerte Gruppe, die von der politischen Komponente der „Alternativen" weiß.

Mit abnehmendem Bildungsgrad sinkt auch das Informationsniveau: fast zwei Drittel der Hauptschüler verfügen hier über keine klaren Vorstellungen. Mädchen wiederum zeigen sich – praktisch unabhängig von ihrer schulischen Bildung – hauptsächlich nur über die Umwelt-, Naturschutz- und Anti-Atomkomponente informiert.

Im großen und ganzen stoßen die *Vorstellungen der „Grünen"* auf recht *positiven Widerhall:* sechs von zehn Jugendlichen finden sie probierenswert oder stimmen mit ihnen größtenteils überein. Die letztere Gruppe – zu der etwa *sechs Prozent aller Jugendlicher* zählen, kann

Tabelle 103:
Bewertung „grüner" Ziele
in Prozent

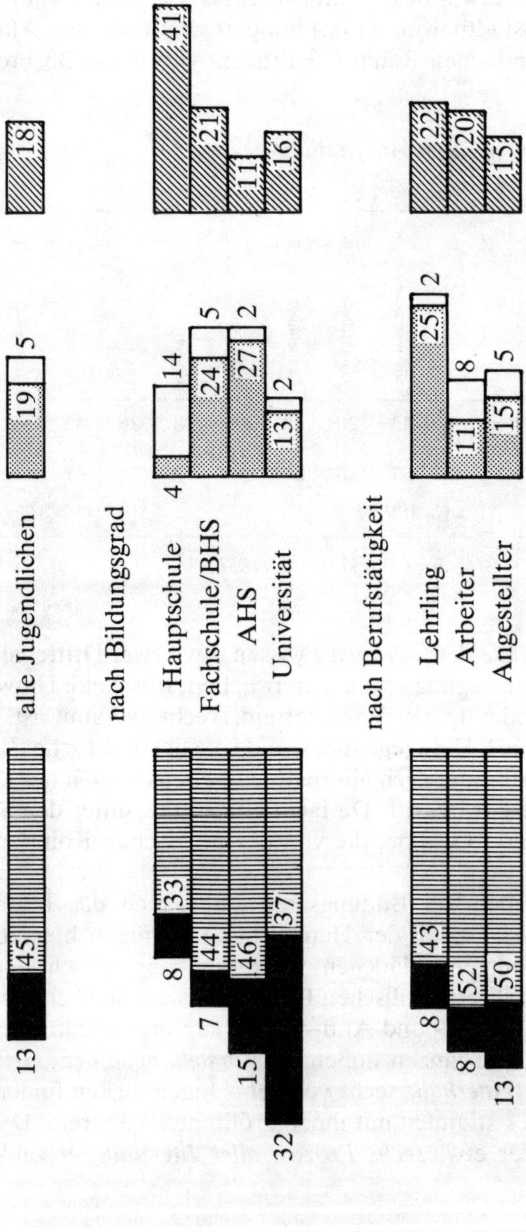

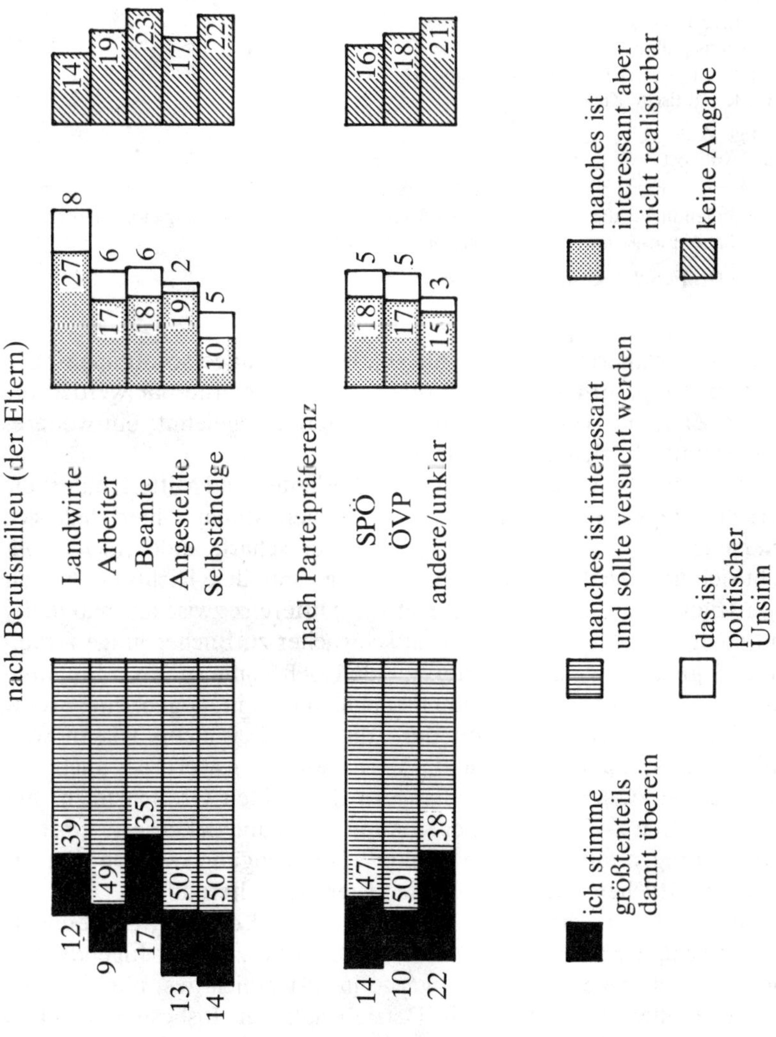

Basis: Jugendliche, die von der „grünen Alternativbewegung“ schon einmal gehört oder gelesen haben, insgesamt 468 Jugendliche oder 43 Prozent der Befragten

Quelle: Dr. Fessel + GfK, Jugend und Politik *(1980)*

Tabelle 104:
Ziele der „grünen Alternativbewegung“

in Prozent (Mehrfachnennungen)	alle Jugendlichen	nach Schulbildung: Hauptschule	Fachschule/BHS	AHS	Universität	nach Geschlecht: männlich	weiblich
Umweltschutz	55	27	44	65	68	56	54
Atomkraftgegnerschaft	15	14	12	22	23	17	12
Naturschutz	7	3	6	8	3	6	7
alternative Lebensformen, Verbesserung der Lebensqualität	6	5	1	4	23	7	4
politische und wirtschaftliche Reformen	6	3	5	3	19	11	0
radikale politische Ziele	2	—	4	1	—	2	2
sonstige Ziele	4	4	6	6	4	4	4
keine Antwort	32	62	37	25	18	28	37

Basis: Jugendliche, die von der „grünen Alternativbewegung“ schon gehört oder gelesen haben; insgesamt 468 Befragte oder 43 Prozent

Quelle: Dr. Fessel + GfK, Jugend und Politik *(1980)*

dabei als der „harte Kern“ der alternativen Anhängerschaft angesehen werden. Als politischer Unsinn oder als nicht realisierbar werden die grünen Ziele nur von einem knappen Viertel abgelehnt; ein weiteres Fünftel entzieht sich der Stellungnahme.

Die stärkste Zustimmung äußern Studenten und Mittelschüler; die stärkste Skepsis kommt aus dem bäuerlichen Milieu – hier stellt sich einerseits die Umweltproblematik weniger scharf, andererseits vollzieht sich der soziale Wandel noch in die gegenteilige Richtung: hin zur Industrialisierung. Dagegen schlägt die Differenz zwischen manueller und nicht-manueller Tätigkeit weit schwächer zu Buche: junge Arbeiter und junge Angestellte unterscheiden sich kaum in ihren Stellungnahmen. Was immer die „Grünen“ auch sonst sein mögen, eine „reine Mittelschichtsbewegung“, von der „die Arbeiter nichts wissen wollen“, sind sie jedenfalls nicht. Vernachlässigenswert ist auch der Unterschied zwischen den Anhängern der beiden Großparteien; nur die „Sonstigen“ – Freiheitliche, Kommunisten und deklarierte Grüne – und die Jungen mit deklariert „linker“ Überzeugung votieren in überdurchschnittlichem Ausmaß für die Ideen der Alternativen.

Im Streit um die friedliche Nutzung der *Kernenergie* haben die Umweltschützer bereits „die Nase vorn“: 44 Prozent der Jugendlichen sprechen sich gegen Atomkraftwerke in Österreich aus, nur mehr 40 Prozent wollen Zwentendorf in Betrieb nehmen. Insbesondere unter

Studenten und Mittelschülern, ferner bei Kindern aus dem alten und neuen Mittelstand findet sich eine deutliche Mehrheit gegen die Atomenergie; Lehrlinge und Fachschüler sowie Kinder aus Arbeiterfamilien tendieren hingegen eher zur Inbetriebnahme des AKW.

Tabelle 105:
Einstellung zur Atomkraft I

in Prozent	alle Jugendlichen	nach Schulbildung und Berufstätigkeit: Hauptschule	Fachschule/BHS	AHS	Universität	Lehrlinge	Arbeiter	Angestellte
AKW Zwentendorf in Betrieb nehmen	40	39	45	25	18	49	47	37
auf Atomkraft verzichten	44	45	38	60	68	35	37	47
unentschieden	9	7	8	7	12	10	10	10
keine Antwort	7	10	10	8	2	5	6	6
	(. . 100%)							

Quelle: Dr. Fessel + GfK, Jugend und Politik *(1980)*

Die eigentliche „Kernspaltung“ vollzieht sich freilich zwischen den Geschlechtern und entlang der Parteigrenzen: Burschen und SPÖ-Anhänger votieren mehrheitlich pro, Mädchen und ÖVP-Anhänger mehrheitlich kontra Atomkraft in Österreich.

Tabelle 106:
Einstellung zur Atomkraft II

in Prozent	alle Jugendlichen	nach Geschlecht: männlich	weiblich	und Parteipräferenz: SPÖ	ÖVP	andere/unklar
AKW Zwentendorf in Betrieb nehmen	40	47	33	56	20	41
auf Atomkraft verzichten	44	39	49	31	64	42
unentschieden	9	8	10	8	12	11
keine Angabe	7	6	7	5	4	7

Quelle: Dr. Fessel + GfK, Jugend und Politik *(1980)*

Unter diesen Auspizien ist es daher nicht verwunderlich, daß es sich jeder zweite Jugendliche, der schon einmal von den „Grünen“ gehört hat – bzw. jeder vierte junge Österreicher überhaupt –, vorstellen kann, eine allenfalls kandidierende *Umweltschutz-* oder *Anti-Atombewegung zu wählen.* Die hypothetische Bereitschaft, das etablierte Parteiensystem zu verlassen, nimmt dabei mit steigendem Bildungsgrad deutlich zu. Beide Großparteien geraten in Gefahr, Wähler zu verlieren – die Volkspartei unter Umständen freilich etwas mehr als die SPÖ.

Tabelle 107:
Bereitschaft zur Wahl einer „Umweltschutzpartei"

in Prozent	nach Schulbildung und Parteipräferenz							
	alle Jugendlichen	Hauptschule	Fachschule/BHS	AHS	Universität	SPÖ	ÖVP	andere/unklar
vorstellbar	50	45	53	54	60	45	54	54
nicht vorstellbar	45	49	42	40	37	52	45	42
keine Antwort	4	6	5	6	2	3	1	4
	(. . 100%)							

Basis: Jugendliche, die schon von der „grünen Alternativbewegung" gehört oder gelesen haben; insgesamt 468 Befragte oder 43 Prozent

Quelle: Dr. Fessel + GfK, Jugend und Politik *(1980)*

Das ausgeprägte Meinungsbild zu dieser Frage läßt zudem die Vermutung plausibel erscheinen, daß sich ein Gutteil der Wähler von morgen schon einmal mit dieser Problematik beschäftigt hat. Eine Bruchlinie – zumindest zwischen Teilen – der Jugend und den etablierten Parteien zeichnet sich ab.

Ob es auch tatsächlich zum Bruch kommt – wie das in anderen Ländern, insbesondere in der Bundesrepublik Deutschland bereits geschehen ist – wird dabei wesentlich von der Innovations- und Integrationsfähigkeit der politischen Institutionen abhängen. Noch ist der Anteil der „Alternativen", also jener, die ein „grünes Einstellungsmuster" mit einer Ablehnung der Parteiendemokratie verbinden, unter der österreichischen Jugend relativ gering. Zugleich aber besteht bei vielen Jugendlichen (und nicht nur bei ihnen) starkes Interesse und große Sympathie für Fragen des Umweltschutzes und der „Lebensqualität" im weiteren Sinne. Die Umweltproblematik kann also zum Kristallisationspunkt für das latente Unbehagen im Parteienstaat – wie es etwa in der Kritik an den (mangelnden) moralischen Qualitäten der Politiker, in der emotionalen Distanz zum etablierten Politikbetrieb und im weitverbreiteten „Politzynismus" gerade der Bildungsschicht zum Ausdruck kommt – werden. Dies erscheint vor allem dann wahrscheinlich, wenn die bisher (obgleich mit Einschränkungen) verfolgte Integrations- und Kompromißstrategie aufgegeben und durch einen

Konfrontationskurs ersetzt werden sollte: Anzeichen dafür finden sich beispielsweise in den jüngsten Versuchen, die Gewerkschaftsbasis gegen die Umweltschützer zu mobilisieren, oder die Symbolfrage „Zwentendorf – ja oder nein?“ in regelmäßigen Abständen neu aufzurollen.

Ein besseres Sensorium für die neuen Themen und eine verstärkte Öffnung der Parteien gegenüber deren Vertretern stellt freilich nur einen Schritt im Hinblick auf die (zumindest teilweise) Versöhnung der „Politik der Lebensinteressen“ mit der „Politik der Institutionen“ dar. Langfristig mindestens ebenso wichtig ist ein grundsätzliches Überdenken der Rolle der Parteien in unserer Gesellschaft und die Rücknahme ihres heute allzu expansiven Politikverständnisses und Organisationsstrebens.

Nur dort, wo Politik wieder oder erstmals zur Angelegenheit der von ihr primär Betroffenen wird, kann man in Zukunft mit aktivem Engagement der Bürger und mit deren auch emotionaler (und nicht allein: opportunistisch-pragmatischer) Unterstützung für die demokratischen Institutionen rechnen.

5. TABELLENANHANG

Tabelle A 1:
Wahlen zum Nationalrat 1919–1930

	in Prozent der abgegebenen gültigen Stimmen 1919	1920	1923	1927	1930
Christlichsoziale	35,9	42,3	45,0	48,4 [a]	35,7
Sozialdemokraten	40,8	35,9	39,6	42,3	41,1
Deutschnationale/Landbund	18,4	16,7	12,8	6,3	11,6 [b]
Heimatblock					6,2
NSDAP-Hitlerbewegung					3,0
Kommunisten					0,6
Sonstige	4,9	5,2	2,6	3,0	0,6

a = Einheitsliste: Christlichsoziale und Großdeutsche
b = Nationaler Wirtschaftsblock und Landbund

Tabelle A 2a:
Wahlen zum Nationalrat 1945–1979

	in Prozent der abgegebenen gültigen Stimmen 1945	1949	1953	1956	1959	1962	1966	1970	1971	1975	1979
ÖVP	49,8	44,0	41,3	46,0	44,2	45,4	48,3	44,7	43,1	42,9	41,9
SPÖ	44,6	38,7	42,1	43,0	44,8	44,0	42,6	48,4	50,0	50,5	51,0
FPÖ/VdU		11,7	10,9	6,5	7,7	7,1	5,4	5,5	5,5	5,4	6,0
KPÖ	5,4	5,1	5,3	4,4	3,3	3,0	0,4	1,0	1,4	1,2	1,0
DFP							3,3				
Sonstige	0,2	0,5	0,4	0,1	0,1	0,5	0,0	0,4	0,0	0,0	0,1

Quelle: A. Kohl/A. Stirnemann (Hrsg.), Österreichisches Jahrbuch für Politik 79, (Tabellenteil)

Tabelle A 2b:
Nationalratswahlen in Österreich seit 1919

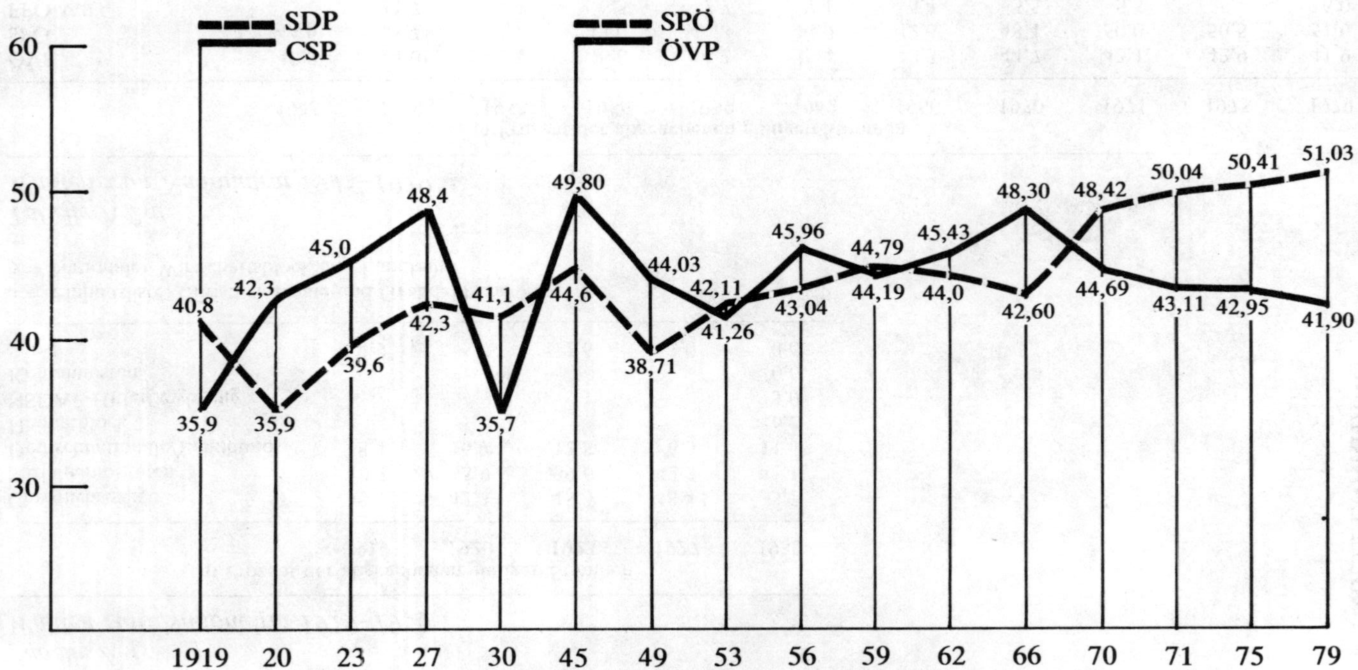

Tabelle A 3:
Erwünschter Staatseinfluß nach Parteipräferenz

in Prozent	SPÖ mehr	SPÖ weniger	ÖVP mehr	ÖVP weniger
in der Kriminalitätsbekämpfung	87	4	84	3
in der gesundheitlichen Vorsorge	78	4	68	6
in der Altersvorsorge	72	7	68	5
wie die Preise festgesetzt werden	76	9	54	19
wie man zu einer Wohnung kommt	69	9	53	16
welche Arbeitsplätze angeboten werden	66	11	50	11
was in Wissenschaft und Forschung geschieht	65	14	52	14
welche Entscheidungen in der Wirtschaft getroffen werden	62	13	44	23
welche Verkehrsmittel gefördert werden	58	12	48	14
wie man sich gegen Krankheit versichert	54	9	42	15
was in Schulen unterrichtet wird	43	18	28	27
welche Aufgaben Kunst und Kultur haben	28	24	26	29
was im Fernsehen gesendet wird	19	32	12	42
was die Erziehung der Kinder betrifft	13	35	10	35
wie man die Freizeit gestaltet	11	27	8	33
wie man das Familienleben gestaltet	6	34	4	38

Quelle: Dr. Fessel + GfK, Staat und Bürokratie *(1976)*

Tabelle A 4:
Zunahme der Bürokratisierung nach Parteipräferenz

in Prozent	alle Befragten	SPÖ	ÖVP	FPÖ	andere/ unklar
unter der ÖVP-Regierung von 1966–1970	6	10	4	3	3
unter der SPÖ-Regierung seit 1970	26	20	35	45	22
ist unabhängig von der Regierung	40	41	38	33	40
Bürokratie nimmt nicht zu	12	15	8	10	14
keine Angabe	16	14	15	9	22
	(. . 100%)				

Quelle: Dr. Fessel + GfK, Staat und Bürokratie *(1976)*

Tabelle B 1:
Politische Distanz nach sozialer Herkunft

in Prozent	Arbeiter	Angestellte	Beamte	Selbständige	Landwirte
im Grund ist es mir egal, ob ich in einer Demokratie lebe oder nicht	9	8	5	11	13
junge Menschen sollten heutzutage die Finger von der Politik lassen	27	15	13	26	28
welche Partei gerade an der Regierung ist, hat keinen Einfluß auf mein Leben	47	38	44	40	49

Basis: alle Jugendlichen, nach Berufsmilieu des Vaters

Quelle: Dr. Fessel + GfK, Jugend und Politik *(1980)*

Tabelle B 2:
Politischer Opportunismus nach sozialer Herkunft

in Prozent	Arbeiter	Angestellte	Beamte	Selbständige	Landwirte
Parteimitgliedschaft für beruflichen Erfolg notwendig	20	19	24	16	16
Möglichkeit, eine Wohnung zu bekommen als einziger Grund für Parteieintritt	27	17	13	18	23
Parteieintritt wegen erhoffter Vorteile (Stelle, Wohnung) denkbar	38	33	34	28	34

Basis: alle Jugendlichen, nach Berufsmilieu des Vaters

Quelle: Dr. Fessel + GfK, Jugend und Politik *(1980)*

Tabelle B 3:
Problemberücksichtigungskapazität der Parteien nach Berufstätigkeit der Jugendlichen

in Prozent	Lehrling	Arbeiter	Angestellte	Sonstige
zureichend	42	37	48	37
unzureichend	56	60	52	58
	(. . 100%)			

Basis: nur berufstätige Jugendliche

Quelle: Dr. Fessel + GfK, Jugend und Politik *(1980)*

Tabelle B 4:
Mangelhaft oder ungelöste Probleme

in Prozent	a) nach Schulbildung Haupt-schule	Fachs./ BHS	AHS	Uni-versität
Soziales, Rechtsfragen	13	27	35	28
Umwelt, Energie, Atomkraft	9	27	19	52
Jugend und Freizeit	19	21	34	31
Einkommen, Steuern, Preise	9	4	8	11
wirtschaftliche/soziale Situation der Bauern	10	11	9	—
Arbeitsplätze	15	7	4	4
Wohnungsbau, Wohnsituation	9	2	—	5
Wirtschaft, Finanzen, Kontrolle	—	11	—	11
Demokratie, Gerechtigkeit	2	4	4	19
Altersversorgung	—	2	5	6
sonstige Probleme	7	14	16	34
keine Angabe	25	19	27	8

in Prozent	b) nach Berufstätigkeit Lehrlinge	Arbeiter	Ange-stellte	Sonstige
Soziales, Rechtsfragen	14	17	33	42
Umwelt, Energie, Atomkraft	17	12	17	21
Jugend und Freizeit	12	12	10	11
Einkommen, Steuern, Preise	8	15	15	14
wirtschaftliche/soziale Situation der Bauern	4	13	4	30
Arbeitsplätze	2	14	15	—
Wohnungsbau, Wohnsituation	7	7	13	5
Wirtschaft, Finanzen, Kontrolle	6	10	7	10
Demokratie, Gerechtigkeit	5	5	8	17
Altersversorgung	—	8	7	2
sonstige Probleme	16	15	19	12
keine Angabe	42	25	19	18

Basis: Jugendliche, die mangelhaft oder gar nicht gelöste Probleme wahrnehmen; insgesamt 41 Prozent oder 448 Jugendliche

Quelle: Dr. Fessel + GfK, Jugend und Politik *(1980)*

Tabelle B 5:
Privilegierung – Unterprivilegierung nach Parteipräferenz

in Prozent	Anhänger von SPÖ	ÖVP	andere/unklar
Privilegierung vorhanden	57	66	67
Unterprivilegierung vorhanden	44	53	46

Quelle: Dr. Fessel + GfK, Jugend und Politik *(1980)*

6. TABELLENVERZEICHNIS

7. LITERATURVERZEICHNIS

Agranoff, 1976: Robert Agranoff: The Decline of Party and the Rise of Candidate Centered Technology, in: The New Style in Election Campaigns, Boston 1976

AIPC, 1967: American Institute for Political Communication: The New Methodology: A Study of Political Strategy and Tactics, Washington 1967

Aldrich, 1980: John H. Aldrich: Before the Convention: Strategies and Choices in Presidential Nomination Campaigns, Chicago 1980

Alexander, 1979: Herbert E. Alexander (ed.): Political Finance, Beverly Hills/London 1979

Almond/Verba, 1963: Gabriel A. Almond/Sidney Verba: The Civic Culture: Political Attitudes and Democracy in Five Nations, Princeton 1963

Angermann/Plasser, 1977: Erhard Angermann/Fritz Plasser: Wahlen und Wähler in Österreich, in: Andreas Khol/Alfred Stirnemann (Hrsg.): Österreichisches Jahrbuch für Politik, Wien 1977

Arbeitsgemeinschaft Fessel/IFES, 1980: Arbeitsgemeinschaft Dr. Fessel + GfK/Ifes: Steuermentalität in Österreich, Wien 1980

Asher, 1977: Herbert B. Asher: The Media and the Presidential Selection Process, in: Louis Maisel/Joseph Cooper: The Impact of the Electoral Process, Beverly Hills/London 1977

Atkin/Gantz, 1980: Charles K. Atkin/Walter Gantz: Television News and Political Socialization, in: G. Cleveland Wilhoit/Harold de Bock (eds.): Mass Communication Review Yearbook 1980, Beverly Hills/London 1980

Atteslander, 1981: Peter Atteslander: Die Grenzen des Wohlstandes. An der Schwelle zum Zuteilungsstaat, Stuttgart 1981

Bachrach/Baratz, 1970: Peter Bachrach/Morton S. Baratz: Power and Poverty: Theory and Practice, New York/London/Toronto 1970

Badelt, 1980: Christoph Badelt: Sozioökonomie der Selbstorganisation, Frankfurt/New York 1980

Badura, 1973: Bernd Badura: Sprachbarrieren. Zur Soziologie der Kommunikation, Stuttgart 1973

Baggaley/Ferguson, 1980: Jon Baggaley/Margaret Ferguson et al. (eds.): Psychology of the TV-Image, New York 1980

Balandier, 1976: Georges Balandier: Politische Anthropologie, München 1976

Balbus, 1975: Isaac Balbus: Politics as Sport: An Interpretation of the Political Ascendancy of the Sports Metaphor, in: Leon N. Lindberg et al. (eds.): Stress and Contradiction in Modern Capitalism, Lexington, Mass., 1975

Barber, 1980: James David Barber: The Pulse of Politics, New York 1980.

Bauer, 1980: Leonhard Bauer: Österreichs Parteien als Widerspiegelung ökonomischer Entwicklung in Organisationsform und Symbolwelt, in: ÖZP 1980/3

Berger/Berger/Kellner, 1975: Peter L. Berger/Brigitte Berger/Hansfried Kellner: Das Unbehagen in der Modernität, Frankfurt/New York 1975

Benard/Schlaffer, 1979: Cheryl Benard/Edit Schlaffer: Notizen über Besuche auf dem Land: Am Rande des Wohlstandes, Wien/München 1979

Berchtold, 1967: Klaus Berchtold (Hrsg.): Österreichische Parteiprogramme 1868–1966, Wien 1967

Berg-Schlosser, 1972: Dirk Berg-Schlosser: Politische Kultur: Eine neue Dimension politikwissenschaftlicher Analyse, München 1972

Bergsdorf, 1978: Wolfgang Bergsdorf: Politik und Sprache, München 1978

Betz, 1977: Werner Betz: Verändert Sprache die Welt? Semantik, Politik und Manipulation, Zürich 1977

Bichlbauer, 1974: Dieter Bichlbauer: Zur paritätischen Kommission, in: ÖZP 1974/3

Bichlbauer/Pelinka, 1981: Dieter Bichlbauer/Anton Pelinka: Paritätische Kommission in Österreich, in: Klaus Lompe/Hans Heinrich Rass/Dieter Rehfeld (Hrsg.): Enquetekommissionen und Royal Commissions, Göttingen 1981

Bishop et al., 1980: George F. Bishop et al. (eds.): The Presidential Debates. Media, Electoral and Policy Perspectives, New York 1980

Bittermann/Kadan, 1975: Franz Bittermann/Albert Kadan: Das politische Bewußtsein der Österreicher, in: ÖZP 1975/4

Blaas/Matzner/Wösendorfer, 1980: Wolfgang Blaas/Egon Matzner/Johann Wösendorfer: Zur Stabilisierungs-, Wachstums- und Arbeitsmarktpolitik, in: Der öffentliche Sektor, 1980/2–3

Blumenthal, 1980: Sidney Blumenthal: The Permanent Campaign: Inside the World of Elite Political Operatives, Boston 1980

Blumler/Katz, 1974: Jay G. Blumler/Elihu Katz (eds.): The Uses of Mass Communications. Current Perspectives on Gratification Research, Beverly Hills/London 1974

Blumler/McQuail, 1968: Jay G. Blumler/Denis McQuail: Television in Politics: Its Uses and Influence, London 1968

Bobrow, 1974: Davis Bobrow: Mass Communication and the Political System, in: Walter Davison/Te Yu (eds.): Mass Communication Research. Major Issues and Future Directions, New York 1974

Bosshart, 1979: Louis Bosshart: Politik und Unterhaltung, in: Dynamik der Fernseh-Unterhaltung, Freiburg 1979

Botz, 1976: Gerhard Botz: Gewalt in der Politik: Attentate, Zusammenstöße, Putschversuche, Unruhen in Österreich (1918–1934), München 1976

Brand, 1981: Karl-Werner Brand: Analyse neuer Protestpotentiale. Ansätze zu einer Systematisierung der Diskussion, in: Journal für Sozialforschung 1981/4

Bretschneider, 1980: Rudolf Bretschneider: Wahlen und Wähler in Österreich 1978/79, in: Andreas Khol/Alfred Stirnemann (Hrsg.): Österreichisches Jahrbuch für Politik 1979, Wien 1980

Britt, 1979: Stuart Henderson Britt: Psychological Principles of Marketing and Consumer Behaviour, Lexington, Mass. 1979

Broh, 1980: C. Anthony Broh: Horse Race Journalism: Reporting the Polls in the 1976 Presidential Election, in: Public Opinion Quarterly, Winter 1980

Brown/Seib, 1976: James Brown/Philip Seib: The Art of Politics, Electoral Strategies and Campaign Management, New York 1976

Brunmayr, 1978: Erich Brunmayr: Lebenskonzepte und Wertvorstellungen der österreichischen Jugendlichen, Wien 1978

Brunmayr, 1981: Erich Brunmayr: Lebensorientierung Jugendlicher, in: Österreichisches Institut für Jugendkunde (Hrsg.): Jugend zu Beginn der achtziger Jahre. Österreichischer Jugendbericht 1, Wien/München 1981

Brünner, 1981: Christian Brünner (Hrsg.): Korruption und Kontrolle, Wien/Köln/Graz 1981

Bundesministerium für Finanzen, Bonn Bundesministerium für Finanzen: Informationsdienst zur Finanzpolitik des Auslands, Bonn 1976 und 1979

Büning et al., 1981: Herbert Büning et al.: Operationale Verfahren der Markt- und Sozialforschung, Berlin/New York 1981

Burns, 1980: James McGregor Burns: Party Renewal: The Need for Intellectual Leadership, in: Gerald Pomper (ed.): Party Renewal in America, New York 1980

Burnham, 1975: Walter Dean Burnham: American Politics in the 1970s: Beyond Party, in: Louis Maisel/Paul Sacks (eds.): The Future of Political Parties, Beverly Hills/London 1975

Burnham, 1980: Walter Dean Burnham: The Appearance and Disappearance of the American Voter in: Richard Rose (ed.): Electoral Participation. A Comparative Analysis, Beverly Hills/London 1980

Cap/Pelinka, 1982: Josef Cap/Peter Pelinka: Sechs Thesen zur Situation der Wiener SPÖ, in: Zukunft, Februar 1982

Chaffee, 1975: Steven H. Chaffee (ed.): Political Communication, Beverly Hills/London 1975

Chaffee, 1980: Steven H. Chaffee: Presidential Debates: Are they Helpful to Voters? in: G. Cleveland Wilhoit/Harold de Bock (eds.): Mass Communication Review Yearbook 1980, Beverly Hills/London 1980

Clubb et al., 1980: Jerome M. Clubb et al.: Partisan Realignment. Voters, Parties and Government in American History, Beverly Hills/London 1980

Clubb et al., 1981: Jerome Clubb/William Flanigan/Nancy Zingale: Analyzing Electoral History. A Guide to the Study of American Voting Behaviour, Beverly Hills/London 1981

Comstock, 1980: George Comstock: Television in America, Beverly Hills/London 1980

Converse, 1976: Philip E. Converse: The Erosion of Party Fidelity, in: Richard Niemi/Herbert Weisberg (eds.): Controversies in American Voting Behaviour, San Francisco 1976

Costikyan, 1980: Edward N. Costikyan: How to Win Votes. The Politics of 1980, New York 1980

Crespi, 1980: Irving Crespi: Polls as Journalism, in: Public Opinion Quarterly, Winter 1980

Czerny, 1980: Wilhelm F. Czerny: Parteien, in: Alfred Klose/Wolfgang Mantl/Valentin Zsifkovits (Hrsg.): Katholisches Soziallexikon, 2. A. Graz/Wien/Köln 1980

Dahrendorf, 1979: Ralf Dahrendorf: Lebenschancen: Aufsätze zur sozialen und politischen Theorie, Frankfurt/M. 1979

Dahrendorf, 1981: Ralf Dahrendorf: Eine neue Klasse fälscht die Wünsche, in: Die Zeit, 29. Mai 1981, (Nr. 23)

David et al., 1980: Dominique David/Jean Quintric/Henri Schroeder: Il Marketing Politico, Turin/Rom 1980

Deiser/Winkler, 1981: Roland Deiser/Norbert Winkler: Politische Partizipation in Österreich, Wien 1981 (Kurzfassung, Tabellenband, Sonderauswertung)

Dettling, 1976: Warnfried Dettling et al. (Hrsg.): Die Neue Soziale Frage und die Zukunft der Demokratie, Bonn 1976

Dieckmann, 1969: Walther Dieckmann: Sprache und Politik, Einführung in die Pragmatik und Semantik der politischen Sprache, Heidelberg 1969

Diem, 1980: Peter Diem (Hrsg.): Television. Das Fernsehen an der Schwelle der achtziger Jahre. Daten und Fakten. ORF-Berichte zur Medienforschung 1/80

Diem, 1981: Peter Diem: Einsatz der Delphi-Methode als Beispiel wissenschaftlicher Politikberatung, in: Andreas Khol/Alfred Stirnemann (Hrsg.): Österreichisches Jahrbuch für Politik 1980, Wien 1981

Downs, 1968: Anthony Downs: Ökonomische Theorie der Demokratie, Tübingen 1968

Dr. Fessel + GfK, 1968–1982: Dr. Fessel + GfK: Politische Umfragen, Wien 1968–1982 (unveröffentlichtes Datenmaterial)

Dr. Fessel + GfK, 1976a: Dr. Fessel + GfK: Jugendstudie 1976, Wien 1976

Dr. Fessel + GfK, 1976b: Dr. Fessel + GfK: Staat und Bürokratie, Wien 1976

Dr. Fessel + GfK, 1978: Dr. Fessel + GfK: Neue Mittelschichten in Österreich, Wien 1978

Dr. Fessel + GfK, 1979a: Dr. Fessel + GfK: Strategische Grundlagenstudie ÖAAB, Wien 1979

Dr. Fessel + GfK, 1979b: Dr. Fessel + GfK: Jugend in Wien, Wien 1979

Dr. Fessel + GfK, 1979c: Dr. Fessel + GfK: Sozialstruktur und Bewußtsein, Wien 1979

Dr. Fessel + GfK, 1980a: Dr. Fessel + GfK: Jugend und Politik, Wien 1980

Dr. Fessel + GfK, 1980b: Dr. Fessel + GfK: Steuerwiderstand, Wien 1980

Dr. Fessel + GfK, 1981a: Dr. Fessel + GfK: Demokratische Partizipation in der Außenpolitik, Wien 1981

Dr. Fessel + GfK, 1981b: Dr. Fessel + GfK: Parteienverdrossenheit, Wien 1981

Dr. Fessel + GfK, 1981c: Dr. Fessel + GfK: Politik und Kommunikation, Wien 1981

Dr. Fessel + GfK, 1981d: Dr. Fessel + GfK: Jugendstudie (1981)

Edelman, 1964: Murray Edelman: The Symbolic Uses of Politics, Chicago 1964

Edelman, 1975: Murray Edelman: Symbolism in Politics, in: Leon N. Lindberg et al. (eds.): Stress and Contradiction in Modern Capitalism, Lexington, Mass. 1975

Edelman, 1976: Murray Edelman: Politik als Ritual: Die symbolische Funktion staatlicher Institutionen und politischen Handelns, Frankfurt/New York 1976

Edelman, 1977: Murray Edelman: Political Language: Words that succeed and Politics that fail, New York 1977

Eidgenössische Kommission, 1980: Eidgenössische Kommission für Jugendfragen: Thesen zu den Jugendunruhen 1980, Bern 1980

Epstein, 1975: Leon D. Epstein: Political Parties, in: Fred Greenstein/ Nelson Polzby (eds.): Nongovernmental Politics (Handbook of Political Science, 4), Reading, Mass. 1975

Epstein, 1980: Leon D. Epstein: Political Parties in Western Democracies, New Brunswick 1980

Etzioni, 1975: Amitai Etzioni: Die aktive Gesellschaft. Eine Theorie gesellschaftlicher u. politischer Prozesse, Opladen 1975

Fischer, 1977: Heinz Fischer (Hrsg.): Das politische System Österreichs, 2. A. Wien 1977

Fischer, 1980: Heinz Fischer (Hrsg.): Rote Markierungen '80, Wien 1980

Fischer, 1981: Heinz Fischer: Zehn Jahre Reformpolitik, in Österreich, in: ÖZP 1981/1

Fischer-Kowalski, 1977: Marina Fischer-Kowalski: Die Entwicklung von Universität und Gesellschaft in Österreich, in: H. Fischer (Hrsg.): Das politische System Österreichs, 2. A. Wien 1977

Fischer-Kowalski/Buček, 1979: Marina Fischer-Kowalski/Josef Buček (Hrsg.): Ungleichheit in Österreich: Ein Sozialbericht, Wien 1979

Fishel, 1978: Jeff Fishel (ed.): Parties and Elections in an Anti-Party-Age, Bloomington 1978

Fremuth, 1975: Walter Fremuth: Die Gemeinwirtschaft in der Volkswirtschaft, in: Gemeinwirtschaft 1975/3

Frey, 1978: Bruno S. Frey: Moderne politische Ökonomie, München 1978

Fritzl/Uitz, 1975: Hermann Fritzl/Martin Uitz: Kritische Anmerkungen zur sogenannten Lagertheorie, in: ÖZP 1975/3

Fourier, 1822: Charles Fourier: Traité de l'association domestique agricole, Paris 1822

Gaspari/Millendorfer, 1973: Christof Gaspari/Hans Millendorfer: Prognosen für Österreich: Fakten und Formeln der Entwicklung, Wien 1973

Gehmacher, 1979: Ernst Gehmacher: Technikverdrossenheit und Technologiemißtrauen: Analyse der Ursachen der Angst, in: Österreichische Nationalbank (Hrsg.): Die neue Romantik, Wien 1979

Gehmacher, 1981a: Ernst Gehmacher: Die Grenzen des Wohlfahrtsstaates – der Fall Österreich, in: Österreichische Nationalbank (Hrsg.): Systemkrisen in Ost und West, Wien 1981

Gehmacher, 1981b: Ernst Gehmacher: Jugend in Österreich: Die unberechenbare Generation, Wien 1981

Gerlich, 1972: Peter Gerlich: Politisches System und Integration, in: Erich Bodzenta (Hrsg.): Die österreichische Gesellschaft, Wien 1972

Gerlich, 1978a: Peter Gerlich: Consociationalism to Competition: The Austrian Party System since 1945, paper to Colloquium on Recent Changes in European Party Systems, European University Institute, Florence 1978

Gerlich, 1978b: Peter Gerlich: The Transformation of Political Elites in Austria 1848–1978, Papier zu ECPR Joint Sessions, Grenoble 1978

Gerlich/Kramer, 1969: Peter Gerlich/Helmut Kramer: Abgeordnete in der Parteiendemokratie, Wien 1969

Gluchowski, 1981: Peter Gluchowski: Documentation of Selected Opinion Research Data from EDU-Parties (Konrad Adenauer Stiftung), St. Augustin 1981

Gmoser, 1971: Rupert Gmoser (Hrsg.): Die Gewerkschaft auf dem Weg ins Jahr 2000, Wien 1971

Goethals, 1981: Gregor T. Goethals: The TV-Ritual: Worship at the Video Altar, Boston 1981

Gordon/Verna, 1978: Thomas F. Gordon/Mary Ellen Verna: Mass Communication Effects and Processes. A Comprehensive Bibliography, Beverly Hills/London 1978

Graber, 1980: Doris A. Graber: Mass Media and American Politics, Washington 1980

Greiffenhagen/Greiffenhagen, 1979: Martin Greiffenhagen/Sylvia Greiffenhagen: Ein schwieriges Vaterland: Zur politischen Kultur Deutschlands, München 1979

Greiffenhagen, 1980: Martin Greiffenhagen (Hrsg.): Kampf um Wörter? Politische Begriffe im Meinungsstreit. München/Wien 1980

Greven, 1977: Michael Th. Greven: Parteien und politische Herrschaft, Meisenheim 1977

Habermas, 1962: Jürgen Habermas: Strukturwandel der Öffentlichkeit, Neuwied/Berlin 1962

Habermas, 1973: Jürgen Habermas: Legitimationsprobleme im Spätkapitalismus, Frankfurt/M. 1973

Habermas, 1979: Jürgen Habermas: Stichworte zur „Geistigen Situation der Zeit", Frankfurt/M. 1979

Haller, 1981: Michael Haller (Hrsg.): Aussteigen oder rebellieren. Jugendliche gegen Staat und Gesellschaft, Reinbek bei Hamburg 1981

Hartenstein, 1977: Wolfgang Hartenstein: Vom Nutzen und Schaden veröffentlichter Umfrageergebnisse, in: Carl Böhret et al. (Hrsg.): Wahlforschung: Sonden im politischen Markt, Opladen 1977

Hartmann, 1979: Jürgen Hartmann: Parteienforschung, Darmstadt 1979

Heer, 1981: Friedrich Heer: Der Kampf um die österreichische Identität, Graz 1981

Hennis, 1977: Wilhelm Hennis: Parteienstruktur und Regierbarkeit, in: Wilhelm Hennis/Peter Graf Kielmannsegg/Ulrich Matz (Hrsg.): Regierbarkeit: Studien zu ihrer Problematisierung, Stuttgart 1977

Herder-Dorneich/Groser, 1977: Philipp Herder-Dorneich/Manfred Groser: Ökonomische Theorie des politischen Wettbewerbs, Göttingen 1977

Hershey, 1974: Marjorie R. Hershey: The Making of Campaign Strategy, Lexington, Mass. 1974

Hiebert et al., 1975: Ray Hiebert et al.: The Political Image Merchants: Strategies in the New Politics, Washington 1975

Hochgerner, 1981: Josef Hochgerner: Politik und politische Beteiligung, in: Österreichisches Institut für Jugendkunde (Hrsg.): Jugend zu Beginn der achtziger Jahre, Wien/München 1981

Höchtl/Windhager, 1981: Josef Höchtl/Fritz Windhager (Hrsg.): Politische Moral. Beiträge zur politischen Kultur Österreichs, Wien 1981

Hölzl, 1974: Norbert Hölzl: Propagandaschlachten. Die österreichischen Wahlkämpfe 1945–1971, Wien 1974

Hohenecker/Otruba, 1967: Leopold Hohenecker/Gustav Otruba: Von St. Germain zum Staatsvertrag: Österreich 1918–1955, Wien 1967

Horner, 1981: Franz Horner: Konservative und christdemokratische Parteien in Europa: Geschichte, Programmatik, Strukturen, Wien/München 1981

IFES, 1981: Institut für Empirische Sozialforschung: Wurzeln, Wesen und Chancen der „grünen" Bewegung, Wien 1981 (unveröffentlichtes Datenmaterial)

IHS, 1977: Institut für Höhere Studien: Verwaltung in der Demokratie, Bd. 2.2, Struktur und Prinzipien der österreichischen Verwaltung, Forschungsbericht, Wien 1977

IMAS, 1973: Institut für Markt- und Sozialanalysen: Generation von morgen: Wohin steuert die Jugend? Linz 1973

IMAS, 1980–1981: Institut für Markt- und Sozialanalysen: Politische Umfragen 1980–1981 (unveröffentlichtes Datenmaterial)

Inglehart, 1979a: Ronald Inglehart: Value Priorities and Socioeconomic Change, in: Samuel H. Barnes/Max Kaase et al. (eds.): Political Action. Mass Participation in Five Western Democracies, Beverly Hills/London 1979

Inglehart, 1979b: Ronald Inglehart: Wertwandel und politisches Verhalten, in: Joachim Matthes (Hrsg.): Sozialer Wandel in Westeuropa, Frankfurt/New York 1979

Inglehart, 1979c: Ronald Inglehart: Wertwandel in den westlichen Gesellschaften: Politische Konsequenzen von materialistischen und postmaterialistischen Prioritäten, in: Helmut Klages/Peter Kmieciak (Hrsg.): Wertwandel und gesellschaftlicher Wandel, Frankfurt/New York 1979

Jänicke, 1973: Martin Jänicke: Die Analyse des politischen Systems aus der Krisenperspektive, in: Martin Jänicke (Hrsg.): Politische Systemkrisen, Köln 1973

Johnston, 1973: William M. Johnston: Österreichische Geistesgeschichte: Gesellschaft und Ideen im Donauraum 1848–1939, Graz 1973

Joslyn, 1980: Richard A. Joslyn: The Content of Political Spot Ads, in: Journalism Quarterly (Spring 1980)

Kaase/Beyme, 1978: Max Kaase/Klaus v. Beyme (eds.): Elections and Parties, London/Beverly Hills 1978

Kadan/Pelinka, 1979: Albert Kadan/Anton Pelinka: Die Grundsatzprogramme der österreichischen Parteien. Dokumentation und Analyse, St. Pölten 1979

Kaid, 1974: Lynda Kaid et al.: Political Campaign Communications: A Bibliography and Guide to the Literature, Metuchen, N. J. 1974

Kaltefleiter/Nißen, 1980: Werner Kaltefleiter/Peter Nißen: Empirische Wahlforschung. Eine Einführung in Theorie und Technik, Paderborn 1980

Katz, 1972: Elihu Katz: Platforms and Windows: Broadcastings Role in Election Campaigns, in: Denis McQuail (ed.): Sociology of Mass Communication, Harmondsworth 1972

Kepplinger, 1980: Hans Mathias Kepplinger: Optische Kommentierung in der Fernsehberichterstattung, in: Thomas Ellwein (Hrsg.): Politikfeld-Forschung, Opladen 1980

Kevenhörster, 1979: Paul Kevenhörster: Politik ohne Parteien? Kommunalpolitische Funktionen politischer Parteien in amerikanischen Städten, in: Herbert Kühr (Hrsg.): Vom Milieu zur Volkspartei, Hain 1979

Key, 1969: V. O. Key: Wesen und Funktion der Parteien, in: Gilbert Ziebura (Hrsg.): Beiträge zur allgemeinen Parteienlehre, Darmstadt 1969

Kienzl, 1974: Heinz Kienzl: Die Wirtschaftspartnerschaft – ein Instrument der Vollbeschäftigung oder der Gesellschaftspolitik?, in: ÖZP 1974/3

Kinder, 1981: Donald R. Kinder: Presidents, Prosperity and Public Opinion, in: Public Opinion Quarterly 1981/1

Kirchheimer, 1969: Otto Kirchheimer: Der Wandel des westeuropäischen Parteiensystems, in: Gilbert Ziebura (Hrsg.): Beiträge zur allgemeinen Parteienlehre, Darmstadt 1969

Kirkpatrick, 1976: Samuel A. Kirkpatrick (ed.): American Electoral Behavior, Beverly Hills/London 1976

Kirschhofer, 1981: Andreas Kirschhofer-Bozenhart: Die Wanderer zwischen den Parteien, in: Österreichische Monatshefte 1981/3

Klages, 1981: Helmut Klages: Überlasteter Staat – verdrossene Bürger? Zu den Dissonanzen der Wohlfahrtsgesellschaft, Frankfurt 1981

Klaus, 1971: Georg Klaus: Sprache der Politik, Berlin 1971

Klaus/Liebscher, 1974: Georg Klaus/Heinz Liebscher: Systeme, Informationen, Strategien, Berlin 1974

Klenner, 1981: Fritz Klenner: Hundert Jahre österreichische Gewerkschaftsbewegung. Entstehung und Entwicklung, Wien 1981

Kluckhohn, 1961: C. Kluckhohn: The Concept of Culture, in: R. Kluckhorn (ed.): Culture and Behavior, New York 1961

Knoke, 1976: David Knoke: Change and Continuity in American Politics. The Social Bases of Political Parties, Baltimore 1976

Knutson, 1973: Jeanne N. Knutson (ed.): Handbook of Political Psychology, San Francisco 1973

Konečny, 1980: Albrecht K. Konečny: Innerparteiliche Demokratie in der SPÖ, in: Andreas Khol/Alfred Stirnemann (Hrsg.): Österreichisches Jahrbuch für Politik 1979, Wien 1980

Koszyk/Pruys, 1981: Kurt Koszyk/Karl Pruys: Handbuch der Massenkommunikation, München 1981

Kotler, 1978: Philip Kotler: Marketing eines politischen Kandidaten, in: Marketing für Nonprofit Organisationen, Stuttgart 1978

Kramer/Kramer, 1977: Dorit Kramer/Helmut Kramer: Jugend und Gesellschaft in Österreich, in: Heinz Fischer (Hrsg.): Das politische System Österreichs, 2. A. Wien 1977

Kraus/Davis, 1976: Sidney Kraus/Dennis Davis: The Effects of Mass Communication on Political Behavior, University Park/London 1976

Kraus, 1979: Sidney Kraus (ed.): The Great Debates. Carter vs. Ford, 1976, Bloomington 1979

Kreisky, 1977: Eva Kreisky: Zur Genesis der politischen und sozialen Funktion der Bürokratie, in: Heinz Fischer (Hrsg.): Das politische System Österreichs, 2. A. Wien 1977

Kriechbaumer, 1981: Robert Kriechbaumer: Österreichs Innenpolitik 1970–1975, Sonderband des Österreichischen Jahrbuchs für Politik, Wien 1981

Kroeber-Riel, 1980: Werner Kroeber-Riel: Konsumentenverhalten, München 1980

Küchler, 1981: Manfred Küchler: 18 bis 35 + Abitur=Aktivgruppe, in: Der Spiegel Nr. 48/1981

Kurier, 1981: Kurier: Wien, 13. 11. 1981

Langenbucher, 1979: Wolfgang R. Langenbucher (Hrsg.): Politik und Kommunikation. Über die öffentliche Meinungsbildung, München 1979

Langer, 1964: Elisabeth Langer: Nationalization in Austria, in: Annals of Public and Co-operative Economy Nr. 35/2–3, 1964

Langer, 1966: Elisabeth Langer: Die Verstaatlichungen in Österreich, Wien 1966

Lazarsfeld Gesellschaft, 1980: Paul Lazarsfeld Gesellschaft für Sozialforschung (Hrsg.): Das österreichische Nationalbewußtsein: in der öffentlichen Meinung und im Urteil der Experten, Wien 1980

Lehner, 1979: Franz Lehner: Die „Stille Revolution“: Zur Theorie und Realität des Wertwandels in hochindustrialisierten Gesellschaften, in: Helmut Klages/Peter Kmieciak (Hrsg.): Wertwandel und gesellschaftlicher Wandel, Frankfurt/New York 1979

Leinfellner, 1971: Elisabeth Leinfellner: Der Euphemismus in der politischen Sprache, Berlin 1971

Lemert, 1981: James Lemert: Does Mass Communication Change Public Opinion After All? Chicago 1981

Leser, 1968: Norbert Leser: Zwischen Reformismus und Bolschewismus: Der Austromarxismus als Theorie und Praxis, Wien 1968

Lehmbruch, 1967: Gerhard Lehmbruch: Proporzdemokratie: Politisches System und politische Kultur in der Schweiz und in Österreich, Tübingen 1967

Lehmbruch, 1972: Gerhard Lehmbruch: Das politische System Österreichs in vergleichender Perspektive, in: Österreichische Zeitschrift für öffentliches Recht 1972/22

Lockwood, 1973: David Lockwood: Some Remarks on „The Social System“, in: Peter Worsley (ed.): Modern Sociology: Introductory Readings, Harmmondsworth 1973

Lompe, 1981: Klaus Lompe: Wissenschaft und politische Steuerung, in: Klaus Lompe et al. (Hrsg.): Enquete Kommissionen und Royal Commissions, Göttingen 1981

Löwenthal, 1981: Richard Löwenthal: Identität und Zukunft der Sozialdemokratie, in: Die Zeit, Nr. 51/1981

Lübbe, 1977: Hermann Lübbe: Warnung vor Ideologiediskussion, in: Horst Baier (Hrsg.): Freiheit und Sachzwang, Opladen 1977

Luger/Fabris, 1981a: Kurt Luger/Hans Heinz Fabris et al.: Das Image von Politikern in den Massenmedien und der öffentlichen Meinung in Österreich, Salzburg 1981 (Projektbericht)

Luger/Fabris, 1981b: Kurt Luger/Hans Heinz Fabris: Das politische Starsystem Österreichs, in: ÖZP 1981/4

Luhmann, 1975: Niklas Luhmann: Legitimation durch Verfahren, in: Wolf-Dieter Narr/Claus Offe (Hrsg.): Wohlfahrtsstaat und Massenloyalität, Köln 1975

Luhmann, 1979: Niklas Luhmann: Öffentliche Meinung, in: Wolfgang R. Langenbucher: Politik und Kommunikation, München 1979

Luhmann, 1980: Niklas Luhmann: Gesellschaftsstruktur und Semantik, Frankfurt 1980

Luhmann, 1981: Niklas Luhmann: Politische Theorie im Wohlfahrtsstaat, München 1981

Mackie/Rose, 1974: Thomas T. Mackie/Richard Rose: The International Almanac of Electoral History, London 1974

Maisel/Cooper, 1978: Louis Maisel/Joseph Cooper (eds.): Political Parties: Development and Decay, Beverly Hills/London 1978

Maisel/Cooper, 1980: Louis Maisel/Joseph Cooper (eds.): Congressional Elections, Beverly Hills/London 1980

Manheim, 1976: Jarol B. Manheim: Can Democracy Survive Television? in: Journal of Communication, Spring 1976

Marin, 1980: Bernd Marin: Neuer Populismus und „Wirtschaftspartnerschaft“: „Neo-korporatistische“ Konfliktregelung und außer-institutionelle Konfliktpotentiale in Österreich, in: ÖZP 1980/2

März, 1965: Eduard März: Österreichs Wirtschaft zwischen Ost und West: Eine sozialistische Analyse, Wien/Frankfurt/Zürich 1965

Mast, 1980: Claudia Mast: Aufbruch ins Paradies? Die Alternativbewegung und ihre Fragen an die Gesellschaft, Zürich 1980

Matis, 1970: Herbert Matis: Nationalitätenfrage und Wirtschaft in der Habsburgermonarchie, in: Der Donauraum, 15. Jg/ 1970

Matis, 1972: Herbert Matis: Österreichs Wirtschaft von 1848 bis 1913. Konjunkturelle Dynamik und gesellschaftlicher Wandel im Zeitalter Franz Josephs I., Berlin 1972

Matzner, 1977: Egon Matzner: Sozialpartnerschaft, in: H. Fischer (Hrsg.): Das politische System Österreichs, 2. A. Wien 1977

Mayer-Tasch, 1981: Peter C. Mayer-Tasch: Die Bürgerinitiativbewegung, Reinbek bei Hamburg 1981

Mauser, 1980: Gary A. Mauser: Winning Elections: Marketing and Campaign Strategy, New York 1980

McGaw/Watson, 1976: Dickinson MacGaw/George Watson: Political and Social Inquiry, New York 1976

McLuhan, 1970: Marshall McLuhan: Die magischen Kanäle. Understanding Media, Frankfurt 1970

Meadow, 1980: Robert G. Meadow: Politics as Communication, Norwood, N. J. 1980

Meier-Dallach, 1978: Hans Peter Meier-Dallach: Kontinuität und Wandel im Bild Schweiz, in: Aktuelle Arbeiten aus dem Gebiete der Geisteswissenschaften, Vorträge gehalten anläßlich der Abgeordnetenversammlung vom 27. Mai 1978

Meier-Dallach, 1980: Hans Peter Meier-Dallach: Die Sicht auf Welt und Nation – Deutungen gesellschaftlicher Harmonie und Disharmonie, in: Guido Hischier/Renè Levy/Werner Obrecht (Hrsg.): Weltgesellschaft und Sozialstruktur – Festschrift für Peter Heinz Ruegger, Diessenhofen 1980

Merelman, 1972: Richard M. Merelman: Politische Legitimität als Funktion gesteuerter Lernprozesse, in: Bernd Badura/P. Gloy (Hrsg.): Soziologie der Kommunikation, Stuttgart 1972

Merkl/Raabe, 1977: Peter Merkl/Dieter Raabe: Die politischen Parteien, in: Politische Soziologie der USA, Wiesbaden 1977

Michels, 1970: Robert Michels: Soziologie des Parteiwesens, Stuttgart 1970

Miller/Levitin, 1976: Warren W. Miller/Teresa E. Levitin: Leadership and Change, Cambridge, Mass. 1976

Mises, 1927: Ludwig von Mises: Liberalismus, Jena 1927

Mock, 1981: Alois Mock (Hrsg.): Durchbruch in die Moderne. Von der industriellen zur nachindustriellen Gesellschaft, Graz 1981

Molden, 1980: Fritz Molden: Besetzer, Toren, Biedermänner. Ein Bericht aus Österreich 1945–1962, Wien 1980

Napolitan, 1972: Joseph Napolitan: The Election Game and How to Win it, New York 1972

Narr/Offe, 1975: Wolf-Dieter Narr/Claus Offe (Hrsg.): Wohlfahrtsstaat und Massenloyalität, Köln 1975

Nassmacher, 1981: Karl-Heinz Nassmacher: Öffentliche Parteifinanzierung in westlichen Demokratien, in: Journal für Sozialforschung 1981/4

Neisser, 1977: Heinrich Neisser: Die Rolle der Bürokratie, in: Heinz Fischer (Hrsg.): Das politische System Österreichs, 2. A. Wien 1977

Nie, 1977: Norman H. Nie et al.: The Changing American Voter; Cambridge, Mass. 1977

Nimmo, 1970: Dan Nimmo: The Political Persuaders, New York 1970

Nimmo/Savage, 1976: Dan Nimmo/Robert L. Savage: Candidates and their Images. Concepts, Methods and Findings, Santa Monica, Cal. 1976

Nimmo, 1979: Dan Nimmo: Political Communication and Public Opinion in America, Santa Monica, Cal. 1979

Nimmo/Sanders, 1982: Dan Nimmo/Keith Sanders (eds.): Handbook of Political Communication, Beverly Hills/London 1982

Noack, 1980: Paul Noack: Ist die Demokratie noch regierbar? München 1980

Noelle-Neumann, 1978: Elisabeth Noelle-Neumann: Werden wir alle Proletarier? Wertwandel in unserer Gesellschaft, Zürich 1978

Noelle-Neumann, 1980a: Elisabeth Noelle-Neumann: Die Schweigespirale, München 1980

Noelle-Neumann, 1980b: Elisabeth Noelle-Neumann: The Public Opinion Research Correspondent, in: Public Opinion Quarterly, Winter 1980

Noelle-Neumann, 1980c: Elisabeth Noelle-Neumann: Wahlentscheidung in der Fernsehdemokratie, Freiburg 1980

Nohlen, 1978: Dieter Nohlen: Funktionen und soziale Bedeutung von Wahlen, in: Wahlsysteme der Welt, München 1978

Oberleitner, 1981: Wolfgang E. Oberleitner: Politisches Handbuch Österreichs 1945–1980, Wien 1981

Oberndörfer, 1978: Dieter Oberndörfer: Politische Meinungsforschung und Politik, in: Dieter Oberndörfer (Hrsg.): Wählerverhalten in der Bundesrepublik Deutschland, Berlin 1978

Ockenfels/Wagner, 1980: Winfried Ockenfels/Baldur Wagner: Signale in die achtziger Jahre. Die politische Landschaft der Bundesrepublik Deutschland, München 1980

O'Connor, 1974: James O'Connor: Die Finanzkrise des Staates, Frankfurt/M. 1974

Öhlinger/Matzka, 1975: Theo Öhlinger/Manfred Matzka: Demokratie und Verwaltung als verfassungsrechtliches Problem, in: ÖZP 1975/4

O'Keefe, 1980: Garret O'Keefe: Political Malaise and Reliance on Media, in: Journalism Quarterly (Spring 1980)

Ostroff, 1980: David H. Ostroff: A Participant – Observer Study of TV Campaign Coverage, in: Journalism Quarterly (Autumn 1980)

ÖVP, 1975: Österreichische Volkspartei: Pläne zur Lebensqualität, Wien 1975

ÖZP, 1974, 1975, 1980, 1981, 1982: Österreichische Zeitschrift für Politikwissenschaft, Wien 1974–1982

Paletz/Entman, 1981: David Paletz/Robert Entman: Media. Power. Politics, New York 1981

Parsons, 1961: Talcott Parsons: General Introduction, in: Talcott Parsons et al. (eds.): Theories of Society, New York 1961

Patterson/McClure, 1979: Thomas E. Patterson/Robert D. McClure: The Unseeing Eye: The Myth of Television Power in National Elections, New York 1979

Patterson, 1980: Thomas E. Patterson: The Mass Media Election: How Americans Choose Their Presidents, New York 1980

Paupie, 1960: Kurt Paupie: Handbuch der österreichischen Pressegeschichte, Wien 1960

Pelinka, 1972: Anton Pelinka: Stand oder Klasse? Die christliche Arbeiterbewegung Österreichs 1933–38, Wien 1972

Pelinka, 1974: Anton Pelinka: Postklassischer Parlamentarismus und Sozialpartnerschaft, in: ÖZP 1974/3

Pelinka, 1975: Anton Pelinka: Parteiensystem als Integrationsfaktor, in: ÖZP 1975/3

Pelinka, 1976: Anton Pelinka: Politik und moderne Demokratie, Kronberg/Ts. 1976

Pelinka, 1977: Anton Pelinka: Struktur und Funktion der politischen Parteien, in: Heinz Fischer (Hrsg.): Das politische System Österreichs, 2. A. Wien 1977

Pelinka, 1978: Anton Pelinka: Bürgerinitiativen – gefährlich oder notwendig? Würzburg 1978

Pelinka, 1979: Anton Pelinka: Volksvertretung als funktionale Elite – Der österreichische Nationalrat auf dem Weg zum Arbeitsparlament, in: Andreas Khol/Alfred Stirnemann (Hrsg.): Österreichisches Jahrbuch für Politik 1978, Wien 1979

Pelinka, 1980a: Anton Pelinka: Gewerkschaften im Parteienstaat: Ein Vergleich zwischen dem Deutschen und Österreichischen Gewerkschaftsbund, Berlin 1980

Pelinka, 1980b: Anton Pelinka: Das politische System, in: Peter Dusek/Anton Pelinka/Erika Weinzierl: Zeitgeschichte im Aufriß: Österreich von 1918 bis in die achtziger Jahre, Wien 1980

Perry, 1968: James Perry: The New Politics, New York 1968

Phillips, 1975: Kevin P. Phillips: Mediacracy. American Parties and Politics in the Communications Age, Garden City/New York 1975

Pierce/Sullivan, 1980: John Pierce/John Sullivan (eds.): The Electorate Reconsidered, Beverly Hills/London 1980

Pircher, 1975: Wolfgang Pircher: Bemerkungen zur politischen Kultur Österreichs, in: ÖZP 1975/3

Piskaty et al., 1980: Georg Piskaty/Fritz Plasser/Karl Spitzenberger/Peter Ulram: Jugend und Politik: Auffassungen österreichischer Jugendlicher gegenüber Staat, Gesellschaft und Politik, Wien 1980 (Österreichisches Institut für Bildung und Wirtschaft)

Plasser, 1980: Fritz Plasser: Zwischen Tradition und Modernität: Landtagswahlen in Österreich, in: Andreas Khol/Alfred Stirnemann (Hrsg.): Österreichisches Jahrbuch für Politik 1979, Wien 1980

Plasser/Ulram, 1981: Fritz Plasser/Peter A. Ulram: Auf dem Weg in die postindustrielle Gesellschaft, in: Andreas Khol/Alfred Stirnemann (Hrsg.): Österreichisches Jahrbuch für Politik 1980, Wien 1981

Pleschberger, 1982: Werner Pleschberger: Politikwissenschaft in Österreich: Aspekte ihrer Entwicklung in den siebziger Jahren, in: ÖZP 1982/1

Pomper, 1975: Gerald M. Pomper: Voters' Choice: Varieties of American Electoral Behavior, New York 1975

Pomper, 1977: Gerald M. Pomper: The Decline of Partisan Politics, in: Louis Maisel/Joseph Cooper (eds.): The Impact of the Electoral Process, Beverly Hills/London 1977

Pomper, 1980: Gerald M. Pomper: The Contribution of Political Parties to American Democracy, in: Party Renewal in America, New York 1980

Popkin, 1976: S. J. Popkin et al.: Comment: What have you done for me lately? in: American Political Science Review 1976

Powell, 1980: G. Bingham Powell: Voting Turnouts in Thirty Democracies: Partisan, Legal and Socioeconomic Influences, in: Richard Rose (ed.): Electoral Participation: A Comparative Analysis, Beverly Hills/London 1980

Presse, 1981: Die Presse: Wien, 22. 12. 1981

Pross, 1974: Harry Pross: Politische Symbolik. Theorie und Praxis der öffentlichen Kommunikation, Stuttgart 1974

Pye, 1965: Lucian W. Pye: Introduction: Political Culture and Political Development, in: Lucian W. Pye/Sidney Verba (eds.): Political Culture and Political Development, Princeton N. J. 1965

Radunski, 1979: Peter Radunski: Wahlkampfentscheidung im Fernsehen, in: Wolfgang R. Langenbucher (Hrsg.): Politik und Kommunikation. Über die öffentliche Meinungsbildung, München 1979

Radunski, 1980: Peter Radunski: Wahlkämpfe: Moderne Wahlkampfführung als politische Kommunikation, München 1980

Raschke, 1980: Joachim Raschke: Wertwandel in den westlichen Demokratien, in: Aus Politik und Zeitgeschichte 1980/3

Reimann, 1980: Viktor Reimann: Die Dritte Kraft in Österreich, Wien/München/Zürich 1980

Renshon, 1974: Stanley A. Renshon: Psychological Needs and Political Behavior: A Theory of Personality and Political Efficacy, New York 1974

Rocco e Antonia, 1976: Rocco e Antonia: Porci con le Ali: Diario Sessuo-Politico di Due Adolescenti, Roma 1976

Roll/Cantril, 1980: Charles Roll/Albert Cantril: Polls: Their Use and Misuse in Politics, Maryland 1980

Roloff/Miller, 1980: Michael Roloff/Gerald Miller (eds.): Persuasion: New Directions in Theory and Research, Beverly Hills/London 1980

Roper, 1980: Burns W. Roper: The Impact of Journalism on Polling, in: Albert H. Cantril (ed.): Polling on the Issues, Washington 1980

Rose, 1974: Richard Rose (ed.): Electoral Behavior: A Comparative Handbook, New York 1974

Rose, 1979: Richard Rose: Die Dynamik des Wohlfahrtsstaates, in: Österreichische Nationalbank (Hrsg.): Systemkrisen in Ost und West, Wien 1981

Rose, 1980: Richard Rose (ed.): Electoral Participation. A Comparative Analysis, Beverly Hills/London 1980

Rosenmayr, 1980: Leopold Rosenmayr (Hrsg.): Politische Beteiligung und Wertwandel in Österreich, München 1980

Roth, 1980: Roland Roth (Hrsg.): Parlamentarisches Ritual und politische Alternativen, Frankfurt 1980

Rothschild, 1978: Michael L. Rothschild: Political Advertising. A Neglected Policy Issue in Marketing, in: Journal of Marketing Research (Feb. 1978)

Rucht, 1981: Dieter Rucht: Die Bürgerinitiativbewegung als Teil einer intermediären politischen Kultur, in: Journal für Sozialforschung, 1981/4

Rudolf, 1980: Walter Rudolf: Polls, Media and the Law, in: ESOMAR: Seminar „Opinion Polls", Amsterdam 1980

Russo, 1980: Manfred Russo: Die Sprache im österreichischen Fernsehen, Wien 1980 (ORF-Berichte zur Medienforschung 20)

Saloma/Sontag, 1972: John S. Saloma/Frederic H. Sontag: Parties: The Real Opportunity for Effective Citizen Politics, New York 1972

Sartori, 1976: Giovanni Sartori: Parties and Party Systems: A. Framework for Analysis, Cambridge 1976

Scheer, 1979: Hermann Scheer: Parteien kontra Bürger? Die Zukunft der Parteiendemokratie, München 1979

Schelsky, 1975: Helmut Schelsky: Die Arbeit tun die anderen. Klassenkampf und Priesterherrschaft der Intellektuellen, Opladen 1975

Schilcher, 1972: Bernd Schilcher: Hochschulen, in: Erika Weinzierl/Kurt Skalnik (Hrsg.): Österreich – die Zweite Republik, Graz 1972

Schmidt, 1977: Steffen Schmidt et al. (eds.): Friends, Followers and Factions: A Reader in Political Clientelism, Berkely 1977

Schmölders, 1980: Günter Schmölders: Der Beitrag der Schattenwirtschaft, in: Emil Küng (Hrsg.): Wandlungen in Wirtschaft und Gesellschaft: Festschrift für Walter Adolf Jöhr, Tübingen 1980

Schneider, 1980: William Schneider: Styles of Electoral Competition, in: Richard Rose (ed.): Electoral Participation. A Comparative Analysis, Beverly Hills/London 1980

Schorske, 1980: Carl E. Schorske: Fin-de-Siècle Vienna: Politics and Culture, London 1980

Schubert, 1977: Hans A. Schubert: Nachbarschaft, Entfremdung und Protest, Freiburg/München 1977

Schwartz, 1974: Tony Schwartz: The Responsive Chord, New York 1974

Schwartzenberg, 1980: Roger G. Schwartzenberg: Politik als Showgeschäft (L' Etat Spectacle), Düsseldorf/Wien 1980

Seliger, 1980: Maren Seliger: Sozialdemokratie und Kommunalpolitik in Wien, Wien 1980

Seymore-Ure, 1974: Colin Seymore-Ure: The Political Impact of Mass Media, London 1974

Shaffer, 1972: William R. Shaffer: Computer Simulations of Voting Behavior, New York 1972

Shefter, 1978: Martin Shefter: Party, Bureaucracy and Political Change in the United States, in: Louis Maisel/Joseph Cooper (eds.): Political Parties: Development and Decay, Beverly Hills/London 1978

Skolka, 1980: Jiri Skolka: Der „autonome" Sektor der Wirtschaft, in: Österreichisches Institut für Wirtschaftsforschung (Hrsg.): Ausblick auf die achtziger Jahre: Überlegungen zu Entwicklungstendenzen der österreichischen Wirtschaft, Wien 1980

Smith, 1980: Jeffrey A. Smith: American Presidential Elections: Trust and the Rational Voter, New York 1980

Sontheimer, 1980: Kurt Sontheimer: Der unbehagliche Bürger. Vom deutschen Umgang mit der Demokratie, Zürich 1980

Sozialbericht 1979: Bundesministerium für soziale Verwaltung: Bericht über die soziale Lage 1979, Wien 1980

Sozialbericht 1980: Bundesministerium für soziale Verwaltung: Bericht über die soziale Lage 1980, Wien 1981

Spero, 1980: Robert Spero: The Duping of the American Voter. Dishonesty and Deception in Presidential TV-Advertising, New York 1980

Steinbach, 1963: Günther Steinbach: Unterrichtswesen zwischen Restauration und Demokratie, in: Jacques Hannak (Hrsg.): Bestandaufnahme Österreich 1945–1963, Wien 1963

Steinberg, 1977: Arnold Steinberg: The Political Campaign Handbook. Media, Scheduling and Advance, Lexington, Mass. 1977

Steinberg, 1979: Arnold Steinberg: Political Campaign Management. A Systems Approach, Lexington, Mass. 1979

Steiner, 1972: Kurt Steiner: Politics in Austria, Boston 1972

Stephenson, 1973: William Stephenson: Spieltheorie der Massenkommunikation, in: Dieter Prokop (Hrsg.): Massenkommunikationsforschung: Konsumption, Frankfurt/M 1973

Stirnemann, 1980: Alfred Stirnemann: Innerparteiliche Demokratie in der ÖVP, in: Andreas Khol/Alfred Stirnemann (Hrsg.): Österreichisches Jahrbuch für Politik 1979, Wien 1980

Stirnemann, 1981: Alfred Stirnemann: Innerparteiliche Gruppierungen am Beispiel der ÖVP, in: Andreas Khol/Alfred Stirnemann (Hrsg.): Österreichisches Jahrbuch für Politik 1980, Wien 1981

Streiffeler, 1975: Friedhelm Streiffeler: Politische Psychologie. Geschichte und Themen der Theorie politischen Verhaltens, Hamburg 1975

Sturminger, 1960: Alfred Sturminger: 3000 Jahre politische Propaganda, Wien/München 1960

Sully, 1981: Melanie A. Sully: Political Parties and Elections in Austria. The Search for Stability, London 1981

Sutter, 1970: Berthold Sutter: Zur Frage der Errichtung einer Studienrichtung Politologie, Denkschrift für die Universität Graz, abgedruckt in: Neues Forum, Mai 1970

Topitsch, 1967: Ernst Topitsch: Österreichs Philosophie zwischen totalitär und konservativ, in: Heinz Fischer (Hrsg.): Versäumnisse und Chancen, Wien/Hannover 1967

Topitsch, 1976: Ernst Topitsch (Hrsg.): Logik der Sozialwissenschaften, Köln 1976

Tracey, 1978: Michael Tracey: The Production of Political Television, London 1978

Tullock, 1976: Gordon Tullock: The Vote Motive, London 1976

Ucakar, 1977: Karl Ucakar: Die Entwicklung der Interessenorganisationen, in: Heinz Fischer (Hrsg.): Das politische System Österreichs, 2. A. Wien 1977

Ucakar/Gerlich, 1981: Karl Ucakar/Peter Gerlich: Staatsbürger und Volksvertretung: Das Alltagsverständnis von Parlament und Demokratie in Österreich, Salzburg 1981

Ulram, 1977: Peter A. Ulram: Planungspartizipation als Öffentlichkeitsarbeit der Verwaltung: Zur Wiener Stadtentwicklungsplanung, in: ÖZP 1977/2

Ulram, 1978a: Peter A. Ulram: Zwischen Bürokratie und Bürger: Sozialistische Kommunalpolitik in Wien, Stockholm und Bologna, Wien 1978

Ulram, 1978b: Peter A. Ulram: Plädoyer für eine partizipative Demokratie, in: Österreichische Monatshefte 1978/11

Ulram, 1979a: Peter A. Ulram: Politikwissenschaft und Meinungsforschung in Österreich, in: Andreas Khol/Alfred Stirnemann (Hrsg.): Österreichisches Jahrbuch für Politik 1978, Oldenburg 1979

Ulram, 1979b: Peter A. Ulram: Progressive Mitte oder programmierte Mittelmäßigkeit?, in: Österreichische Monatshefte 1979/5–6

Veen, 1981: Hans J. Veen: Jugend heute: Womit eigentlich identifizieren? in: Politische Studien, Sonderheft 2/1981

Verba, 1965: Sidney Verba: Conclusion: Comparative Political Culture, in: Lucian W. Pye/Sidney Verba (eds.): Political Culture and Political Development, Princeton N. J. 1965

Verba, 1978: Sidney Verba et al.: Participation and Political Equality, Cambridge 1978

Wandruszka, 1954: Adam Wandruszka: Österreichs politische Struktur: Die Entwicklung der Parteien und politischen Bewegungen, in: Heinrich Benedikt (Hrsg.): Geschichte der Republik Österreich, Wien 1954

Weber, 1968: Max Weber: Der Beruf zur Politik, in: Johannes Winckelmann (Hrsg.): Max Weber – Soziologie, Analyse, Politik, Stuttgart 1968

Weber, 1972: Max Weber: Wirtschaft und Gesellschaft: Grundrisse der verstehenden Soziologie, Tübingen 1972

Welan, 1975: Manfried Welan: Vom Proporz zum Konkurrenzmodell: Wandlungen der Opposition in Österreich, in: Heinrich Oberreuter (Hrsg.): Parlamentarische Opposition. Ein internationaler Vergleich, Hamburg 1975

Welan, 1976: Manfried Welan: Die Kanzlerdemokratie in Österreich, in: Khol/Prantner/Stirnemann (Hrsg.): Um Parlament und Partei, Alfred Maleta zum 70. Geburtstag, Wien 1976

Welan, 1981: Manfried Welan: Hat sich die politische Kultur Österreichs gewandelt? in: Josef Höchtl/Fritz Windhager (Hrsg.): Politische Moral. Beiträge zur politischen Kultur Österreichs, Wien 1981

Wende, 1981: Frank Wende (Hrsg.): Lexikon zur Geschichte der Parteien in Europa, Stuttgart 1981

Windhager, 1980: Fritz Windhager: Sprache und Politik, in: Josef Höchtl (Hrsg.): Akzente – Argumente – Alternativen, Wien 1980

Windhager, 1981a: Fritz Windhager: Chancen für eine demokratische Zukunft? In: Conturen: Politische Kultur im Wandel, Sommer 1981

Windhager, 1981b: Fritz Windhager: Zur politischen Verantwortung und politischen Kultur in Österreich, in: Josef Höchtl/Fritz Windhager (Hrsg.): Politische Moral. Beiträge zur politischen Kultur Österreichs, Wien 1981

Winter, 1969: Eduard Winter: Revolution, Neoabsolutismus und Liberalismus in der Donaumonarchie, Wien 1969

Wirtschafts- und sozialstatistisches Handbuch 1945–1969: Kammer für Arbeiter und Angestellte (Hrsg.): Wirtschafts- und sozialstatistisches Handbuch 1945–1969, Wien 1969

Wissenschaftszentrum, 1977: Wissenschaftszentrum Berlin (Hrsg.): Interaktion von Wissenschaft und Politik, Frankfurt 1977

Wolf, 1980: Werner Wolf: Der Wahlkampf. Theorie und Praxis, Köln 1980

Worm, 1981: Alfred Worm: Der Skandal. AKH: Story, Analyse, Dokumente, Wien 1981

Zängle, 1978: Michael Zängle: Einführung in die politische Sozialisationsforschung, Paderborn 1978

Zenker, 1902: Ernst Victor Zenker: Reform des Parlamentarismus, Wien 1902

Zenker, 1914: Ernst Victor Zenker: Der Parlamentarismus: Sein Wesen und seine Entwicklung, Wien/Leipzig 1914

Zulehner, 1980: Paul M. Zulehner: Umfrage „Religion in Österreich", Wien 1980

Zundel, 1980: Rolf Zundel: Das verarmte Parlament. Der Preis der Stabilität, München 1980
